Unterstützung der Formierung und Analyse von virtuellen Communities

Europäische Hochschulschriften
Publications Universitaires Européennes
European University Studies

Reihe XLI
Informatik

Série XLI Series XLI
Informatique
Informatic

Bd./Vol. 39

PETER LANG
Frankfurt am Main · Berlin · Bern · Bruxelles · New York · Oxford · Wien

Jürgen Hartmut Koch

Unterstützung der Formierung und Analyse von virtuellen Communities

PETER LANG
Europäischer Verlag der Wissenschaften

Bibliographic Information published by Die Deutsche Bibliothek
Die Deutsche Bibliothek lists this publication in the Deutsche Nationalbibliografie; detailed bibliographic data is available in the internet at <http://dnb.ddb.de>.

D 91
ISSN 0930-7311
ISBN 3-631-50288-5

© Peter Lang GmbH
Europäischer Verlag der Wissenschaften
Frankfurt am Main 2003
Alle Rechte vorbehalten.

Das Werk einschließlich aller seiner Teile ist urheberrechtlich geschützt. Jede Verwertung außerhalb der engen Grenzen des Urheberrechtsgesetzes ist ohne Zustimmung des Verlages unzulässig und strafbar. Das gilt insbesondere für Vervielfältigungen, Übersetzungen, Mikroverfilmungen und die Einspeicherung und Verarbeitung in elektronischen Systemen.

www.peterlang.de

Zusammenfassung

Systeme, die den Informationsaustausch in großen, lose über das Internet gekoppelten Interessensgruppen („Communities") unterstützen, sind heute allgegenwärtig: Viele kommerzielle Websites bieten Online-Diskussionsforen, und Instant Messaging sowie Empfehlungs- und Rating-Systeme werden mit steigender Verfügbarkeit eines Internet-Zugangs auch von Laien immer häufiger genutzt. Wesentliches Merkmal der im Cyberspace entstehenden Gemeinschaften, der virtuellen Communities, ist der Wissensaustausch sowie eine gegenseitige emotionale Unterstützung unter den Mitgliedern einer solchen Gemeinschaft. Eine zielgerichtete Analyse solcher Communities zum Zwecke der Identifikation potentieller Kommunikationspartner und der Verbesserung des Wissensflusses zwischen den Mitgliedern ist allerdings nur schwer möglich, denn es gibt bislang kein Verfahren und kein Modell zur ausreichend formalen Beschreibung virtueller Communities, auf dem aufbauend eine Analyse stattfinden könnte.

In dieser Arbeit wird ein Formalismus vorgeschlagen, der die Brücke schlägt zwischen den natürlichsprachlichen Beschreibungen von virtuellen Communities in der Soziologie und der Psychologie und einer formalen Beschreibung, wie sie für die zielgerichtete Entwicklung von Software-Systemen zur Unterstützung und Analyse von Communities nötig ist. Der Formalismus beinhaltet eine Beschreibung von virtuellen Communities, die auf viele Arten von Communities anwendbar ist. Des weiteren beinhaltet der Formalismus einen komponentenbasierten Ansatz, der beschreibt, wie basierend auf der Beschreibung einer virtuellen Community gezielt Unterstützungs- und Analysesysteme entwickelt werden können.

Es wird ein System präsentiert, das die Anwendbarkeit und die Umsetzbarkeit des Formalismus illustriert. Das System besteht aus Basiskomponenten, die die Elemente des Formalismus realisieren, die für alle Communities gleich sind, und aus einer Infrastruktur, in die aufeinander aufbauende Komponenten eingehängt werden können. Jede dieser Komponenten implementiert eine exakt definierte, in sich abgeschlossene Beschreibung eines Aspektes einer virtuellen Community. Durch die Kombination verschiedener Komponenten entsprechend des oben genannten komponentenbasierten Ansatzes können auch komplexe Aspekte mit wenig Aufwand herausgearbeitet werden.

Aufbauend auf dem Formalismus und dem ihn implementierenden System wird besonders auf Dienste zur Identifikation, Formierung und Analyse von Communities eingegangen: Es wird beschrieben, wie potentielle Community-Mitglieder identifiziert und in bereits etablierte virtuelle Communities integriert werden können. Außerdem werden Komponenten vorgestellt, die insbesondere solche Aspekte virtueller Communities herausarbeiten, die für die Identifikation und Integration von potentiellen Community-Mitgliedern von Bedeutung sind.

Dank

Wie so viele wissenschaftliche Arbeiten konnte auch diese Dissertation nicht ohne die tatkräftige Hilfe vieler Menschen entstehen. An erster Stelle möchte ich Herrn Prof. Dr. Johann Schlichter danken, der diese Arbeit ermöglicht hat und immer für Unterstützung und Gespräche bereitstand. Er hat durch viele Ideen und kritische Fragen maßgeblich zur Qualität dieser Arbeit beigetragen. Ein herzliches Dankeschön auch an Herrn Prof. Dr. Uwe Baumgarten, der mir durch seine Anregungen und Hinweise immer wieder neue Perspektiven auf das Thema dieser Arbeit erschlossen hat.

Desweiteren möchte ich mich bei meinen Kollegen am Lehrstuhl Schlichter (TU München) für die hervorragende Zusammenarbeit und das exzellente Arbeitsklima bedanken. Insbesondere gilt mein Dank Herrn Wolfgang Wörndl, der sich trotz umfangreicher Lehrverpflichtungen bereiterklärt hat, Teile dieser Arbeit zu lesen und kritisch zu hinterfragen. Auch möchte ich Frau Pamela Tröndle danken, die die soziologischen und psychologischen Grundlagen dieser Arbeit gewissenhaft und kritisch durchgesehen hat.

Ein besonders herzliches Dankeschön geht an Frau Birgit Weiß, die sich trotz Dienstreisen und vielen weiteren Verpflichtungen die Mühe gemacht hat, diese Arbeit korrekturzulesen.

Ihnen allen vielen Dank!

Inhaltsverzeichnis

1 **Einleitung**   1
    1.1 Virtuelle Communities: Ein neues Phänomen?   1
    1.2 Motivation und Problemstellung   3
    1.3 Aufbau dieser Arbeit   4

2 **Virtuelle Communities: Ein Überblick**   9
    2.1 Überblick   9
    2.2 Communities — Begriffe und Eigenschaften   10
    2.3 Wissensaustausch und Communities   14
       2.3.1 Motivation für die Teilnahme an Communities   14
       2.3.2 Communities als Werkzeug für den effizienten Wissensaustausch   14
    2.4 Anonymität und Identität   15
       2.4.1 Virtuelle Communities und Identität   15
       2.4.2 Abwesenheit von Identität als Motivation für Interaktion   17
    2.5 Typen von Communities: Eine Klassifikation   18
       2.5.1 Communities of Interest   19
       2.5.2 Communities of Practice   20
       2.5.3 Communities of Purpose   20
       2.5.4 Communities of Passion   20
    2.6 Entwicklung von Communities über die Zeit   21
       2.6.1 Übergänge zwischen Community-Typen   21
       2.6.2 Beziehungen zwischen Communities   23
    2.7 Systeme zur Unterstützung von Communities   24
       2.7.1 Unterstützung des Wissensaustauschs durch Kommunikation   24
       2.7.2 Unterstützung des Wissensaustauschs durch Zugriff auf Nutzerwissen   27
       2.7.3 MUDs und virtuelle Welten   29
    2.8 Eine Forschungsrichtung entsteht   30
    2.9 Zusammenfassung   32

3 **Formale Beschreibung virtueller Communities**   35
    3.1 Überblick   35
    3.2 Beschreibende Aspekte von Communities   36
       3.2.1 Aspekt Gemeinsamkeit   36
       3.2.2 Aspekt Verhaltensmuster   37
       3.2.3 Aspekt Dynamik   39
       3.2.4 Flexibilität bei der Betrachtung von Aspekten von Communities   40
       3.2.5 Grenzen der Modellbildung   41
    3.3 Grundlagen der Modellierung von Community-Aspekten   42

		3.3.1	Bedeutung der Nutzer für Communities	42

- 3.3.1 Bedeutung der Nutzer für Communities 42
- 3.3.2 Modellierung von Wissen und Interessen des Nutzers 44
- 3.3.3 Modellierung der Kommunikation des Nutzers 53
- 3.3.4 Putting It All Together: Ein Rahmen als Grundlage für die Modellierung von Aspekten von Communities 58
- 3.4 Bestimmung der Daten der Nutzermodelle 59
  - 3.4.1 Existierende Ansätze zur Ermittlung des Nutzerwissens 60
  - 3.4.2 Ereignisse als Grundlage der Nutzermodelle 66
  - 3.4.3 Ermittlung des relevanten Nutzerwissens 71
  - 3.4.4 Ermittlung des Kommunikationsverhaltens des Nutzers 79
- 3.5 Beschreibung von Communities mit views 80
  - 3.5.1 Motivation 80
  - 3.5.2 Views und Services 81
- 3.6 Modellierung von Community-Aspekten 84
  - 3.6.1 Views zur Modellierung potentieller Communities 84
  - 3.6.2 Views zur Modellierung wesentlicher Aspekte von Communities . . 95
- 3.7 Zusammenfassung 99

4 Ein System zur Beschreibung virtueller Communities   101
- 4.1 Überblick 101
- 4.2 Architektur und Ablaufumgebung 102
  - 4.2.1 Vorstellung der Teilsysteme 102
  - 4.2.2 Wahl der Implementierungsumgebung 104
- 4.3 Verwaltung von Nutzerprofilen 105
  - 4.3.1 Überblick 105
  - 4.3.2 Gestalt eines Nutzerprofils 105
  - 4.3.3 Komponenten und Architektur zur Verwaltung von Nutzerprofilen . 109
  - 4.3.4 Sicherheitsaspekte: Zugriffskontrolle für Profildaten 116
- 4.4 Ermittlung der Profildaten 118
  - 4.4.1 Überblick 118
  - 4.4.2 Nutzung von Ereignissen zur Ermittlung der Profildaten 119
  - 4.4.3 Flexibilität in der Ereigniserfassung und -auswertung: Sensoren und Aktoren 121
  - 4.4.4 Komponenten zur Ereigniserfassung und -verarbeitung 130
  - 4.4.5 Sicherheitsaspekte: Kontrolle der Ereigniserfassung 135
- 4.5 Pflege der Nutzerprofile 137
  - 4.5.1 Überblick 137
  - 4.5.2 Kopplung mit der Profilverwaltung 138
  - 4.5.3 Durchführung der Profilpflege 138
- 4.6 Realisierung von views: Dienste und ihr Zusammenspiel 139
  - 4.6.1 Überblick 139
  - 4.6.2 Implementierung von Diensten durch Komponenten 139
  - 4.6.3 Vorstellung einer Infrastruktur zur Verwaltung und Nutzung der Dienste 141
- 4.7 Zusammenfassung 157

5 Unterstützung der Community-Formierung — 159
- 5.1 Überblick 159
- 5.2 Unterstützung der Community-Formierung 159
  - 5.2.1 Gemeinsamkeitszentrierte Community-Formierung 160
  - 5.2.2 Nutzerzentrierte Community-Formierung 160
  - 5.2.3 Schritte zur Formierung von Communities 160
  - 5.2.4 Flexible Kombination von views bei Identifikation und Analyse von Strukturen 161
- 5.3 Komponentenbasierte Community-Unterstützungssysteme 163
- 5.4 Realisierung grundlegender views 164
  - 5.4.1 Zugriff auf die Grundobjekte user, item und place 164
  - 5.4.2 Interessensnetzwerk und Kommunikationsnetzwerk 165
- 5.5 Anwendung: Ein Dienstgeflecht zur Community-Formierung 166
  - 5.5.1 Suche von Nutzern und items 166
  - 5.5.2 Analyse von Strukturen 173
  - 5.5.3 Abhängigkeiten der views voneinander 177
- 5.6 Zusammenfassung 178

6 Ergebnisse und abschließende Bemerkungen — 179
- 6.1 Zusammenfassung und Ergebnisse 179
  - 6.1.1 Zusammenfassung 179
  - 6.1.2 Ergebnisse 180
- 6.2 Weiterführende Arbeiten 180
  - 6.2.1 Schutz der Privatsphäre 181
  - 6.2.2 Schnittstellen zu bereits verfügbaren Community-Unterstützungssystemen 181
  - 6.2.3 Empirische Evaluation der Algorithmen zur Identifikation der Nutzerinteressen 182
- 6.3 Ausblick 182

A Begriffe und Definitionen — 185
- A.1 Begriffe 185
- A.2 Abkürzungen 187

B DTDs und Dateiformate — 191
- B.1 Beschreibung von Ereignissen 191
- B.2 Beschreibung von Typen und Konzepten 192
  - B.2.1 DTD für die Beschreibung von Typen 192
  - B.2.2 Beschreibung der Typdefinitionsdatei 193

C Beispielprogramme — 195
- C.1 Eine einfache Server-Komponente 195
  - C.1.1 Implementierung des ServiceHandler 195
  - C.1.2 Konfigurationsdatei 198
- C.2 Eine einfache Client-Komponente 198

D ServiceDescriptions ausgewählter Dienste — 203

Literaturverzeichnis — 207

Abbildungsverzeichnis	212
Tabellenverzeichnis	214
Index	215

Kapitel 1

Einleitung

1.1 Virtuelle Communities: Ein neues Phänomen?

Virtuelle Communities — lose, über das Internet verbundene Interessensgruppen — stehen zur Zeit hoch im Kurs. Kaum ein Angebot im World-Wide Web (WWW) kann es sich leisten, heute ohne eine Funktionalität zur Unterstützung von Communities online zu gehen, wenn es nicht von vornehrerin als veraltet und uninteressant gelten will.

Was in diesem Zusammenhang als Neuerung angepriesen wird, ist so neu nicht. Bereits in den frühen Phasen des Internet, als das World-Wide Web noch nicht einmal angedacht war und heute als selbstverständlich angesehene Dienste wie Usenet News[1] gerade erst im Entstehen waren, fanden sich Nutzer mit Hilfe von über Netzen verbundenen Rechnern zu rein virtuellen Gemeinschaften, zu virtuellen Communities, zusammen[2]. Anfangs waren es noch Enthusiasten, die online diskutieren oder gemeinsam Online-Rollenspiele spielen wollten und die gerade entstehende Netzinfrastruktur für diese Zwecke nutzten, aber nur kurze Zeit später wurden miteinander vernetzte Rechner auch für einen „ernsthaften" Meinungsaustausch verwendet. Zu diesem Zweck wurden verschiedene Systeme entwickelt, meist Bulletin Board-Systeme[3] (BBS), die auch voneinander getrennte Diskussionsgruppen unterstützten und so eine thematische Organisation ermöglichten. In den Diskussionsgruppen fanden Gleichgesinnte zueinander, und in einigen Fällen entwickelten sich soziale Gefüge, die mehr waren als nur ein Forum, um seine Meinung kundzutun. Es wurde diskutiert, es wurden gemeinsam Konzepte entwickelt und wieder verworfen, kurz: Es fand ein reger sozialer Austausch statt. Allerdings war dieser Austausch im wesentlichen auf die Menschen beschränkt, die Zugang zu miteinander vernetzten Rechnern hatten, und dies waren noch bis Mitte der 80er Jahre im wesentlichen Forschungseinrich-

---

[1] *Usenet News* (oft gleichgesetzt mit *Usenet*) ist ein weltumspannender, auf dem Internet aufbauender Dienst zur Unterstützung von Diskussionen zwischen Nutzern. Die Diskussionen sind thematisch in sogenannten *Newsgroups* geordnet.

[2] Um die Zeiträume zu verdeutlichen, ein paar Jahreszahlen: Die ersten Knoten des Usenet entstanden 1979. Dies war auch das Jahr, in dem das erste Echtzeit-Mehrbenutzerdiskussionssystem (MUD, vgl. auch 2.7) basierend auf Internet-Technologien entstand. Das World-Wide Web ist wesentlich jünger; es wurde erst 1991 entwickelt. Für einen Überblick über die Geschichte des Internet siehe [73].

[3] Bulletin Board-Systeme sind Systeme, die im wesentlichen die Funktionalität eines Schwarzen Bretts haben und meist nach Themen geordnete, voneinander getrennte Diskussionsforen bieten. Nutzer können Beiträge an die Schwarzen Bretter hängen und andere Nutzer können eigene Beiträge zu diesen Beiträgen hinzufügen. Insofern haben Bulletin Board-Systeme für den Nutzer große Ähnlichkeit mit dem Usenet. Im Gegensatz zum stark verteilt arbeitenden Usenet hat ein Bulletin Board-System meist einen Betreiber, der allein für das System (und auch für die kommunizierten Inhalte) verantwortlich ist.

tungen, Universitäten und große Unternehmen.

Dies änderte sich zu Beginn der 90er Jahre grundlegend, denn in dieser Zeit trafen zwei Entwicklungen zusammen: Die Technologie, die für die Vernetzung von Rechnern nötig ist, wurde nun auch für Privatpersonen erschwinglich und verfügbar, und das World-Wide Web entstand. Beide Entwicklungen mögen auf den ersten Blick nicht viel miteinander zu tun haben, aber sie legten den Grundstein für das, was heute oftmals „Internet-Hype" genannt wird. Die einfache Struktur und Syntax der Auszeichnungssprache HTML, die zur Gestaltung von Seiten für das WWW entwickelt wurde, erlaubte es auch technisch weniger bewanderten Menschen, Beiträge zu verfassen und sie jedermann zugänglich zu machen. Durch das Link-Konzept des WWW waren auch Verknüpfungen der Beiträge zu anderen Dokumenten im WWW leicht realisierbar. Beide Eigenschaften machten das WWW für viele Menschen attraktiv, und in der Folge gingen immer mehr Unternehmen und Privatpersonen online — einerseits um das ständig wachsende Informationsangebot des WWW zu nutzen, andererseits um selbst Dokumente zu verfassen oder um sich zu präsentieren und Kunden zu gewinnen. Die Zahl der Internet-Nutzer stieg sprunghaft an.

Einmal online, wurden auch die anderen Dienste genutzt, die mit miteinander vernetzten Rechnern möglich sind. Neben der Möglichkeit, Berechnungen auf entfernten, leistungsstärkeren Rechnern auszuführen (remote execution) und Dateien auszutauschen (hauptsächlich mit FTP[4]; File-Sharing-Dienste wie Napster oder die peer-to-peer-Netzwerke von Gnutella und anderen gab es noch nicht), rückten insbesondere die Kommunikationsmöglichkeiten, die Rechnernetze boten, ins Bewußtsein der Nutzer. Neben E-Mail etablierte sich Usenet News zu dem Kommunikationsmedium schlechthin. Die Newsgroups des Usenet, thematisch geordnete Diskussionsforen, fanden regen Zulauf und entwickelten sich zu virtuellen Treffpunkten von Spezialisten, Freaks und Interessierten aller Art, die gemeinsame Interessen, die durch die Charta der jeweiligen Newsgroup festgelegt sind, teilen. Neben dem Usenet entstanden weitere Systeme zur Unterstützung von Diskussionen und Online-Aktivitäten wie Online-Spiele, etc. Einige dieser Systeme sind Aufsätze auf das Usenet und bieten über das WWW bedienbare Nutzerschnittstellen, so daß die Nutzer mit einem der mittlerweile überall verfügbaren Web-Browser an Diskussionen im Usenet teilnehmen können. Andere Systeme wiederum bieten eigene Diskussionsforen und Chat-Räume unterschiedlichster Ausprägung, in denen die Nutzer Meinungen austauschen und Informationen einholen können.

Die Motivation der Nutzer, sich an Diskussionen zu beteiligen, ist vielfältig: Die einen suchen gezielt nach bestimmten Informationen und hoffen, daß andere über die benötigte Information verfügen, anderen ist es wichtig, den Kontakt mit Gleichgesinnten zu halten, Unternehmen wiederum versuchen, über Diskussionen zu ihren Produkten eine Kundenbindung und eine Identifikation mit dem Unternehmen zu erreichen und neue Kunden anzusprechen, etc. Geht die Interaktion zwischen den Diskussionsteilnehmern über ein reines Frage-Antwort-Verhalten hinaus — und dies ist leicht möglich, denn eine freundliche Antwort auf eine Frage kann mehr bewirken als nur das Ausräumen eines Informationsdefizits — so können Gemeinschaften, Communities, entstehen.

---

[4]FTP (File Transfer Protocol) ist ein Protokoll, das es erlaubt, Dateien von einem Rechner über das Internet zu einem anderen Rechner zu übertragen.

1.2 Motivation und Problemstellung

Mittlerweile sind unzählige Systeme zur Unterstützung von Communities realisiert und im Einsatz. So unterschiedlich die ihnen zugrundeliegenden Konzepte auch sind, letztlich haben sie alle die gleiche Aufgabe: Der Wissensaustausch zwischen den Mitgliedern der Community soll verbessert werden[5]. Dies kann auf folgende Weisen erreicht werden:

- Initiieren neuer Kontakte mit Leuten, die bestimmte Interessen haben,

- Optimieren der Kommunikationsbeziehungen zwischen den Mitgliedern der Community und

- Austausch und Verteilung von Informationen, die für andere Community-Mitglieder interessant sein könnten.

Diese Maßnahmen kann man nur dann gezielt durchführen, wenn man die Probleme und Schwachstellen der Community kennt und wenn man weiß, wo und aus welchen Gründen der Informationsfluß stockt oder nicht so gut ist wie erhofft. Eine genaue Kenntnis der Struktur, der Eigenschaften und der Funktionsweise der Community sind demnach Voraussetzung für eine zielgerichtete und effiziente Unterstützung der Community.

Hier können viele der bereits realisierten Community-Unterstützungssysteme auch nicht helfen, denn viele von ihnen unterstützen den Vorgang des Wissensaustauschs an sich, sei es die Kommunikation zwischen den Community-Mitgliedern oder den Austausch von Information. Um diese Systeme aber sinnvoll einsetzen zu können, muß man wissen, wo in der Community Probleme auftauchen und wo der Einsatz dieser Systeme zweckmäßig ist; man muß die spezifischen Eigenschaften der betrachteten Community kennen.

Die Eigenschaften von Communities und die sozialen Mechanismen, die in ihnen wirken, werden schon seit langem in der Soziologie und der Psychologie untersucht, und es liegt nahe, die Ergebnisse dieser Disziplinen für die Unterstützung von Communities zu nutzen. Dies ist jedoch nicht so einfach, denn viele Ergebnisse und Beobachtungen umfassen als wesentliche Elemente „weiche" Kriterien, beispielsweise der Ton, der in einer Kommunikation herrscht, wie neue Mitglieder behandelt werden, etc. Diese Kriterien sind mit Mitteln der Informatik nicht zu fassen und können daher auch nicht für eine automatisierte Analyse einer Community herangezogen werden. Des weiteren sind viele Aussagen zum Wesen und zu Eigenschaften von Communities vage oder allgemein formuliert und kaum oder gar nicht formalisiert, was einerseits zwar der großen Bandbreite von unterschiedlichen Communities Rechnung trägt, aber andererseits keinen systematischen, wissenschaftlich fundierten Entwurf von Community-Unterstützungssystemen zuläßt. Es fehlt eine Möglichkeit, möglichst viele Communities in ihren wesentlichen, sie definierenden Eigenschaften ausreichend formal zu beschreiben, um darauf aufbauend gezielt Systeme entwickeln zu können, die die beschriebenen Communities effizient unterstützen.

---

[5]Hier besteht eine enge Beziehung zwischen Communities und dem großen Feld des Wissensmanagements: Einerseits können Methoden und Techniken des Wissensmanagements eingesetzt werden, um den Wissensfluß in Communities gezielt zu unterstützen (in 3.4 wird auf einige Techniken, die ebenfalls Wissensmanagement-Systemen verwendet werden, zurückgegriffen), und andererseits können Communities gezielt installiert werden, um den Wissensaustausch zwischen Leuten zu initiieren und zu optimieren. Diese Arbeit hat ihren Schwerpunkt allerdings nicht im Bereich Wissensmanagement; das Verständnis von „Community" in dieser Arbeit ist etwas allgemeiner als dies im Wissensmanagement üblich ist. Stattdessen liefert diese Arbeit Ergebnisse, die als Grundlage für Forschung und Entwicklung in mehreren Disziplinen — auch Wissensmanagement — dienen können.

Mit dieser Arbeit möchte ich einen Beitrag leisten, um die Lücke zwischen den vorhandenen informellen Beschreibungen von Communities und den formalen Modellen, die für den Entwurf von Community-Unterstützungssystemen nötig sind, zu schließen, und ich lade Sie, verehrter Leser, dazu ein, mich auf diesem Weg zu begleiten. Wir wollen in zwei Schritten vorgehen:

Zuerst müssen wir einen Formalismus entwickeln, mit dem wir Communities oder zumindest wesentliche Aspekte von Communities beschreiben können. Dieser Formalismus muß zwei Anforderungen erfüllen: Er muß möglichst viele Arten von Communities beschreiben können, denn mit einem Formalismus, der nur einige spezielle Communities beschreiben kann, wäre nicht viel gewonnen. Der Formalismus muß darüber hinaus Communities so beschreiben, daß wir die Beschreibungen auf vielfältige Art nutzen können und nicht an bestimmte Arten der Nutzung gebunden sind.

Aufbauend auf diesem Formalismus präsentieren wir einen komponentenbasierten Ansatz, den wir nutzen können, um gezielt Unterstützungssysteme für Communities zu entwickeln, die entsprechend des Formalismus beschrieben sind. Der Ansatz muß ausreichend flexibel sein, um die Entwicklung verschiedenster Arten von Community-Unterstützungssystemen zu ermöglichen. Diese Flexibilität ist nötig, denn das Ziel dieser Arbeit ist ja gerade, mit Hilfe des Formalismus und eines darauf aufbauenden Vorgehensmodells (dem komponentenbasierten Ansatz) eine fundierte und effiziente Entwicklung von Unterstützungssystemen für möglichst viele Arten von Communities zu ermöglichen.

Fassen wir zusammen: Der Formalismus soll helfen, die Lücke zwischen den natürlichsprachlichen Beschreibungen der Soziologie und Psychologie und den formalen Modellen der Informatik zu schließen; der komponentenbasierte Ansatz soll aufzeigen, wie der Formalismus genutzt werden kann, um konkrete Funktionalität zur Unterstützung von Communities zu entwerfen. Insgesamt sollen beide Teile — der Formalismus und das mit dem komponentenbasierten Ansatz beschriebene Vorgehensmodell — den Entwurf und die Entwicklung von Community-Unterstützungssystemen deutlich erleichtern.

1.3 Aufbau dieser Arbeit

Betrachten wir nun, wie wir dieses Ziel erreichen wollen. Abbildung 1.1 liefert einen Überblick über die Kapitel dieser Arbeit sowie die Abhängigkeiten zwischen ihnen. Zusätzlich sind in dieser Abbildung auch die Einflüsse der verschiedenen Forschungs- und Fachrichtungen aufgeführt.

In Kapitel 2 betrachten wir den Gegenstand dieser Arbeit: Communities, insbesondere virtuelle Communities. Aufgabe dieses Kapitels ist es, ein gemeinsames Verständnis zu schaffen, was wir in dieser Arbeit unter einer Community verstehen wollen und welche Eigenschaften wir Communities im folgenden unterstellen. Dies ist nötig, um Mißverständnisse zu vermeiden, denn es gibt in den verschiedenen Forschungsrichtungen bislang noch keine allgemein akzeptierte Übereinkunft, was man unter einer Community zu verstehen hat, geschweige denn eine einheitliche Terminologie.

> Wir liefern in diesem Kapitel verschiedene Definitionen des Begriffs „Community", die jeweils andere wichtige Aspekte in den Vordergrund rücken, und beschreiben wichtige Eigenschaften von Communities, die wir im Verlauf dieser Arbeit berücksichtigen müssen. Hierbei konzentrieren wir uns insbesondere auf Communities im Virtuellen.

1.3. AUFBAU DIESER ARBEIT

Abbildung 1.1: Überblick über den Aufbau dieser Arbeit

Es folgt eine Diskussion, warum sich Menschen zu Communities zusammenschließen (Stichwort „Wissensaustausch") und welche Theorien es gibt, die das Funktionieren von Communities erklären (Stichworte „Identität" und „soziale Kontrolle"). Diese Aspekte sind bei der formalen Darstellung von Communities und in der Folge beim Design von Community-Unterstützungssystemen von entscheidender Bedeutung, denn bei beiden Aufgaben stehen die Nutzer im Zentrum des Interesses. Berücksichtigen wir die Nutzer und die sozialen Mechanismen, die zwischen ihnen wirken, nicht, so trifft die formale Beschreibung nicht das Wesen der betrachteten Community, und es ist abzusehen, daß ein System, das an den Nutzern und ihren Bedürfnissen vorbeientwickelt wird, nicht von ihnen akzeptiert werden wird.

Anschließend betrachten wir die Dynamik, die Communities innewohnt. Wir beschreiben, wie sich Communities durch äußere Einflüsse und durch Mitgliederfluktuation verändern können und welche Veränderungen sich dadurch in den Eigenschaften der jeweiligen Community ergeben, denn dies kann Hinweise auf längerfristige Entwicklungen der Community geben.

Die in Kapitel 2 gewonnenen Erkenntnisse bilden die Grundlage für den Formalismus, der den Entwurf von Community-Unterstützungssystemen erleichtern soll. Der Formalismus besteht aus zwei Teilen: Einem Rahmen, der beschreibt, wie wir Nutzermodelle gestalten müssen, so daß wir mit ihnen möglichst viele Arten von Communities beschreiben können, sowie einem komponentenbasierten Ansatz, der beschreibt, wie wir diesen Formalismus nutzen können, um gezielt Systeme zur Community-Unterstützung zu entwickeln. Die Herleitung dieses Formalismus sowie die Beschreibung eines Vorgehensmodells zur Nutzung des Formalismus (der komponentenbasierte Ansatz) werden in Kapitel 3 behandelt.

Bevor wir mit dem Entwurf des Formalismus beginnen können, müssen wir überlegen, welche Aspekte von Communities für uns interessant und welche überhaupt mit Mitteln der Informatik faßbar sind. Hierbei diskutieren wir auch, bis zu welchem Grad ein Formalismus zur Beschreibung von Communities machbar und sinnvoll ist.

Da die Nutzer die zentrale Rolle in Communities spielen, bilden sie die Grundlage des Formalismus. Viele wichtige Aspekte von Communities lassen sich aufbauend auf einer Menge von Nutzermodellen identifizieren und analysieren. Wir konzentrieren uns bei der Herleitung der Nutzermodelle auf folgende Aspekte: Wissen und Interessen der Nutzer sowie die Kommunikation der Nutzer untereinander. Für beide Aspekte berücksichtigen wir auch Änderungen über die Zeit. Modellierungen beider Aspekte fügen wir zu einen Nutzermodell zusammen, das die Grundlage für eine Beschreibung der wesentlichen Aspekte vieler Communities bildet.

Anschließend beschreiben wir, wie wir die nötigen Daten ermitteln, um die Nutzermodelle mit Leben zu füllen. Wir benötigen hierzu zwei Verfahren: Eines, um das Wissen und die Interessen der Nutzer zu identifizieren, und eines, um das Kommunikationsverhalten der Nutzer zu erfassen. Auf der Grundlage von Untersuchungen bereits implementierter Systeme leiten wir ein Verfahren her, mit dem wir auf einfache und flexible Weise alle benötigten Daten ermitteln können.

Die Nutzermodelle sehen eine Modellierung von Aspekten vor, die für die Community wesentlich sind. Die Nutzermodelle schreiben hingegen nicht vor, wie sie möglichst flexibel zur Unterstützung von Communities eingesetzt werden können. Dies leistet ein komponentenbasierter Ansatz, den wir im folgenden herleiten. Wir definieren Sichten (views) zur Modellierung von Aspekten von Communities, die direkt aus den Daten der Nutzermodelle oder wiederum aus views abgeleitet werden. Aufgabe eines views ist es, einen fest umgrenzten Aspekt einer Community formal darzustellen und ihn so der Informatik zugänglich zu machen. Durch die Kombination einfacherer views können wir gezielt komplexe views aufbauen, die verschiedenste Aufgaben bei der Community-Unterstützung erfüllen können.

In Kapitel 4 stellen wir schließlich den Prototypen eines Systems vor, das diesen Formalismus implementiert und eine Infrastruktur für die Realisierung von views bietet. Um die Flexibilität des Formalismus ideal umsetzen zu können, wählen wir eine verteilte, komponentenbasierte Architektur.

Zuerst liefern wir einen Überblick über die Architektur des Systems und stellen die Ablaufumgebung vor. Das System wurde entsprechend dem MVC-Paradigma (Model/View/Controller) in Komponenten aufgeteilt und mit einer Web-Oberfläche realisiert.

Anschließend beschreiben wir die einzelnen Komponenten des Systems. Zuerst gehen wir auf das Datenmodell der Nutzerprofile ein, die das Wissen und die Interessen sowie die Kommunikationsgewohnheiten der Nutzer aufnehmen, und auf die Komponente, die die Nutzerprofile verwaltet. Da die Nutzerprofile hoch sensible Daten speichern, ist die Implementierung eines geeigneten

Sicherheitsmodells in der Profilverwaltungskomponente unumgänglich. Dies wird im folgenden nur kurz beschrieben, da das nicht Kern dieser Arbeit ist.

Die Daten, die in den Nutzerprofilen abgelegt sind, werden von sogenannten Sensorkomponenten geliefert. Die Sensorkomponenten beobachten den Nutzer und melden dessen Aktivitäten als Ereignisse an die Profilverwaltungskomponente weiter. Diesen Vorgang, beginnend bei der Erfassung der Ereignisse bis hin zur je nach Ereignis unterschiedlichen Aktualisierung der Nutzerprofile, beschreiben wir im nächsten Kapitel.

Anschließend wird die Komponente präsentiert, die in regelmäßigen Abständen alte und nicht mehr gültige Einträge aus den Nutzerprofilen entfernt und so die Nutzerprofile aktuell hält. Diese Komponente implementiert die Alterungsmechanismen für items[6] und deren Kontexten[7], die wir in 3.4.3 entwerfen.

In Abschnitt 4.6 beschreiben wir schließlich, wie wir das in 3.5 beschriebene Geflecht von views umsetzen können. Wir entwerfen eine Infrastruktur, die den dynamischen Aufbau eines Netzes von Komponenten, die views implementieren, ermöglicht und die die Interaktion zwischen diesen Komponenten regelt.

Damit haben wir nun alles, was wir für eine gezielte Entwicklung von Systemen zur Unterstützung von virtuellen Communities benötigen: In Kapitel 3 haben wir — aufbauend auf Kapitel 2 — die theoretischen Grundlagen hergeleitet, und in Kapitel 4 haben wir ein System entworfen, das die theoretischen Grundlagen ohne wesentlichen Verlust an Flexibilität implementiert. In Kapitel 5 demonstrieren wir nun, wie wir auf diesen Ergebnissen aufbauend gezielt Systeme zur Unterstützung von Communities planen und umsetzen können. Wir betrachten dies am Beispiel von Komponenten, die die Identifikation und die Formierung von Communities unterstützen sollen.

In einem ersten Schritt betrachten wir, wie die Identifikation und die Formierung von Communities aussehen kann. Wir unterscheiden hierbei zwei Vorgehensweisen: Die Formierung und Identifikation von Communities ausgehend von a priori festgelegten Eigenschaften, die alle Community-Mitglieder erfüllen sollen, und die Identifikation von Gemeinsamkeiten einer a priori festgelegten Gruppe von Nutzern.

Ausgehend von diesen generellen Überlegungen entwerfen wir mehrere aufeinander aufbauende Komponenten, die views implementieren, die beide genannten Vorgehensweisen unterstützen. Wir stellen die besonderen Anforderungen an jede der Komponenten vor und erläutern, wie wir diesen Anforderungen begegnen.

Wir fassen dann die Ergebnisse dieser Arbeit kurz zusammen und sprechen Fragen und Probleme an, die in dieser Arbeit nicht behandelt wurden oder die diese Arbeit neu aufgeworfen hat. Abschließend wagen wir einen Blick in die Zukunft, welchen Beitrag die Ergebnisse dieser Arbeit für die weitere Forschung im Bereich Community-Unterstützung leisten kann.

---

[6]Hier: URLs von Web-Seiten. Diese dienen als Repräsentanten des Nutzerwissens.
[7]Hier: Die items, die der Nutzer mit einem bestimmten anderen item in Verbindung sieht.

Kapitel 2

Virtuelle Communities: Ein Überblick

2.1 Überblick

Communities sind seit einiger Zeit in aller Munde, und manche Leute sehen Communities als Killerapplikation schlechthin für das Internet an. Was aber sind Communities eigentlich? Welche Eigenschaften, welche Besonderheiten haben sie? Und wie können Communities mit Rechnern unterstützt werden? Welche Systeme wurden hierzu bereits realisiert?

Dieses Kapitel gibt einen Überblick darüber, was derzeit in der Informatik und der Soziologie unter „Community" verstanden wird und welche Eigenschaften Communities haben können. Wir versuchen, aus den vielen existierenden Definitionen und Charakterisierungen die wesentlichen Eigenschaften von Communities zu extrahieren (Kapitel 2.2). Dabei gehen wir aus von Communities allgemeiner Art — realen wie virtuellen Communities — und konzentrieren uns dann insbesondere auf virtuelle Communities. So kommen wir zu einer Definition, einer Charakterisierung von virtuellen Communities. Der so definierte Begriff von Community bildet die Grundlage dieser Arbeit.

Anschließend betrachten wir, wie Communities „funktionieren" und welche sozialen Mechanismen vorherrschen: Wir gehen der Frage nach, warum sich Menschen virtuellen Communities anschließen und was die Diskussionen und Gespräche in virtuellen Communities am Leben erhält. Wir werden feststellen, daß hier der Wissensaustausch zwischen den Mitgliedern einer Community (Kapitel 2.3) sowie die damit zusammenhängende Frage der Identität im Virtuellen (Kapitel 2.4) wichtige Rollen spielen. Des weiteren stellen wir eine Klassifikation von virtuellen Communities vor (Kapitel 2.5), gehen näher auf die Dynamik von Communities ein (Kapitel 2.6) und betrachten, wie sie sich hinsichtlich ihrer zentralen Themen über die Zeit entwickeln können. Dabei betrachten wir einerseits Veränderungen, die innerhalb einer Community stattfinden, und andererseits Veränderungen in den Verflechtungen zwischen verschiedenen Communities.

Nach einer Übersicht über derzeit realisierte Systeme zur Unterstützung verschiedener Aspekte von Communities (Kapitel 2.7) treten wir schließlich einen Schritt zurück und betrachten aus der Distanz, wie insbesondere virtuelle Communities derzeit in den verschiedenen Forschungsdisziplinen behandelt werden (Kapitel 2.8). Hierbei werden einige noch zu lösende Probleme und bisher (anscheinend) unbeachtete und unbearbeitete Fragestellungen deutlich.

2.2 Communities — Begriffe und Eigenschaften

Um den Begriff „Community" scharen sich viele weitere Begriffe, die teilweise Ähnliches bedeuten oder die ähnlich klingen, aber verschiedene Konzepte beschreiben. In diesem Abschnitt wollen wir auf die für diese Arbeit wichtigen Begriffe eingehen, sie erklären und in Zusammenhang setzen.

Beginnen wir bei dem zentralen Begriff dieser Arbeit, der Community. Der Begriff „Community" hat viele verschiedene Facetten. Schlagen wir beispielsweise bei dictionary.com [13], einem im WWW verfügbaren Nachschlagedienst, nach, so werden u.a. folgende Definitionen geliefert:

> „A group of people living in the same locality and under the same government."

Oder etwa:

> „A group of people having common interests."

Daneben gibt es noch unzählige weitere Bedeutungen, etwa Pflanzen- und Tiergemeinschaften in der Ökologie, aber diese Bedeutungen von Community wollen wir hier nicht weiter betrachten.

Der ersten Definition folgend entspricht eine Community beispielsweise in etwa den Einwohnern eines Stadtviertels. Wichtig ist hier der enge Bezug zu einem Ort. In diesem Kontext müssen wir den Begriff *Community Network* betrachten. Schuler beschreibt in [50] Community Networks folgendermaßen:

> „Community networks are an attempt to use computer network technology to address the needs of the community."

Ein Community Network ist damit ein Werkzeug, das eine in der realen Welt bestehende Community unterstützen soll. Als frühe Beispiele für Community Networks seien Big Sky Telegraph genannt, das die Kommunikation zwischen Lehrern in den ländlichen Gegenden von Montana, USA, unterstützte [41], oder das Public Electronic Network (PEN) in Santa Monica, USA, das den Bürgern von Santa Monica einen Online-Zugang zur Stadtverwaltung bereitstellte [71]. Ein weiteres, oft zitiertes Beispiel ist das Seattle Community Network, das Schuler als einer der Mitbegründer in [51] beschreibt.

Community Networks sind, einmal gestartet, nicht statisch und müssen auch nicht unbedingt an einen bestimmten geographischen Ort gebunden bleiben. Unterstützt ein Community Network eine n-zu-m-Kommunikation, beispielsweise durch Diskussionsforen[1] oder E-Mailverteiler[2], und sind die Informationen, die im Community Network ausgetauscht werden, für viele Leute interessant, so kann es vorkommen, daß sich in einem Community Network virtuelle Gemeinschaften herausbilden, die keine unmittelbare Bindung an den geographischen Ort mehr, den das Community Network bedienen soll, haben. Dies konnte beispielsweise in der „Digital City of Amsterdam" beobachtet werden [4]: Während 1994 noch mehr als die Hälfte der Nutzer in Amsterdam ansässig waren, kamen 1998 die Mitglieder von überall aus den Niederlanden. Die Digital City of Amsterdam löste

---

[1] Ein Diskussionsforum ist ein Schwarzes Brett, in dem über bestimmte Themen diskutiert werden kann. Eine Newsgroup im Usenet ist beispielsweise ein Diskussionsforum.

[2] Ein E-Mailverteiler (Mailing List) ist ein Programm, das eine ihm zugewiesene E-Mailadresse periodisch nach neuen Nachrichten abfragt und alle an diese E-Mailadresse geschickten E-Mails an die bei ihm registrierten Nutzer weiterleitet. Häufig sind E-Mailadressen, hinter denen sich ein E-Mailverteiler und keine reale Person verbirgt, mit einem besonderen Namen gekennzeichnet.

2.2. COMMUNITIES — BEGRIFFE UND EIGENSCHAFTEN

ihre Bindung zum geographischen Ort Amsterdam und wurde zu einem rein virtuellen Ort. Der Schwerpunkt lag nun nicht mehr in der Unterstützung einer realen, an einen Ort gebundenen Community, sondern in der Unterstützung von Menschen mit ähnlichen Interessen.

In der Soziologie ist der Trend zu beobachten, daß im Verständnis von Communities der gemeinsame Ort als charakterisierender und einigender Faktor immer mehr an Bedeutung verliert und im Gegenzug die persönlichen Beziehungen, über die die Menschen miteinander verwoben sind, wichtiger werden. Als Grund hierfür wird genannt, daß es neue Technologien wie Telefon, Internet, Autos oder Flugzeuge erlauben, persönliche Beziehungen auch über große Entfernungen aufrechtzuerhalten und zu pflegen [67], [68]. Da sich Beziehungen zwischen Menschen oft auf gemeinsamen Interessen begründen, verändert sich so auch die Bedeutung von gemeinsamen Interessen als einigender Faktor in der Community: Nicht mehr Orte, sondern soziale Netzwerke, basierend auf gemeinsamen Interessen, werden als Grundlage für Communities gesehen. Wellman und Gulia meinen hierzu in [66]:

> *"... communities do not have to be solidary groups of densely knit neighbors but could also exist as social networks on kin, friends, and workmates who do not necessarily live in the same neighborhoods."*

Dies deckt sich mit der zweiten der beiden auf S. 10 genannten Definitionen: Eine Community ist eine Gruppe von Menschen, die gemeinsame Interessen haben. Carotenuto et al. definieren in [7] Community ähnlich, aber mit leicht anderem Schwerpunkt:

> *"A community is a voluntary association of people who are not directly dependent on each other for success."*

Die Gemeinsamkeit, die die Mitglieder einer Community teilen, ist hier nur implizit erwähnt, aber dennoch vorhanden: Warum sollten sich Menschen freiwillig zusammenschließen ("voluntary association"), wenn sie keine Gemeinsamkeit (Interessen, Ziele, etc.) teilen? Neben dem Aspekt der Freiwilligkeit erwähnen Carotenuto et al. noch eine lose Bindung zwischen den Mitgliedern: Der Erfolg des Einzelnen ist nicht unmittelbar abhängig von der Mitgliedschaft; jedes Mitglied kann die Community verlassen, wenn es keinen Nutzen mehr sieht, der die Mitgliedschaft rechtfertigen würde. Dies schließt engere Bindungen zwischen Community-Mitgliedern zwar nicht aus, fördert oder fordert sie aber auch nicht.

Wenger sieht bei Communities gemeinsame Handlungen und das Lernen bei diesen Handlungen als die zentralen Elemente an [69]:

> *"Members of a community are informally bound by what they do together from engaging in lunchtime discussions to solving difficult problems and by what they have learned through their mutual engagement in these activities."*

Während die Definition von Carotenuto et al. eine Community anhand ihrer wesentlichen Eigenschaften beschreibt ("voluntary", "not directly dependent"), legt Wenger einen möglichen Grund für den Zusammenschluß der Leute zu einer Community dar: Gemeinsame Aktivitäten sowie der daraus resultierende Lernerfolg für den Einzelnen. Man beachte, daß hier keine strenge Kausalität vorliegt (man will etwas lernen, also tut man sich zu einer Community zusammen), sondern daß das Bilden einer Community einerseits und das Lernen in dieser Community sowie durch die Teilnahme an gemeinsamen Aktionen andererseits ineinander verschränkt sind.

Gemeinsame Aktionen haben neben dem Lerneffekt für die Mitglieder auch eine integrierende Wirkung. Beispielsweise treffen sich einige Community-Mitglieder einer der bekanntesten Online-Communities der letzten Jahre, The WELL, immer wieder zu eigens organisierten Grillfesten und Picknicks, um den Kontakt miteinander von der virtuellen Ebene auf das reale Leben auszudehnen [45].

Die bisher genannten Definitionen von „Community" sind nur eine kleine Auswahl. Es gibt etliche Definitionen von „Community", und in jeder Definition werden etwas andere Schwerpunkte gesetzt. Mynatt et al. sehen einen ...

> *„... loose consensus around community as referring to a multidimensional, cohesive social grouping that includes, in varying degrees: shared spatial relations, social conventions, a sense of membership and boundaries, and an ongoing rhythm of social interaction."* [34]

Allen hier genannten Definitionen ist gemeinsam, daß sich Menschen freiwillig zusammenschließen, um von der Gemeinschaft mit anderen auf die eine oder andere Weise zu profitieren. Diese Gemeinschaft bildet ein Netzwerk zwischen Menschen, das sich durch eine (wie auch immer geartete) Gemeinsamkeit der Mitglieder sowie der Interaktion zwischen ihnen definiert. Dieses soziale Netzwerk bildet die Grundlage für gemeinsame Aktivitäten, für das Lernen in der Gruppe, etc.

Betrachten wir die verschiedenen, hier genannten Definitionen genauer, so stellen wir fest, daß Communities in dem hier gemeinten Sinn im realen Leben allgegenwärtig sind; sie sind Teil unser aller Leben. Wellman hat beobachtet, daß man üblicherweise Mitglied in zwei verschiedenen Arten von Communities ist [66]: Die eine Art von Community, Wellman und Gulia nennen sie *Personal Community*, setzt sich aus den Menschen zusammen, die man privat oder von der Arbeit kennt und die den Freundes- und den weiteren Bekanntenkreis ausmachen. Die andere Art von Community beschreibt die Communities, denen man sich anschließt, weil man sich für die in ihnen kommunizierten Themen interessiert (Vereine, Interessensgruppen, etc.). Wellman und Gulia nennen diese Communities *Group Communities*. Diese beiden Arten von Communities unterscheiden sich essentiell in der Art, wie man Mitglied in ihnen wird: Während man sich bei Group Communities bewußt anschließt, ist man in „seiner" Personal Community Mitglied *per definitionem*. Zwischen den Communities kann es durchaus zu Überschneidungen kommen; Mitglieder einer Group Community können zugleich auch Freunde sein und damit ebenfalls Mitglieder der Personal Community. Überschneidungen von Communities sind eher die Regel als die Ausnahme und spielen, wie wir in 2.6.2 sehen werden, insbesondere beim Wissensaustausch zwischen Communities eine entscheidende Rolle.

Nach diesen allgemeinen Betrachtungen wollen wir uns nun virtuellen Communities widmen. Eine *Virtual Community* ist, Carotenuto et al. zufolge, eine Community, in der der überwiegende Teil der Kommunikation und Interaktion zwischen den Community-Mitgliedern mittels elektronischer Werkzeuge stattfindet, beispielsweise mittels E-Mail, Diskussionsforen, etc. Virtual Communitiy und *Network Communitiy* werden oft als ähnliche Begriffe mit — je nach Autor — leicht verschiedenen Schwerpunkten gehandelt. Oft werden sie sogar synonym benutzt. So beschreiben beispielsweise Carroll et al. in [8] eine Network Community folgendermaßen:

> *„A network community is a group of people whose communication and collaboration over networks strengthens their shared goals and concerns."*

2.2. COMMUNITIES — BEGRIFFE UND EIGENSCHAFTEN

Diese Definition ist sehr ähnlich zu der von Carotenuto et al. Hier wird allerdings genauer gesagt, welcher Art die die Community formende Gemeinsamkeit ist („shared goals and concerns"). Der Begriff „Network Community" ist allerdings mit Vorsicht zu behandeln: Während Carroll et al. Network Communities gleichsetzen mit Virtual Communities, sehen Mynatt et al. in [34] Network Communities als ein System an, um Virtual Communities zu unterstützen. Um Mißverständnissen vorzubeugen, werden wir daher von nun an den Begriff „Network Community" vermeiden und in diesem Zusammenhang nur noch von Virtual Communities sprechen.

Im Kontext von Virtual Communities bringt Rheingold in [45] zwei neue, bisher noch nicht genannte Aspekte ins Spiel, die auch in Communities in der realen Welt Bedeutung haben. Betrachten wir seine Definition von Virtual Community:

> *„The Net is an informal term for the loosely interconnected computer networks that use CMC[3] technology to link people around the world into public discussions.*
>
> *Virtual communities are social aggregations that emerge from the Net when enough people carry on those public discussions long enough, with sufficient human feeling, to form webs of personal relationships in cyberspace."*

In dieser Definition finden wir — zugegebenermaßen etwas versteckt zwischen den Zeilen — wieder die Kennzeichen einer Community, die schon Carotenuto et al. nennen: Freiwilligkeit und lose Beziehungen zwischen den Menschen. (Die Teilnahme an Diskussionen ist üblicherweise freiwillig und beeinflußt im allgemeinen den Erfolg des Einzelnen nicht essentiell.) Zusätzlich sieht Rheingold folgende Charakteristika: Die Kommunikation zwischen Menschen, auf deren Grundlage Beziehungen entstehen können, die die Community ausmachen, sowie „sufficient human feeling", also die Art und Weise, wie die Menschen miteinander umgehen. Beide Charakteristika finden wir auch in Communities in der realen Welt.

Die bisher genannten Definitionen zeigen, daß das Phänomen „Community" unglaublich facettenreich ist und viele Definitionen einander ergänzen, indem sie Communities aus immer neuen Perspektiven betrachten. In der Tat scheint es im gemeinsamen Forschungsfeld von Informatik und Soziologie bisher keine allgemein anerkannte Definition des Begriffs „Community" zu geben, sondern lediglich ein etwas diffuses gemeinsames Verständnis, das je nach Fachrichtung und Ziel etwas andere Schwerpunkte setzt. Diese Unsicherheit macht es nötig, daß wir festlegen, was wir in dieser Arbeit unter einer Community verstehen wollen. Nur so können wir Mißverständnisse vermeiden. Wir legen fest:

> Reden wir im folgenden von einer Community, so meinen wir eine virtuelle Community. Dies ist eine lose verbundene Gruppe von Menschen, die mindestens eine Gemeinsamkeit teilen und — basierend auf dieser Gemeinsamkeit — überwiegend mittels elektronischer Hilfsmittel miteinander interagieren und kommunizieren.

Dieses Verständnis von Community ist sehr weit gefaßt und in gewisser Weise so etwas wie der kleinste gemeinsame Nenner der bisher genannten Definitionen. Diese Allgemeinheit geht zwar auf Kosten der Präzision in der Begriffsbildung, aber so verringern wir die Gefahr, Ideen und Konzepte zu entwickeln, die nur auf bestimmte, sehr eng (und möglicherweise zu eng) abgegrenzte Gruppierungen zutreffen.

---
[3] CMC: Computer Mediated Communication.

2.3 Wissensaustausch und Communities

2.3.1 Motivation für die Teilnahme an Communities

Communities bieten ihren Mitgliedern Unterstützung verschiedenster Art. Der Austausch von Wissen ist hierbei nur ein Aspekt, ebenso kann man Hilfe bei sozialen, physischen oder mentalen Problemen erhalten. Wie stark die einzelnen Aspekte ausgeprägt sind, wo der thematische Schwerpunkt (der Fokus) der Community liegt und auf welche Weise die Hilfe geleistet wird, ist von Community zu Community unterschiedlich.

Viele Arten der Unterstützung, die Communities liefern können, basieren letztlich auf dem Austausch von Wissen. Informationssuchende erhalten Antworten oder Hinweise, von wo sie die benötigte Information beziehen können, Menschen mit sozialen oder gesundheitlichen Problemen erhalten Erfahrungsberichte von Leidensgenossen und Empfehlungen, wo sie kompetente Hilfe erwarten können, etc.

Die Motivation zur Teilnahme an Communities kann dabei vielfältig sein: Profitieren von neuem Wissen und neuen Kontakten in der Arbeit, das Interesse am Leben und an den Erfahrungen anderer oder einfach der Spaß, Neues zu erfahren und anderen zu helfen. Wichtig ist, daß das Bedürfnis der Menschen sich auszutauschen nicht erst mit der Teilnahme an einer Community entsteht. Vielmehr ist die Motivation zum Wissensaustausch die treibende Kraft, warum sich Menschen überhaupt einer Community anschließen. Communities sind somit als eine Art „soziales Werkzeug" zu verstehen, dessen sich Menschen bedienen, um miteinander in Kontakt zu treten. Betrachten wir nun, wie Communities helfen können, den Wissensaustausch zwischen Menschen zu verbessern.

2.3.2 Communities als Werkzeug für den effizienten Wissensaustausch

Communities bieten eine hervorragende Möglichkeit, Wissen zu erwerben und auszutauschen. Im Gespräch mit Gleichgesinnten können eigene Standpunkte kritisch hinterfragt und vertieft werden, was sowohl bei einem selbst als auch bei den Gesprächspartnern einen Lerneffekt bewirkt. Zusätzlich führen diese Gespräche durch die Weitergabe des Wissens zu dessen Bewahrung, Sicherung und Verbreitung. Diese Aussagen wollen wir im folgenden etwas genauer betrachten.

Um die Bedeutung von Communities für den Wissensaustausch besser begreifen zu können, müssen wir uns zuerst mit den Charakteristika von „Wissen" beschäftigen. Wir können zwei Arten von Wissen unterscheiden: *Implizites Wissen* (tacit knowledge) und *explizites Wissen* (explicit knowledge) [39].

Explizites Wissen finden wir in Dokumenten, Anleitungen, Beschreibungen, Berichten, Präsentationen, Patenten, etc. und ist prinzipiell für jeden zugänglich. Jeder, der beispielsweise einen Artikel liest, kann sich das Wissen, das in diesem Artikel enthalten ist, durch Lesen und Verstehen aneignen. Durch die Veröffentlichung, die *Externalisierung* des Wissens in Artikeln, Berichten, etc. wird das Wissen in gewisser Weise von dem ursprünglichen Wissensträger entkoppelt und kann auch ohne weiteres Zutun des ursprünglichen Wissensträgers von anderen genutzt werden.

Implizites Wissen hingegen ist eng verbunden mit dem Wissensträger, denn es wird gebildet durch die persönlichen Erfahrungen und Einschätzungen des Wissensträgers. Implizites Wissen ist stark subjektiv, oft diffus und etwas unpräzise, und die größte Schwierigkeit mit implizitem Wissen ist für die Wissensträger die Externalisierung ihres Wissens zum Zwecke der Weitergabe.

Communities können hier auf mehrere Arten den Wissensaustausch unterstützen: Sie schaffen ein Forum, in dem der Wissensaustausch stattfinden kann. In Gesprächen mit Gleichgesinnten können wir Hinweise auf Berichte, Dokumente, etc. erhalten, was letztlich einer Verteilung von bereits externalisiert vorliegendem Wissen (also explizitem Wissen) entspricht. Das Wissen wird durch die so geschaffene größere Verbreitung gesichert. Durch die Kombination verschiedener Hinweise kann auch neues Wissen geschaffen werden, was dann durch die Diskussion in der Community den anderen Community-Mitgliedern zur Verfügung steht.

In den Gesprächen wird zudem implizites Wissen externalisiert und damit anderen verfügbar gemacht. Dies hat Konsequenzen für den Wissensträger und für seine Gesprächspartner: Der Wissensträger muß, um mit den anderen vernünftig diskutieren zu können, sein bisher implizit vorliegendes Wissen in Worte fassen, was üblicherweise einhergeht mit einer mehr oder weniger kritischen Reflexion des Wissens. Dies schärft den Blick und enthüllt mögliche Probleme und Unklarheiten, was zu einem Lerneffekt führt. Die Gesprächspartner wiederum können im Gespräch von den Erfahrungen des Wissensträgers lernen.

2.4 Anonymität und Identität

Das Wissen, das man in Gesprächen — nicht nur in Communities — erhält, kann nicht losgelöst von dem Wissensträger betrachtet werden, der das Wissen mitteilt. Wesentlich für den Wert des Wissens ist die Glaubwürdigkeit und die Integrität des Wissensträgers, von dem man sein Wissen bezieht. Hier kommt der Begriff der Identität ins Spiel: Wer ist der Wissensträger? Welche Kompetenzen hat er? Ist ihm zu glauben?

Gerade in rein virtuellen Communities sind diese Fragen alles andere als trivial zu beantworten, denn viele Hinweise auf die wahre Identität eines Menschen, die wir bei persönlichem Kontakt bewußt oder unbewußt wahrnehmen und die unser Urteil über diesen Menschen prägen, sind bei rein virtuellem Kontakt (E-Mail, Chat, etc.) nicht verfügbar. Nicht nur, daß es in rein virtuellen Communities einfach ist, seine wahre Identität zu verschleiern, es ist auch möglich, sich mehrere Identitäten zuzulegen. Anonymes Teilnehmen am Community-Leben scheint so problemlos möglich.

Aber wieviel Anonymität darf sein, damit ein sinnvolles Miteinander in einer Community noch möglich ist? Und wieviel Anonymität erlauben die derzeit verwendeten technischen Hilfsmittel zur Unterstützung von virtuellen Communities wirklich?

2.4.1 Virtuelle Communities und Identität

Nicht wenige Autoren sehen Anonymität als *die* Chance zu einem wahren Miteinander in Internet an: Nur noch Argumente zählen, nicht Wohnort, Religion oder Hautfarbe. Anonymität bringt viele Vorteile: Ist man neu in einer Community und kennt die Gewohnheiten, Verhaltensweisen und Rituale der Community noch nicht, bewegt man sich freier und ungezwungener in der Community, wenn man nicht befürchten muß, für ein Fehlverhalten aus Unwissenheit ernsthaft angegriffen zu werden. So gesehen bietet Anonymität einen gewissen Schutz. Dieser Schutz ist insbesondere dann wichtig, wenn man Kritik an Mißständen übt und durch die Diskussion die Mißstände publik machen und eine Verbesserung erreichen will. Ein Beispiel hierfür wäre Kritik am Arbeitgeber. In einigen

Ländern kann Anonymität sogar lebensrettend sein, wenn man beispielsweise politische Mißstände anprangert.

Diese Vorteile von Anonymität sind unbestritten und Anonymität hat ihre Berechtigung. Allerdings behindert Anonymität zugleich eine wirkungsvolle soziale Kontrolle sowie den Aufbau von sozialen Bindungen zwischen Community-Mitgliedern. Ebenso ist es nur schwer möglich, Diskussionsbeiträge von anonym agierenden Community-Mitgliedern einzuschätzen. Die Community läuft Gefahr, oberflächlich zu bleiben [46]. Das Problem ist das Fehlen jeglicher Identität. Donath schreibt in [14] hierzu:

„For assessing the reliability of information and the trustworthiness of a confidant, identity is essential. And care of one's own identity, one's reputation, is fundamental to the formation of community."

Aber wieviel Anonymität bieten virtuelle Communities wirklich? Wir haben gerade festgestellt, daß im virtuellen Raum, dem Cyberspace, sehr viele Hinweise auf die Identität eines Menschen verlorengehen, aber bedeutet dies automatisch Anonymität? Können wir nicht auch aus den Nachrichten, die zwischen Menschen hin und hergeschickt werden und die die Kommunikation ausmachen, Hinweise auf die Identität des Autors der Nachricht erhalten?

Am Beispiel von Usenet-Artikeln[4] wurde untersucht, welche Elemente einer Nachricht Hinweise auf das Wesen des Autors geben. Hier soll nur kurz auf die Elemente von Usenet-Artikeln eingegangen werden, die Rückschlüsse auf die Identität des Autors erlauben. Details hierzu sind in [14] zu finden.

Ein Artikel im Usenet besteht aus einem Nachrichtenkopf (*message header* oder einfach nur *header*), der Informationen zur korrekten Weiterleitung, Verteilung[5] und evtl. Archivierung enthält, und einem Nachrichtenkörper (*message body* oder nur *body*), der die zu übermittelnde Nachricht enthält.

Im header finden wir die E-Mailadresse des Senders der Nachricht. Da üblicherweise eine unmittelbare Zuordnung von E-Mailadressen zu realen Personen besteht, kann man ausgehend von der E-Mailadresse einige Schlüsse über den Autor der Nachricht ziehen. Auch wenn der Autor einer Nachricht selbst nicht bekannt ist, die domain[6] der E-Mailadresse ist selten unbekannt. Der Ruf, das Ansehen und die Glaubwürdigkeit, die der domain der E-Mailadresse anhaftet, wird oft auf den Autor der Nachricht übertragen. E-Mailadressen, die auf die Mitgliedschaft in einer größeren Organisation, einer staatlichen Institution oder einem großen und angesehenen Unternehmen schließen lassen, werden oft als positive Visitenkarte verstanden, wohingegen E-Mailadressen, die große kommerzielle Internet Service Provider ihren Kunden ausstellen, in manchen Newsgroups eher ein Naserümpfen hervorrufen, was für die Inhaber einer entsprechenden E-Mailadresse nicht selten darin endet, nicht beachtet und mit Problemen allein gelassen zu werden. Dieses Verhalten findet man insbesondere in stärker technisch ausgerichteten Newsgroups mit überdurchschnittlich hohem „Freak-Anteil".

---

[4]Newsgroups im Usenet bilden üblicherweise virtuelle Communities. Eine Ausnahme hiervon bilden Newsgroups, die zum überwiegenden Teil für Ankündigungen oder Hinweise (Informations*weitergabe* statt Informations*austausch*) genutzt werden, beispielsweise comp.os.unix.linux.announce.

[5]Man kann Artikel auch in mehreren Newsgroups veröffentlichen. Dies nennt man *cross posting*. Cross posting wird verwendet, wenn der Artikel thematisch in mehrere Newsgroups paßt — oder natürlich, wenn man mit wenig Aufwand möglichst viele Nutzer erreichen will, beispielsweise bei Werbung (Usenet-Slang: *spam*).

[6]Jede E-Mailadresse hat die Form *account@domain*, beispielsweise kochj@in.tum.de. Hier ist „kochj" die Kennung des Nutzers (der account) und „in.tum.de" die domain.

Der body einer Usenet-Nachricht enthält weitere Hinweise auf die Identität des Autors: Hier sind insbesondere der Stil der Sprache sowie die Signatur, die von vielen Nutzern an ihre Nachrichten angehängt wird, interessant. Im Nachrichtentext selbst geben vor allem die Wortwahl, Schreibweisen von Wörtern (beispielsweise „kewl" statt „cool"), verwendete Phrasen und Abkürzungen (beispielsweise „IMHO" für „in my honest/humble opinion") Hinweise auf die Identität und den Charakter des Autors; Namen von Personen oder Unternehmen, die im Nachrichtentext vorkommen, können Aufschluß auf das soziale Umfeld des Autors geben. Der body kann auch Hinweise auf das Geschlecht des Autors liefern. So haben Witmer und Katzman herausgefunden, daß weibliche Teilnehmer an Diskussionsforen (Newsgroups im Usenet, Diskussionsräume von CompuServe) tendenziell häufiger sogenannte Emoticons (Smileys, etc.) nutzen als männliche Diskussionsteilnehmer [70]. Die Autoren dieser Studie weisen allerdings darauf hin, daß Emoticons generell nur recht selten in den ausgewerteten Diskussionsbeiträgen genutzt wurden (nur in ca. 13 % der Beiträge). Die Ergebnisse dieser Studie sind daher mit Vorsicht zu genießen.

Unter Signaturen im Zusammenhang mit Usenet-Artikeln und E-Mails versteht man kurze Textstücke, die — einmal entworfen — automatisch vom E-Mail- oder News-Programm an jede gesendete Nachricht angehängt werden. Signaturen können verschiedenen Charakter haben: Sie können eine ähnliche Funktion wie Visitenkarten erfüllen und vor allem Kontaktinformationen geben, sie können aber auch Witze enthalten, die ihrerseits Auskunft geben über den Humor des Autors sowie dessen soziales Umfeld. Oft enthalten Signaturen Hinweise auf weitere Informationen zum Autor der Nachricht, beispielsweise die URL seiner Homepage oder seine E-Mailadresse.

Die hier genannten Elemente von Usenet-Artikeln und E-Mails bieten, wie wir gesehen haben, eine Fülle von Möglichkeiten, auf die Identität oder zumindest auf Eigenschaften des Autors zu schließen. Es existieren allerdings verschiedene Dienste, um Usenet-Artikel und E-Mails zu anonymisieren, sogenannte *Anonymizer*. Diese Dienste entfernen aus dem header der Nachricht systematisch alle Informationen, die auf den Autor der Nachricht hinweisen[7]. Damit lassen sich aus dem header der Nachricht keine Informationen zur Identität des Autors mehr ablesen. Der Inhalt der Nachricht, der body, wird von den Anonymisierungsdiensten allerdings nicht angetastet. Hinweise auf die Identität des Autors, die im Nachrichtentext enthalten sind, stehen also weiterhin zur Verfügung.

2.4.2 Abwesenheit von Identität als Motivation für Interaktion

Wie kommt es eigentlich, daß man in virtuellen Communities in vielen Fällen trotz des Fehlens fast jeglicher Hinweise auf die reale Person eine Antwort auf seine Fragen erhält? In diesem Zusammenhang wird immer wieder das Bestreben erwähnt, anderen zu helfen und einen Teil zum Erfolg der Diskussion beizutragen [11]. Schließt man allerdings vom Verhalten der Menschen im realen Leben auf das Verhalten in virtuellen Communities, so würde man eher erwarten, daß niemand auf Fragen antwortet. Donath sieht es in [14] auch als fraglich an, ob guter Wille allein ausreicht, Tausende von Diskussionen, wie sie tagtäglich im Usenet und in vielen Web-basierten Diskussionsforen stattfinden, am Leben zu erhalten. Altruismus mag ein Faktor für das Funktionieren von Diskussionen sein. Es gibt allerdings auch Hinweise, als wäre gerade das weitgehende Fehlen von Identität

---

[7]Dies betrifft insbesondere die E-Mailadresse des Senders der Nachricht, Informationen, die auf das Programm hinweisen, das zur Erstellung der Nachricht verwendet wurde, und die Informationen, die Rechner im header vermerkt haben, über die die Nachricht zum Anonymisierungsdienst gelangt ist.

ein Grund dafür, daß man Antworten auf Fragen erhält, daß also virtuelle Communities überhaupt funktionieren.

Da in virtuellen Communities viele Hinweise auf die reale Person fehlen[8], ist das Verhalten in der Community oft der einzige Weg, sich einen Ruf und damit eine Identität zu schaffen. Wellman und Gulia meinen, daß *„helping others can increase self-esteem, respect from others, and status attainment"* [66]. Donath sieht dies ähnlich:

> *„In most newsgroups, reputation is enhanced by posting intelligent and interesting comments, while in some others it is enhanced by posting rude flames or snide and cutting observations. Though the rules of conduct are different, the ultimate effect is the same: reputation is enhanced by contributing remarks of the type admired by the group."* [14]

Hinzu kommt, daß die Wahrscheinlichkeit, selbst Hilfe zu erhalten, größer ist, wenn man selbst anderen Unterstützung bietet. Rheingold schreibt hierzu in [45]:

> *„The person I help might never be in a position to help me, but someone else might be."*

So ist auch zu erklären, daß Antworten auf Fragen, die an die Community gestellt wurden, nicht an den Fragenden persönlich geschickt werden, sondern in der Community veröffentlicht werden. So ist dem Fragenden wie dem Antwortenden geholfen: Der Fragende erhält die benötigte Information und der Antwortende hat die Möglichkeit, sich durch die Qualität seiner Antworten einen Ruf in der Community zu schaffen.

Ein weiterer Grund für das Funktionieren einer Community liegt in einer in der Community vorherrschenden Erwartung, daß Mitglieder, die von der Community profitieren, sich auch selbst in die Community einbringen sollen. Mitglieder einer Community, deren Zweck der Informationsaustausch ist, müssen bereit sein, auch selbst auf Fragen anderer zu antworten und so am Erfolg der Community mitzuwirken [26]. Andernfalls riskieren sie, daß ihre eigenen Fragen unbeachtet bleiben.

2.5 Typen von Communities: Eine Klassifikation

Je nach Ausrichtung, Inhalt und Zielen haben Communities charakteristische Eigenschaften und benötigen eine spezifische, auf den jeweiligen Typ von Community zugeschnittene Unterstützung. Je nachdem, welche Eigenschaften einer Community man für bestimmte Zwecke als besonders wichtig erachtet, kann man Communities auf verschiedene Weise klassifizieren. Wir wollen hier nicht auf alle denkbaren Klassifikationen eingehen; dies wäre zu umfangreich und würde uns nicht wesentlich weiterbringen. Der interessierte Leser sei auf [29] verwiesen, wo verschiedene Möglichkeiten zur Klassifikation von Communities vorgestellt werden.

Da wir uns im wesentlichen auf Communities konzentrieren wollen, deren Hauptanliegen die Weitergabe von Wissen ist, wollen wir im folgenden Communities anhand ihrer zentralen Inhalte und anhand der Breite ihres Fokus betrachten. Wir können folgende Grundtypen von Communities unterscheiden [7]:

---

[8]Wie wir in 2.4.1 gesehen haben, gibt es auch im Virtuellen Hinweise auf die reale Person, aber diese Hinweise sind selten offensichtlich. Man muß sich mit den jeweiligen Kommunikationsmedien intensiver beschäftigt haben und einen fundierten psychologischen Hintergrund mitbringen, um diese Hinweise zu erkennen und richtig zu deuten.

- Communities of Interest,

- Communities of Practice,

- Communities of Purpose und

- Communities of Passion.

Diese Unterteilung ist freilich sehr akademisch, denn in der Realität weisen die meisten Communities Eigenschaften mehrerer dieser Grundtypen auf, wobei mal Eigenschaften des einen, mal Eigenschaften des anderen Grundtyps mehr oder weniger überwiegen. Trotzdem ist es hilfreich, wenn wir uns im folgenden die typischen Charakteristika dieser Grundtypen ansehen. Dies liefert uns den theoretischen Hintergrund für die Beobachtung und Analyse realer Communities. Wir unterscheiden Communities anhand dreier Kriterien:

- Breite des Fokus der Community,

- Grad der Heterogenität der Gründe für die Teilnahme an der Community und

- Grad der Heterogenität der Mitglieder bezüglich Interessen, Kompetenzen und sozialem Umfeld.

Tabelle 2.1 stellt die oben genannten Grundtypen von Communities anhand dieser Kriterien gegenüber.

Community-Typ	Fokus	Heterogenität der Gründe	Heterogenität der Mitglieder
Community of Interest	eng bis breit	groß	groß
Community of Practice	eng	mittel	eher klein
Community of Purpose	eng	klein	eher groß
Community of Passion	eng	klein	klein

Tabelle 2.1: Charakterisierung der Community-Grundtypen

Betrachten wir nun die einzelnen Grundtypen genauer.

2.5.1 Communities of Interest

Communities of Interest definieren sich durch Menschen mit ähnlichen Interessen. Beispielsweise können Fans von Fred Feuerstein eine Community of Interest bilden, ebenso Menschen, die sich für Fernostreisen interessieren. Wie diese Beispiele bereits andeuten, können die Themen, um die herum sich Communities of Interest bilden, inhaltlich sehr breit gestreut sein, und so ist auch der Fokus einer Community of Interest oft alles andere als präzise umrissen. Ebenso breit gestreut sind die Interessen, die Kompetenzen und der soziale Hintergrund der Community-Mitglieder. Dies liegt vor allem daran, daß es aufgrund des potentiell breiten Fokus der Community viele unterschiedliche Gründe gibt, an der Community teilzunehmen. Man kann sich engagieren und Informationssuchenden helfen, man kann mit Gleichgesinnten fachsimpeln oder auch einfach nur die Informationen einholen, die man für anstehende Aufgaben benötigt.

Eine besondere Art von Communities of Interest sind die *Emotional* oder *Empathetic Communities* [43], [42], denn neben ihrer Funktion, die Mitglieder mit Informationen zu versorgen, hat die emotionale Unterstützung des Einzelnen durch die Mitglieder der Community einen besonders hohen Stellenwert. In herkömmlichen Communities of Interest hat die emotionale Unterstützung üblicherweise weit weniger Bedeutung. Empathetic Communities finden wir häufig im Gesundheitsbereich, meist betrieben oder unterstützt von Selbsthilfegruppen oder staatlichen Stellen. Neben den Informationen und Erfahrungsberichten, die die Mitglieder der Community hier aus erster Hand erhalten, ist für sie vor allem das Gefühl wichtig, mit ihrem Leiden nicht allein zu sein und ihre Sorgen vertrauensvoll anderen anvertrauen zu können.

2.5.2 Communities of Practice

Communities of Practice sind eine Anlaufstelle für Menschen mit ähnlichen Aufgaben oder Verantwortlichkeiten und haben damit einen recht engen Fokus auf genau diese Aufgaben bzw. Verantwortlichkeiten. Communities dieser Art dienen hauptsächlich zum Meinungs- und Erfahrungsaustausch oder werden bei Problemen, die während bestimmter Tätigkeiten auftauchen, konsultiert. Dies ist meist auch die Motivation für die Teilnahme an der Community: Man bespricht im Kreis von Gleichgesinnten und Fachleuten Probleme und überlegt, wie diese gelöst werden können.

Communities of Practice bieten auch ein hervorragendes Forum, um Arbeitsabläufe in Unternehmen zu hinterfragen, zu diskutieren, zu bewerten und zu verbessern. Einige Unternehmen fördern mittlerweile gezielt die Bildung von Communities of Practice, um mit Unterstützung von motivierten Mitarbeitern Arbeitsabläufe gezielt zu optimieren [69].

Es wurde beobachtet, daß sich in Communities of Practice oft — und oft auch unbewußt — ein gemeinsames Vokabular entwickelt. Hintergrund ist, daß sich so leichter Mißverständnisse vermeiden und Probleme und Lösungen präzise beschreiben lassen, was die Problemlösung sowie das Lernen daraus vereinfacht.

2.5.3 Communities of Purpose

Im Gegensatz zu den beiden bisher beschriebenen Communities haben die Mitglieder einer *Community of Purpose* das Bestreben, gemeinsam ein bestimmtes Ziel zu erreichen. Der Fokus der Community ist konzentriert auf dieses gemeinsame Ziel, wohingegen Interessen, Kompetenzen oder sozialer Hintergrund der Mitglieder stark divergieren können. Das gemeinsame Ziel eint die Community, nicht ein gemeinsames Interesse oder ähnliche Aufgaben. Insofern sind die Gründe für die Teilnahme an der Community sehr ähnlich. Die Gründe allerdings, warum die Mitglieder das gemeinsame Ziel unterstützen, können ebenso unterschiedlich sein wie die Sichtweisen, die die Mitglieder auf das gemeinsame Ziel haben.

2.5.4 Communities of Passion

Communities of Passion sind meist recht klein und der Fokus der Community ist üblicherweise stark auf ein bestimmtes Thema konzentriert — deutlich stärker als bei den bisher genannten Typen von Communities. Die Mitglieder der Community haben ein großes Interesse an diesem Thema und sind bereit, einiges dafür zu leisten und Mühen auf sich zu nehmen. Diese Begeisterung bringt es mit sich, daß sich die Mitglieder einer Community of Passion häufig sehr gut mit dem gemeinsamen Thema auskennen.

Communities of Passion findet man oft eingebettet in größere Communities, vor allem Communities of Interest.

2.6 Entwicklung von Communities über die Zeit

Communities entwickeln sich über die Zeit, und es kann vorkommen, daß Communities ihren Typ ändern oder daß sich Sub-Communities herausbilden. Die Gründe hierfür lassen sich im wesentlichen auf Mitgliederfluktuation und auf Veränderungen des Fokus durch Einflüsse von außen zurückführen.

Eine nicht durch Mitgliederfluktuation induzierte Veränderung des Fokus einer Community ist dann zu beobachten, wenn ein überwiegender Teil der Mitglieder seine Meinung zu den in der Community diskutierten Themen ändert. Die Ursachen hierfür können vielfältig sein, etwa einschneidende Ereignisse. Die Größe der Community spielt hier eine wichtige Rolle: In kleinen Communities genügt es, wenn relativ wenige Mitglieder — aber eben der überwiegende Teil — ihre Ansichten ändern; bei großen, etwa weltumspannenden Communities müssen die äußeren Einflüsse schon sehr viele Menschen gleichermaßen betreffen, damit sich eine spürbare Veränderung im Fokus der Community ergibt.

Häufiger ist die Veränderung von Communities durch Mitgliederfluktuation zu beobachten. Es kommen neue Mitglieder hinzu und bringen neues Wissen oder neue Sichtweisen auf bereits bekanntes Wissen in die Community ein, und Mitglieder verlassen die Community. All dies kann zu Veränderungen in der Struktur einer Community führen: Es bilden sich Sub-Communities, die sich später abspalten und selbständig werden können oder die sich nach einiger Zeit wieder auflösen. Oder bisher disjunkte Communities nähern sich in ihren Themen einander an und verschmelzen. Diese Veränderungen führen wiederum zu Fluktuation unter den Mitgliedern der Community; ein Kreislauf entsteht (Abbildung 2.1). So verändert sich ständig der Charakter der betrachteten Community.

Zu den Entwicklungsmöglichkeiten von virtuellen Communities gibt es — meines Wissens nach — noch keine fundierten Ergebnisse; virtuelle Communities werden erst seit wenigen Jahren wissenschaftlich untersucht und es fehlt an langfristig angelegten Studien. Viele der bisher vorliegenden Ergebnisse basieren auf einzelnen Beobachtungen, wobei unklar ist, inwiefern die so gewonnenen Ergebnisse auf andere Communities übertragbar sind [66]. Es gibt allerdings Theorien darüber, wie sich Communities entwickeln *könnten*. Empirische Belege für diese Theorien stehen allerdings noch aus. Trotzdem wollen wir nun mögliche (denkbare) Entwicklungen von Communities betrachten, denn so können wir die Zusammenhänge zwischen den unterschiedlichen Typen von Communities besser verstehen und die Dynamik, die allen Communities innewohnt, besser begreifen.

2.6.1 Übergänge zwischen Community-Typen

Welche Übergänge zwischen Community-Typen können wir beobachten? Betrachten wir zuerst Communities of Interest. Communities of Interest eignen sich vorzüglich als „Treibhaus" für neue Communities. Durch ihren potentiell breiten Fokus sind sie für eine Vielzahl verschiedener Leute interessant, und in der Community können sich Gleichgesinnte leich-

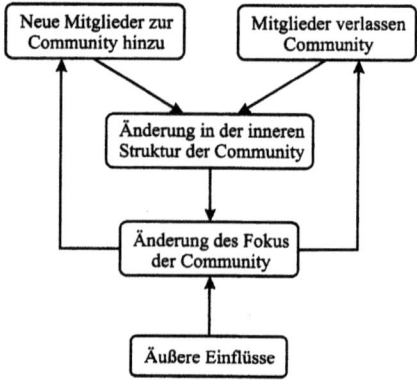

Abbildung 2.1: Einflüsse auf die Entwicklung einer Community

ter kennenlernen; die Bildung von Sub-Communities ist die Folge. Je nach Art der Ziele und Interessen und je nach Intensität, mit der die Interessen und Ziele verfolgt werden, können diese Sub-Communities Communities of Passion sein, oder bei weniger intensiver Ziel- und Interessenverfolgung und breiterem Hintergrund der Beteiligten Communities of Practice oder Communities of Purpose.

Die Bildung von Sub-Communities können wir auch bei Communities of Purpose und Communities of Practice beobachten. Die so entstehenden Communities sind oft Communities of Passion.

Eine Umwandlung einer Community of Interest in einen der anderen Community-Typen ist aufgrund der Breite des Fokus und der üblicherweise recht großen Mitgliederzahl eher unwahrscheinlich und wohl nur bei sehr kleinen Communities of Interest zu erwarten[9].

Ebenso ist es bei Communities of Practice und Communities of Purpose recht unwahrscheinlich, daß sie durch viele neu hinzukommende, aber fachfremde Mitglieder zu reinen Communities of Interest „verwässert" werden. Der Grund hierfür ist wieder die Breite des Fokus: Beide Community-Typen haben einen recht engen, vergleichsweise präzise definierten Fokus, der diese Communities für fach- oder unternehmensfremde Leute eher uninteressant macht.

Die Beziehung zwischen Communities of Purpose und Communities of Practice ist sehr interessant: Die Mitglieder einer Communities of Practice haben in ihrem Tätigkeitsfeld, dem Fokus „ihrer" Community of Practice, oft eine Vorreiterrolle in den Unternehmen, in denen sie die gemeinsame Tätigkeit ausführen. Wird deutlich, daß durch das in der Community of Practice erworbene Wissen Abläufe in Unternehmen verbessert werden

---

[9]Carotenuto et al. nennen in [7] den Fall, daß zwei bisher getrennte Communities of Interest gemeinsame Ziele finden und dann zu einer Community of Purpose verschmelzen. Dies wird — meiner Meinung nach — höchstens bei solchen Communities of Interest geschehen, deren Fokus noch so gut überschaubar ist, daß man Gemeinsamkeiten entdecken kann, die von einem Großteil der Community-Mitglieder mitgetragen werden. Andernfalls wird es wohl eher zur Bildung von Sub-Communities oder gar zur Abspaltung von Community-Mitgliedern kommen. Hier sind jedoch noch längerfristig angelegte Forschungsarbeiten nötig.

können, und versuchen die Community-Mitglieder diese Änderungen herbeizuführen, so kann die Community of Practice schnell Züge einer Community of Purpose annehmen. Ob die Community of Practice dann zusätzlich Merkmale einer Community of Purpose erhält, aber primär den Charakter einer Community of Practice behält, oder ob sie sich zu einer reinen Community of Purpose wandelt, hängt von mehreren Faktoren ab, beispielsweise ob und wie viele neue Mitglieder zur Community hinzustoßen und ob sie eine Qualifikation im Kerngebiet der Community haben.

Betrachten wir nun noch Communities of Passion: Diese sind oft recht kurzlebig, denn durch ihr engagiertes Eintreten für ihre Interessen oder Ziele werden sie schnell bekannt. Menschen mit ähnlichen Interessen oder Zielen werden auf die Community of Passion aufmerksam und schließen sich ihr an. Mit steigender Mitgliederzahl weicht der ursprünglich bezüglich seiner Ziele und seines Hintergrundes weitgehend homogene Kern der Community of Passion immer mehr auf, so daß die Community of Passion den Charakter einer Community of Purpose oder — bei einer Ausweitung und „Popularisierung" des gemeinsamen Interesses — einer Community of Interest annimmt.

2.6.2 Beziehungen zwischen Communities

Communities sind keine voneinander isolierten Inseln. Viele Mitglieder gehören nicht nur einer Community an, sondern beteiligen sich an mehreren Communities. Diese Mitglieder sind es, die einen Wissensaustausch zwischen verschiedenen Communities bewirken und so für eine mehr oder weniger enge Verbindung zwischen Communities sorgen. Die Motivation für diesen Austausch ist, daß eine Information auch für die Mitglieder in anderen Communities interessant sein könnte.

Beispiel:

> Betrachten wir beispielsweise das Usenet mit seinen vielen Newsgroups, die wir (fast) alle als eigenständige Communities betrachten können. Nachrichten werden oft nicht nur an eine Newsgroup gesendet, sondern an mehrere (cross posting). Smith hat in [56] eine Liste von Newsgroups hinsichtlich ihrer Verknüpfungen mittels cross posting untersucht und dabei festgestellt, daß eine Newsgroup durchschnittlich mit 50 weiteren Newsgroups Nachrichten austauscht; gerade mal 6 % der beobachteten Newsgroups waren während des Beobachtungszeitraums isoliert.

Jedes Mitglied einer Community, das zugleich Mitglied in weiteren Communities ist, dient gewissermaßen als „Informations-Gateway" zwischen den Communities. Mitgliederfluktuation innerhalb einer Community betrifft damit unmittelbar den Grad der Verbindung zwischen Communities: Verlassen Mitglieder eine Community, so fallen diese Mitglieder für die Weitergabe von Informationen an die Communities aus, in denen sie ebenfalls Mitglied waren; die Verbindungen zwischen den betreffenden Communities werden schwächer. Kommen hingegen neue Mitglieder zu einer Community hinzu, so auch die Möglichkeit, Verbindungen zu anderen Communities neu zu schaffen oder zu intensivieren, so daß die betreffenden Communities näher zusammenrücken können.

Die Veränderung des Fokus in der Community, wie sie beispielsweise bei einer Änderung des Typs einer Community zu beobachten ist, wirkt subtiler: Eine Verschiebung oder Verengung des Fokus kann — abgesehen von der dadurch ausgelösten Mitgliederfluktuation — dazu führen, daß sich Communities thematisch entfernen oder einander annähern.

Entfernen sich zwei Communities in ihrem Fokus, so werden weniger Informationen zwischen ihnen ausgetauscht; die Verbindung zwischen den Communities wird schwächer. Nähern sich umgekehrt zwei Communities thematisch an, so wird der Informationsaustausch zwischen ihnen oftmals intensiviert, und damit ebenso die Verbindung zwischen den Communities. In der Folge kann es zur Verschmelzung der Communities kommen.

2.7 Systeme zur Unterstützung von Communities

Nachdem wir uns nun einen Überblick über Communities und insbesondere virtuelle Communities verschafft haben, wollen wir Systeme zur Unterstützung von Communities betrachten. Neben dem Gefühl, zu einer Gemeinschaft zu gehören, ist der Austausch von Wissen ein wesentlicher Bestandteil des Lebens einer Community. Grundsätzlich kann der Wissensaustausch auf zwei verschiedene Arten erfolgen: Wissensaustausch mittels Kommunikation mit den anderen Community-Mitgliedern und Wissensaustausch durch Zugriff auf das Community-Wissen, also das von den Mitgliedern in die Community eingebrachte Wissen. Im folgenden wollen wir Systeme vorstellen, die diese Arten des Wissensaustauschs realisieren. Eine Übersicht mit etwas anderer Ausrichtung ist in [27] zu finden.

2.7.1 Unterstützung des Wissensaustauschs durch Kommunikation

Um die Kommunikation zwischen den Mitgliedern einer Community sinnvoll unterstützen zu können, müssen wir die Eigenschaften der Community sowie der verwendeten Kommunikationssysteme betrachten. Grundsätzlich kann die Kommunikation zwischen den Mitgliedern synchron (gleichzeitig) oder asynchron (zeitlich versetzt) erfolgen. Beide Arten der Kommunikation haben bestimmte Charakteristika, die Nebenbedingungen für den Einsatz der jeweiligen Kommunikationssysteme definieren. So eignen sich manche Systeme beispielsweise weniger für Kommunikation in weltumspannenden Communities, während andere dies zwar mit Bravour meistern, aber Schwächen bei der Vermittlung von Awareness-Information haben. Für eine effiziente Unterstützung der Kommunikation in einer Community müssen wir die Charakteristika der Community analysieren und gezielt solche Kommunikationssysteme auswählen oder implementieren, deren Eigenschaften möglichst gut auf die Community abgestimmt sind. Wir wollen uns im folgenden Beispielsysteme zur Unterstützung synchroner und asynchroner Kommunikation näher ansehen.

Asynchrone Kommunikation

Die bekanntesten Systeme zur Unterstützung asynchroner Kommunikation in Communities sind E-Mailverteiler, Bulletin Board-Systeme und das Usenet. So unterschiedlich die verschiedenen, derzeit realisierten Systeme auch implementiert sind — ob mittels Web-Frontend, eigenen Client- und Serverprogrammen, offenen oder proprietären Protokollen, etc. — letztlich ähneln alle diese Systeme in ihrer Funktionalität einem Schwarzen Brett: Ein Nutzer veröffentlicht einen Beitrag und hofft, daß andere Nutzer Folgebeiträge wie Antworten, Kommentare, etc. auf diesen Beitrag hin verfassen. Folgebeiträge werden dabei üblicherweise dem Beitrag zugeordnet, auf den sie sich beziehen. So wird es möglich, Diskussionen auch nach einiger Zeit noch nachzuvollziehen. In Abbildung 2.2 sind Screenshots zweier Systeme zur Unterstützung asynchroner Kommunikation zu sehen. Man beachte

2.7. SYSTEME ZUR UNTERSTÜTZUNG VON COMMUNITIES 25

die in beiden Systemen verwendete Organisation von Diskussionen in sogenannten „discussion threads": Beiträge, die sich auf andere Beiträge beziehen, werden untereinander gesetzt und sind seitlich eingerückt.

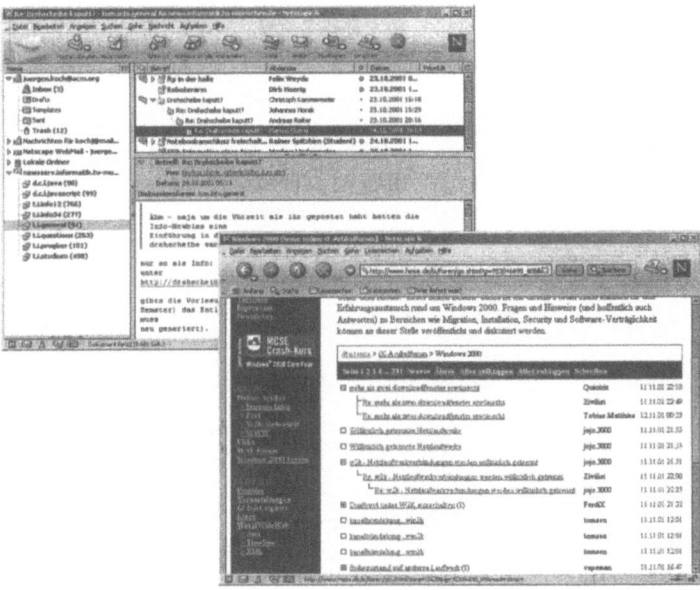

Abbildung 2.2: Beispiele für Systeme zur Unterstützung asynchroner Kommunikation: Links ein Programm zum Lesen von Usenet-News-Artikeln (Netscape 6.2), rechts ein Web-basiertes Diskussionsforum (Windows 2000-Forum des Heise-Verlags) (Screenshots).

Zwischen der Veröffentlichung eines Beitrags und der Veröffentlichung eines Folgebeitrags können nur wenige Minuten vergehen, aber auch Tage oder Wochen — falls überhaupt jemand einen Folgebeitrag veröffentlicht. Der Autor eines Beitrags weiß im allgemeinen nicht, ob überhaupt jemand seinen Beitrag gelesen hat, und wenn doch, wie viele Leute.

Dies offenbart ein zentrales Problem dieser Systeme: Sie stellen keinerlei Informationen über Zahl und Namen (oder wie auch immer geartete Identitäten) der Mitglieder der Community bereit; sie liefern weder Awareness-Informationen, wer das jeweilige System zur Zeit nutzt, noch liefern sie Informationen zu den thematischen Grenzen der Community. Mitglieder der Community treten ausschließlich dann in Erscheinung, wenn sie selbst Beiträge veröffentlichen, und es wird nur dann erkannt, daß ein Beitrag thematisch nicht in die Community paßt, wenn sich jemand über den Beitrag beschwert. Aufgrund des Fehlens dieser wichtigen Informationen können kaum Aussagen darüber gemacht werden, ob und mit welcher Wahrscheinlichkeit ein Folgebeitrag veröffentlicht wird; der Erfolg der Veröffentlichung eines Beitrags bleibt ungewiß.

Pluspunkte können diese Systeme sammeln, wenn es um die Unterstützung weltumspannender Communities geht: Aufgrund der Zeitdifferenzen zwischen den Orten, an denen sich die Mitglieder der Community aufhalten, ist eine rein synchrone (gleichzeitige) Kommunikation nicht immer möglich oder wünschenswert. Durch die Asynchronität der Kommunikation mit Hilfe dieser Systeme werden die Mitglieder der Community systembedingt zeitlich stärker voneinander entkoppelt, wodurch sie eine größere zeitliche Flexibilität bei der Pflege ihrer Kontakte zu anderen Community-Mitgliedern erhalten.

Synchrone Kommunikation

Synchrone Kommunikation, wie sie die verschiedenen Chat- und Instant Messaging-Systeme wie IRC (Internet Relay Chat), ICQ, AOL Instant Messenger, etc. bieten, kann am ehesten mit Live-Diskussionen verglichen werden. Die Nutzer dieser Systeme können sich in Echtzeit unterhalten und bei einigen Systemen ihre Beiträge auch mit Anmerkungen oder Emoticons (Smileys, etc.) anreichern. So sind spontane und lebhafte Diskussionen möglich (Abbildung 2.3).

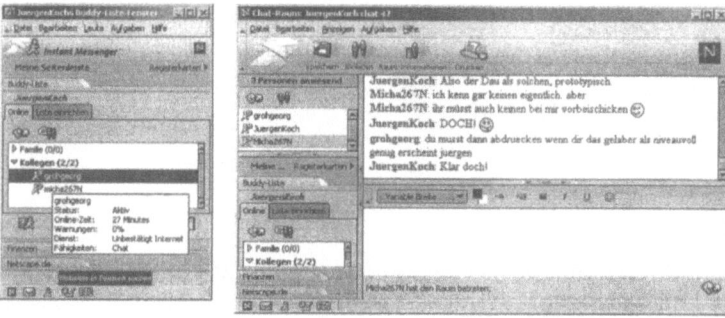

Abbildung 2.3: Beispiel für ein System zur Unterstützung synchroner Kommunikation: Der AOL Instant Messenger, wie er zusammen mit Netscape 6.2 ausgeliefert wird. Links die Buddy List mit Awareness-Information zum Nutzer „grohgeorg", rechts ein Chat-Fenster (Screenshot).

Im Gegensatz zu den meisten Systemen zur Unterstützung asynchroner Kommunikation liefern diese Systeme üblicherweise Awareness-Information darüber, wer gerade an der Diskussion teilnimmt — unabhängig davon, ob er selbst Beiträge verfaßt. Betrachten wir dies am Beispiel des IRC:

> Wenn Nutzer im IRC einen channel (vergleichbar einem themengebundenen Chat-Raum) betreten, wird ihr Erscheinen den anderen Teilnehmern des channel angekündigt. Man kann sich auch jederzeit eine Liste aller Nutzer anzeigen lassen, die gerade im channel anwesend sind. Damit erfüllt ein channel zwei Aufgaben: Einerseits schafft er einen thematischen Rahmen und legt so die

2.7. SYSTEME ZUR UNTERSTÜTZUNG VON COMMUNITIES

Inhalte fest, über die die Teilnehmer diskutieren können[10]. Dies gestattet den Nutzern eine Orientierung, welchem channel sie beitreten können, um über bestimmte Themen zu diskutieren. Andererseits schafft ein channel einen sozialen Raum, der eine Gruppe von Nutzern — die Teilnehmer des channels — von den anderen abgrenzt und auf diese Weise so etwas wie ein Zusammengehörigkeitsgefühl schafft.

Ganz ähnlich funktionieren die Buddy Lists von AOL Instant Messenger oder ICQ: Der Nutzer teilt dem System seine Freunde und Bekannte mit, und sobald sich einer von diesen beim System anmeldet oder einen Chat-Raum betritt, erhält der Nutzer einen Hinweis vom System[11].

Gegenüber E-Mailverteilern oder dem Usenet haben IRC, ICQ, etc. einen Nachteil: Sie spielen ihre Stärken in Live-Diskussionen aus, aber die nachträgliche Recherche in den Diskussionsbeiträgen ist, wenn überhaupt möglich, so doch meist recht mühsam: Viele Systeme loggen die Diskussionsbeiträge nicht mit, so daß ein späteres Nachvollziehen von Diskussionen unmöglich wird. Nutzer, die nicht an der Diskussion teilnehmen konnten, sind damit auf Berichte anderer angewiesen.

Des weiteren können Live-Diskussionen nur dann stattfinden, wenn die Zeiten, zu denen die Diskussionen stattfinden sollen, für die beteiligten Diskussionspartner akzeptabel sind. Dies wird um so schwerer, je weiter die Diskussionspartner bezüglich ihrer geographischen Lage voneinander entfernt sind (Probleme bei weit auseinanderliegenden Zeitzonen), was die Unterstützung weltumspannender Communities allein mittels synchroner Kommunikation etwas mühsam machen kann.

2.7.2 Unterstützung des Wissensaustauschs durch Zugriff auf Nutzerwissen

Das Community-Wissen setzt sich zusammen aus dem Wissen aller Community-Mitglieder. Ein Teil dieses Wissens wird externalisiert und in Diskussionen veröffentlicht. Dieses Wissen wollen wir als *explizites Community-Wissen* bezeichnen. Auf dieses Wissen können wir bei Recherchen zugreifen. Das bisher nicht externalisierte Wissen der Community-Mitglieder, das wir *implizites Community-Wissen* nennen wollen, ist hingegen nicht unmittelbar zugreifbar.

Es gibt verschiedene Systeme, die explizites Community-Wissen archivieren und für den späteren Zugriff zugänglich machen. Diese Systeme stellen damit neben der unmittelbaren Kommunikation mit Community-Mitgliedern weitere Quellen zum Zugriff auf Community-Wissen dar. Im Gegensatz zu den Kommunikationsunterstützungssystemen stellen sie die Informationserfassungs- und -suchfunktionalität in den Vordergrund, nicht die Kommunikation oder die Awareness. Der wesentliche Community-Aspekt, das Zusammensein mit Gleichgesinnten und das Gefühl des Miteinander, tritt bei diesen Systemen in den Hintergrund. Trotzdem erfüllen diese Systeme eine bedeutsame Funktion in Com-

---

[10]Es gibt im IRC keine zentrale Instanz, die darüber wacht, daß innerhalb eines Chat-Raums nur über die vorgesehenen Inhalte gesprochen wird. Statt dessen finden soziale Protokolle Anwendung, die je nach der Gemeinschaft, die sich in einem Chat-Raum etabliert hat, unterschiedlich ausgeprägt sein können und mehr oder weniger Freiraum für thematische Abschweifungen bieten.

[11]Im Zusammenhang mit Buddy Lists, Active Lists, etc. sind bei den aktuellen Instant Messenger-Programmen neben „anwesend" und „abwesend" noch weitere Modi der Vefügbarkeit des Nutzers realisiert, aber dies soll hier nicht weiter betrachtet werden.

munities: Sie schaffen eine Historie der Community und sie entlasten die Community-Mitglieder von der Notwendigkeit, die gleichen Fragen, die sogenannten *frequently asked questions* (FAQ), immer wieder aufs Neue beantworten zu müssen.

Gegenüber der Kommunikation mit den Community-Mitgliedern haben diese Systeme allerdings eine Einschränkung: Sie erlauben nur Zugriff auf bereits externalisiertes Wissen. In der Folge sind zwar neue Kombinationen, Interpretationen und Bewertungen dieses Wissens möglich, aber keine substantielle Erweiterung in dem Sinne, daß die verfügbare Wissensbasis durch Externalisierung von bisher implizitem Wissen erweitert würde. In der Kommunikation mit anderen Community-Mitgliedern hingegen kann auch bisher nicht externalisiertes Wissen öffentlich gemacht werden, womit eine Vergrößerung des expliziten Community-Wissens einhergeht.

Die im folgenden vorgestellten Systeme bieten nicht nur Community-Mitgliedern einen Nutzen; jeder kann auf das von ihnen verwaltete und aufbereitete Wissen zugreifen. Die Systeme nutzen das in Communities externalisierte Wissen, sie bauen auf dem Community-Wissen auf. Ihr Nutzen hingegen, ihr Mehrwert, ist für jeden zugänglich.

Wissens-Repositories

Viele Systeme zur Unterstützung der Kommunikation in Communities bieten die Möglichkeit, Beiträge zu archivieren und für eine Suche bereitzustellen. Insbesondere bei Systemen, die eine asynchrone Kommunikation unterstützen, ist diese Funktionalität oft anzutreffen. Die meisten E-Mailverteiler bieten heute ein Archiv ihrer Beiträge mit einer mehr oder weniger mächtigen Suchfunktion an. Auch Archive von Usenet-Beiträgen gehören heute zu den üblichen Informationsquellen bei Fragen aller Art. Diese Archive liefern die Grundfunktionalität zur Recherche in Communities.

Einige Communities veröffentlichen auch in regelmäßigen Abständen Beiträge, die oft gestellte Fragen (FAQs) beantworten und in denen erklärt wird, wo man Archive des Community-Wissens findet und wie man sie nutzt. Dies ist beispielsweise in vielen Newsgroups des Usenet üblich.

Der Nutzen, den Wissens-Repositories haben, ist nicht auf die Community begrenzt, deren Wissen sie archivieren. In vielen Fällen kann jeder Nutzer auf die im Wissens-Repository abgelegten Ressourcen zugreifen.

Empfehlungs- und Bewertungssysteme

Wissens-Repositories wie Archive von E-Mailverteilern oder Newsgroups erlauben den nachträglichen Zugriff auf und die Suche nach bestimmten Ressourcen der Community, beispielsweise Diskussionsbeiträge, Dokumente, Links zu Web-Seiten, etc. Mindestens ebenso interessant sind Meinungen und Bewertungen von Community-Mitgliedern zu diesen Ressourcen. Von Interesse ist hier nicht die Ressource selbst, sondern Informationen über diese Ressource (Metainformationen).

Diese Metainformationen liefern Empfehlungssysteme, sogenannte *Recommender-Systeme*. Diese Systeme sammeln Meinungen und/oder Bewertungen zu Ressourcen und werten diese mit Hilfe von meist statistischen Verfahren aus. Nutzer können diese Systeme dann verwenden, um gezielt solche Ressourcen anzufordern, die von anderen Community-Mitgliedern als gut eingeschätzt werden, oder um gegebene Ressourcen in ihrer Qualität besser einschätzen zu können.

Auf welche Weise die Bewertungen von Ressourcen ermittelt werden, hängt vom System ab. Manche Systeme nutzen für die Bewertung einer Web-Seite die Zahl der Referenzen in anderen Ressourcen (News-Artikel, Web-Seiten), die auf die fragliche Web-Seite verweisen [63], andere Systeme fordern von ihren Nutzern, die von ihnen verwendeten Ressourcen auf einer Skala von beispielsweise 1 bis 5 zu benoten [54], [44], [21]. Wieder andere Systeme schließen von der Dauer der Nutzung auf die Qualität der Ressource [52], [53].

Der Nutzen dieser Systeme liegt vor allem in der Hilfe, die sie bei der Recherche in unüberschaubar großen Informationsräumen bieten, beispielsweise im WWW. Ähnlich wie bei Wissens-Repositories profitieren hiervon nicht nur die Mitglieder einer Community, sondern alle Nutzer dieser Systeme.

2.7.3 MUDs und virtuelle Welten

MUDs (Multi-User Domains, Multi-User Dimensions oder Multi-User Dungeons) sind Systeme, die im Virtuellen Welten nachbilden. Diese virtuellen Welten sind häufig in Räume strukturiert, die bestimmten Themen oder Nutzergruppen gewidmet sind. Nutzer, die sich gemeinsam in einem Raum aufhalten, können sich synchron unterhalten. Frühe MUDs haben hierfür nur textbasierte synchrone Kommunikation vorgesehen; ein Raum in einem solchen MUD hat somit große Ähnlichkeit mit einem channel im IRC.

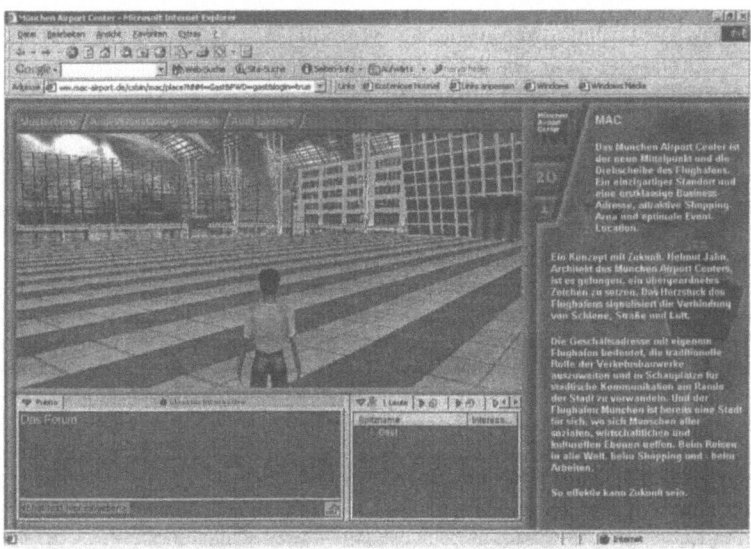

Abbildung 2.4: 3D-Darstellung des Münchner Flughafens. Die Figur im Vordergrund ist der Besucher. Da dieser Screenshot über einen Gastzugang erstellt wurde, sind keine weiteren Nutzer zu sehen (Screenshot, URL: http://www.mac-airport.de).

Aktuelle Systeme bieten ausgefeilte und detailreiche Darstellungen von virtuellen Welten. Nutzer können „virtuelle Stellvertreter", sogenannte *Avatare*, auswählen oder selbst erstellen, mit denen sie dann durch diese Welten wandern und die Avatare anderer Nutzer treffen können. So wird die nötige Awareness geschaffen; ähnlich wie in der Realität sieht man, wer gerade noch „da ist", wer also das System gerade nutzt.

Die Strukturierung der virtuellen Welt orientiert sich häufig an realen Orten. Es gibt Plätze, Häuser und Straßen, in denen sich die Avatare tummeln und miteinander in Kontakt treten können (Abbildung 2.4).

Moderne MUDs enthalten meist ein ganzes Spektrum von Kommunikationswerkzeugen. Textbasierter Chat gehört mittlerweile ebenso zum Standard wie die Möglichkeit, asynchron über Schwarze Bretter zu kommunizieren oder sich gegenseitig Nachrichten, ähnlich E-Mail, zu schicken. Einige Systeme bieten auch Videokonferenzen oder Internet-Telefonie an.

Zusätzlich können die Nutzer Objekte verschiedenster Art — Links auf Web-Seiten, Texte, Programme, etc. — in den Räumen ablegen, zu denen sie Zugang haben. Je nach Deklaration der Objekte können sie dann von anderen Nutzern eingesehen werden. Öffentlich einsehbare Objekte könnten beispielsweise offen auf einem Tisch in einem Raum liegen und private Objekte könnten in einem Schrank abgelegt sein, zu dem nur der Eigentümer der Objekte Zugriff hat. Moderne MUDs kombinieren damit Kommunikationswerkzeuge und Objektverwaltung und -archivierung.

Bei Beobachtungen hat sich herausgestellt, daß sich auch in MUDs soziale Strukturen herausbilden können [45], [12]. Wie wahrscheinlich dies ist und wie komplex die sozialen Strukturen werden, hängt stark davon ab, welche Möglichkeiten der sozialen Interaktion das jeweilige System seinen Nutzern bietet. Es ist vor allem wichtig, daß man auf vielfältige Weise interagieren kann; ein möglichst realistisches Aussehen der virtuellen Welt ist offenbar nicht so entscheidend.

Die Grenzen zwischen virtuellen Welten (MUDs) und modernen Werkzeugen zur synchronen Kommunikation sind fließend. Freewalk [35] beispielsweise ist ein System, das man in der Grenzzone zwischen virtuellen Welten und Tools zur Unterstützung synchroner Kommunikation ansiedeln kann. Freewalk bietet eine ausgefeilte graphische Repräsentation eines virtuellen Raums, die manches altgediente MUD in den Schatten stellt und durchaus mit modernen virtuellen Welten mithalten kann. Es wird auch ausreichend Awareness geliefert, um soziale Strukturen wie sich ad-hoc bildende Gruppen von Nutzern zuzulassen. Allerdings gibt es keine Strukturierung der virtuellen Welt. Auch fehlt jegliche Verwaltung von Objekten. Der Schwerpunkt von Freewalk liegt eindeutig auf der Unterstützung der synchronen Kommunikation. Der entscheidende Unterschied zwischen einem MUD und einem Werkzeug zur synchronen Kommunikation liegt in der Strukturierung des virtuellen Raums und in der Möglichkeit zur Verwaltung von Objekten. Bei MUDs wird diesbezüglich im allgemeinen ein ziemlicher Aufwand getrieben, während bei Kommunikationssystemen meist nur eine schwache Strukturierung zu finden ist.

2.8 Eine Forschungsrichtung entsteht

Die Forschung im Bereich „Virtuelle Communities" ist noch sehr jung. Obwohl es bereits seit längerer Zeit virtuelle Communities gibt — hier seien nur die Newsgroups im Usenet und viele Bulletin Board-Systeme, beispielsweise „The WELL", genannt — sind sie erst Mitte der 90er Jahre ins Bewußtsein vieler Forscher gerückt. Dies mag mit der zu diesem Zeitpunkt einsetzenden, immer stärker werdenden Durchdringung des alltäglichen Lebens

2.8. EINE FORSCHUNGSRICHTUNG ENTSTEHT

mit Rechnern sowie deren zunehmender Vernetzung zu tun haben. Die Internet- und WWW-Hype in diesem Zeitraum („Ich bin drin!") mag ein Übriges getan haben.

Die bisher vorliegenden Ergebnisse gründen im wesentlichen auf einzelnen Beobachtungen und Erfahrungen, die mit versuchsweise implementierten Systemen zur Unterstützung von virtuellen Communities gemacht wurden, oder auf meist recht kurzfristigen Beobachtungen bereits existierender Communities [66]. Daher sind die in diesem Kapitel vorgestellten Charakteristika und Eigenschaften von (virtuellen) Communities noch als vorläufig zu betrachten und mit Bedacht zu verwenden. Ergebnisse längerfristig angelegter Studien existieren noch nicht, und es wird gerade erst begonnen, über Besonderheiten von virtuellen Communities nachzudenken — auch und gerade im Unterschied zu realen Communities. Fragen nach der Formierung virtueller Communities kommen auf, wie sich virtuelle Communities über die Zeit entwickeln, wie Nutzer virtuelle Communities finden, die ihren Ansprüchen genügen, welche Rolle virtuelle Communities als „soziale Filter" bei der Bewältigung der Informationsflut im Internet spielen können, welche Mechanismen zur sozialen Kontrolle gerade im Virtuellen wirken und nicht zuletzt, wie im Virtuellen ein Gefühl der Zugehörigkeit zu einer Community und damit auch ein Gefühl der Abgrenzung gegenüber anderen Communities entsteht. Auch ist nicht geklärt, welche Rolle virtuelle Communities im alltäglichen, realen Leben der Menschen einnehmen, denn es darf als sicher gelten, daß virtuelle Communities nicht als isoliertes Phänomen betrachtet werden können, sondern daß reales Leben und das Leben im Virtuellen einander beeinflussen. Und nicht zuletzt stellen sich Fragen nach dem Mehrwert von Communities im Vergleich zu herkömmlichen Wissensquellen und dadurch, welche Möglichkeiten Communities beispielsweise für die Optimierung von Geschäftsprozessen und zur Anbahnung von Kontakten (sei es B2B[12] oder B2C[13]) bieten. Die Liste der offenen Fragen ließe sich fortsetzen.

Diese Fragestellungen machen deutlich, daß zur Erforschung virtueller Communities interdisziplinär gearbeitet werden muß. Eine Fachrichtung allein kann zwar Aspekte von virtuellen Communities betrachten, aber die Gefahr ist groß, daß dann wichtige Besonderheiten von virtuellen Communities nicht beachtet oder schlicht übersehen werden. Die Zusammenarbeit von Soziologen, Psychologen, Informatikern und Betriebswirten (und bestimmt noch Vertretern weiterer, hier nicht genannter Fachrichtungen) ist nötig, um dem Phänomen „Virtuelle Community" gerecht zu werden. Leider werden derzeit noch viele Forschungsprojekte nach Fachgebieten getrennt durchgeführt.

Die Informatik befindet sich hier in einem Dilemma: Einerseits sollen Systeme entwickelt werden, die virtuelle Communities effizient unterstützen — und zwar in möglichst vielen Bereichen des Community-Lebens. Andererseits sind hierzu Kenntnisse über das Wesen von virtuellen Communities nötig, ebenso wie ein für den jeweiligen Anwendungsfall passendes Modell einer virtuellen Community oder zumindest eine ausreichend formale Beschreibung dessen, was das System in bezug auf die virtuelle Community leisten soll. Viele Definitionen und Beschreibungen von virtuellen Communities, wie sie beispielsweise in der Soziologie oder der Psychologie verwendet werden, sind aber zu vage oder zu wenig formalisiert, um darauf aufbauend Systeme zu entwickeln, die virtuelle Communities auf wissenschaftlich fundierte Weise unterstützen. Zusätzlich ist die Terminologie in bezug auf (nicht nur virtuelle) Communities alles andere als einheitlich. So werden in der Informatik bislang Community-Unterstützungssysteme häufig „aus dem Bauch heraus" entworfen und implementiert in der Hoffnung, daß sie von den Nutzern angenommen und in der be-

---

[12]B2B (Business-to-Business) bezeichnet Beziehungen zwischen Unternehmen.
[13]B2C (Business-to-Consumer) bezeichnet Beziehungen zwischen Unternehmen und (Privat-)Kunden.

absichtigten Weise genutzt werden. Eine Evaluation dieser Systeme erlaubt dann eine gezielte Weiterentwicklung. Eine Grundlage für zukünftige Community-Unterstützungssysteme entsteht daraus freilich nicht, denn die entworfenen Systeme sind natürlich auf einen bestimmten Zweck hin ausgerichtet. Sie können daher höchstens für solche Systeme wieder als Beispiel dienen, die den gleichen oder einen sehr ähnlichen Zweck haben.

Mit dieser Arbeit wollen wir nun einen Beitrag leisten, um die Lücke zwischen den vorhandenen Beschreibungen von Communities und dem Entwurf von Community-Unterstützungssystemen zu schließen. Hierzu müssen wir einen Formalismus entwickeln, mit dem wir möglichst viele Arten von Communities beschreiben können, ohne daß wir durch die Gestalt des Formalismus auf eine bestimmte Nutzung der Community-Beschreibung festgelegt sind. Des weiteren benötigen wir einen Ansatz, ein Vorgehensmodell, mit dem wir beschreiben können, wie der Formalismus genutzt werden kann, um Community-Unterstützungssysteme zu entwerfen. Der Formalismus soll helfen, die Lücke zwischen den natürlichsprachlichen Beschreibungen der Soziologie und den formalen Modellen der Informatik zu schließen; das Vorgehensmodell soll beschreiben, wie der Formalismus genutzt werden kann, um konkrete Systeme zur Unterstützung von Communities zu entwerfen.

2.9 Zusammenfassung

In diesem Kapitel haben wir die Begriffe definiert und erläutert, die uns diese Arbeit hindurch begleiten werden. Virtuelle Communities sind das zentrale Thema dieser Arbeit. Wir haben virtuelle Communities definiert als lose Gruppen von Menschen, die ähnliche Interessen teilen und die diese Interessen hauptsächlich mittels elektronischer Medien kommunizieren. Diese Definition ist bewußt etwas unscharf, um nicht von vornherein bestimmte Klassen von Communities von den weiteren Betrachtungen auszuschließen. Des weiteren haben wir zentrale Eigenschaften von Communities vorgestellt.

Für viele Menschen ist der Wissensaustausch zwischen den Mitgliedern einer Community die Motivation für die Teilnahme an der Community. Dabei müssen wir berücksichtigen, daß wir neben dem kommunizierten Wissen auch den Menschen betrachten, der sein Wissen weitergibt, denn das kommunizierte Wissen ist abhängig von der Glaubwürdigkeit und der Erfahrung der Wissensquelle. Im Virtuellen fehlen uns allerdings viele Hinweise und Eindrücke, die man bei realen Kontakten bewußt oder unbewußt wahrnimmt. Es fehlt damit an essentiellen Hinweisen, wie man Aussagen anderer zu bewerten hat; es fehlt an Identität. Man nimmt allerdings heute an, daß gerade das Fehlen von Identität der entscheidende Faktor dafür ist, daß man in Communities überhaupt sachkundige Unterstützung erhält, ist doch das Verhalten gegenüber anderen in der Community die einzige Möglichkeit, sich im Virtuellen einen Namen, eine Identität aufzubauen.

Anschließend haben wir eine Klassifikation von Communities vorgestellt. Parameter waren die Breite des Fokus der Community, die Heterogenität der Gründe, warum die Leute an der Community teilnehmen und die Heterogenität der Mitglieder bezüglich ihrer Interessen, Kompetenzen und sozialem Umfeld. Weitere Klassifikationen sind denkbar. Diese Klassifikation ermöglicht es uns, Systeme für bestimmte, gegebene Communities sozusagen „maßzuschneidern", denn jede Klasse von Communities hat ihre ganz eigenen Charakteristika und benötigt daher besondere Werkzeuge für eine effiziente Unterstützung.

Die Zuordnung einer gegebenen Community zu einer Klasse ist allerdings nicht statisch. Communities verändern sich im Lauf der Zeit, und ebenso ihre zentralen, sie klassi-

2.9. ZUSAMMENFASSUNG

fizierenden Eigenschaften. Neue Mitglieder kommen hinzu, Mitglieder verlassen die Community, eine Veränderung in der thematischen Ausrichtung (Fokus) der Community: All dies sind Gründe für Veränderungen in der Struktur einer Community. Diese Veränderungen müssen bei der Konzeption von Community-Unterstützungssystemen bedacht werden, sind aber bisher kaum erforscht.

Abschließend haben wir die gegenwärtige Forschung zu virtuellen Communities betrachtet. Abgesehen davon, daß leider nur wenige Forschungsteams interdisziplinär zusammengesetzt sind, gibt es zwischen den meist natürlichsprachlichen Charakterisierungen von Communities und der für einen Systementwurf nötigen formalen Modellierung eine konzeptionelle Lücke. Im folgenden wollen wir einen Beitrag leisten, um diese Lücke zu schließen.

Kapitel 3

Formale Beschreibung virtueller Communities

3.1 Überblick

Um die im letzten Kapitel angesprochene konzeptionelle Lücke zwischen den bisher vorherrschenden natürlichsprachlichen Charakterisierungen von Communities und einem für die Implementierung eines Community-Unterstützungssystems nötigen Modells zu schließen, gehen wir in zwei Schritten vor: Zuerst leiten wir einen Formalismus her, der es uns erlaubt, Communities bzw. die Aspekte von Communities, die uns interessieren, zu beschreiben. In Kapitel 5 demonstrieren wir dann, wie wir aufbauend auf dem Formalismus gezielt Systeme zur Community-Unterstützung implementieren können. Technische Grundlage für die Implementierung dieser Systeme ist eine Infrastruktur, die wir in Kapitel 4 vorstellen.

Betrachten wir jedoch zuerst, wie wir den Formalismus herleiten wollen: Um einen ersten Überblick zu erhalten, untersuchen wir, welche Aspekte von Communities für die Nutzer von Interesse sein könnten (Kapitel 3.2). Wir können im wesentlichen drei Gruppen von Aspekten betrachten: Aspekte, die die Community einende Gemeinsamkeit betreffen, Aspekte, die das Kommunikationsverhalten in der Community beleuchten, und Aspekte, die Veränderungen dieser beiden Gruppen von Aspekten über die Zeit betrachten. Hierbei wird auch diskutiert, wo die Probleme bei einer formalen Modellierung von Communities liegen und warum es bisher keinen umfassenden Formalismus zur Beschreibung von Communities gibt. Wir werden sehen, daß es nicht sinnvoll ist, ein Modell zu entwickeln, das den Anspruch hat, für alle Communities einsetzbar zu sein. Stattdessen ist es besser, einen Formalismus zu haben, der entsprechend seiner Anwendung leicht angepaßt werden kann. Für eine dementsprechend ausgestaltete Beschreibung von Communities ist es sinnvoll, von den Nutzern auszugehen.

Aufbauend auf diesen Erkenntnissen gehen wir dann daran zu betrachten, wie wir das Verhalten und die Eigenschaften von Nutzern modellieren können, so daß wir, aufbauend auf einer Menge von Nutzermodellen, auf flexible Weise verschiedenste Aspekte von Communities herleiten können (Kapitel 3.3). Wir konzentrieren uns hierbei auf die Interessen des Nutzers, charakterisiert durch die Objekte, die er nutzt, sowie die Kommunikation, an der er teilnimmt. Die genutzten Objekte und die Kommunikation definieren einen Rahmen, der die Gestalt der Nutzermodelle festlegt.

Zur Ermittlung der Nutzermodelle nutzen wir Ereignisse, die die Nutzer bei ihrer täglichen Arbeit auslösen. Wir diskutieren, welche Ereignisse wir nutzen können, um ein

Nutzermodell auf der Grundlage der Kommunikation und der genutzten Objekte zu erstellen, und wie diese Ereignisse zu interpretieren sind (Kapitel 3.4). Darauf aufbauend stellen wir Verfahren vor, wie wir die Bedeutung der genutzten Objekte für den Nutzer einschätzen und wie wir die Kommunikationsbeziehungen des Nutzers erfassen und bewerten können.

Wie wir von der Menge der Nutzermodelle zu formalen Darstellungen von Aspekten von Communities kommen, die in der Summe einen Formalismus zur Beschreibung von Communities bilden, wird anschließend beschrieben (Kapitel 3.5): Grundlage für die Modellierung der Aspekte sind aufeinander aufbauende services, die auf den Daten der Nutzerprofile arbeiten und Analysen und Berechnungen durchführen; die Ergebnisse der services werden mit views dargestellt. Views und services sind zwei eng verzahnte Konzepte, mit denen wir Aspekte von Communities modellieren.

Anschließend leiten wir views her, die wesentliche Aspekte von Communities formalisieren (Kapitel 3.6). Diese views nutzen die Daten der Nutzerprofile und modellieren bestimmte Aspekte von Communities, beispielsweise den thematischen Schwerpunkt oder die Kommunikationsstruktur.

3.2 Beschreibende Aspekte von Communities

Wie wir in Kapitel 2 gesehen haben, sind Communities unglaublich vielschichtige und komplexe soziale Gebilde. Die Schwierigkeit besteht nicht nur darin, bestimmte Eigenschaften wie beispielsweise Kommunikationsmuster oder Gemeinsamkeiten aller Community-Mitglieder zu identifizieren. Erschwerend kommt hinzu, daß diese Eigenschaften nicht konstant sind, sondern sich verändern. Bedingt durch äußere Einflüsse und Mitgliederfluktuation wandeln sich Communities ständig, und so auch ihre Eigenschaften.

Welche Eigenschaften identifizieren eine Community? Anhand welcher Eigenschaften können wir Communities unterscheiden? Aufbauend auf Kapitel 2 können wir drei übergeordnete Kategorien von Eigenschaften unterscheiden:

- Gemeinsamkeiten aller Community-Mitglieder (Interessen, Aufgaben, etc.),
- Verhaltensmuster der Community-Mitglieder (Kommunikation, soziale Konventionen, etc.) und
- Veränderungen dieser Aspekte über die Zeit.

Diese Aspekte bilden die Grundbausteine für den Formalismus zur Beschreibung von Communities und sollen nun genauer beleuchtet werden.

3.2.1 Aspekt Gemeinsamkeit

Eine Community ist, wie bereits in 2.2 erläutert, eine Gruppe von Menschen, die eine oder mehrere Gemeinsamkeiten teilen und sich über diese Gemeinsamkeiten austauschen. Die Gemeinsamkeiten bilden den einigenden Rahmen der Community. Wir können im wesentlichen drei Arten von Gemeinsamkeiten unterscheiden:

- Gemeinsame Aufgaben,
- gemeinsame Ziele und

- gemeinsame Interessen.

Die Art der Gemeinsamkeit beeinflußt unmittelbar die *Breite des Fokus*, also wie breit gefächert die Themen sind, die für die Community-Mitglieder interessant sind (siehe auch Tabelle 2.1 auf S. 19). Die Breite des Fokus ist interessant, denn sie ist für die potentielle Größe der Community von zentraler Bedeutung. Dies ist unmittelbar einsichtig, denn je spezieller das Thema ist, um das sich eine Community dreht, also je schmaler der Fokus der Community ist, um so weniger Menschen werden sich mit dem Thema identifizieren und sich der Community anschließen.

Insbesondere bei Communities mit breitem Fokus ist auch die Streuung der Interessen der Mitglieder interessant. Die Streuung der Interessen der Mitglieder gibt uns Auskunft über die *Homogenität* der Community. Homogenität in Bezug auf die Mitgliederinteressen liegt vor, wenn viele Community-Mitglieder aus ähnlichen Gründen Mitglied der Community sind und die Gemeinsamkeit eine große Bedeutung für sie hat. Eine Community hingegen, bei der viele Mitglieder nur ein eher nebengeordnetes Interesse an der die Community definierende Gemeinsamkeit haben oder bei der viele Mitglieder neben dieser Gemeinsamkeit gleichgeordnet weitere, thematisch weiter entfernte Interessen haben, wollen wir als *inhomogen* bezeichnen. Je homogener eine Community ist, desto mehr Wissen bezüglich der einenden Gemeinsamkeit ist im allgemeinen in der Community zu finden. Eine breitere Streuung der Interessen innerhalb des Rahmens, den die Gemeinsamkeit festlegt und wie sie eine stärkere Inhomogenität mit sich bringt, birgt allerdings die Chance auf neue Einsichten gerade aus den thematischen Randbereichen der Community.

3.2.2 Aspekt Verhaltensmuster

Betrachten wir die Verhaltensmuster einer Community, so müssen wir zwei miteinander eng verwobene Aspekte betrachten: Kommunikation in der Community sowie soziale Konventionen, die in der Community gelten. Soziale Konventionen umfassen insbesondere Stil und sprachliches Niveau der Kommunikation, bestimmte, im Laufe der Zeit entstandene Vorgehensweisen und Rituale, aber auch von den Community-Mitgliedern erwartete Benimmregeln sowie alle Aspekte, die mit Identität von Nutzern zu tun haben (vgl. 2.4). All diese Elemente spielen eng zusammen und beeinflussen auf vielfältige Weise die Kommunikation und das soziale Klima in der Community. Verhaltensmuster und ihre Motivation sind allerdings extrem schlecht automatisiert erfaßbar. Wir wollen daher diesen Aspekt nicht weiter verfolgen, sondern uns im folgenden dem Aspekt Kommunikation widmen. Der Aspekt Kommunikation umfaßt mehrere Teilbereiche:

- Kommunikationspartner,

- Qualität der Kommunikation und

- Parameter, die den Ablauf der Kommunikation bestimmen.

Kommunikationspartner

Die Kenntnis der Kommunikationspartner eines Nutzers ist insbesondere für die Identifikation potentieller Ansprechpartner bei Fragen und potentieller Community-Mitglieder hilfreich. Die Frage nach den Kommunikationspartnern erscheint trivial. Dennoch müssen wir zwei verschiedene Aspekte unterscheiden: Die Frage nach dem Kommunikations*partner* und die Frage nach dem Kommunikations*ort*. Unter einem *Kommunikationsort* wollen wir im folgenden einen logischen Ort im Virtuellen verstehen, der mehreren Leuten bekannt ist und von dem die Leute wissen, daß sie hier mit größerer Wahrscheinlichkeit geeignete Kommunikationspartner finden[1]. Beispiele für Kommunikationsorte wären E-Mailverteiler zu bestimmten Themen, Diskussionsforen im WWW oder — und hier ist die Metapher des Ortes fast wörtlich zu nehmen — virtuelle Welten, wie wir sie in 2.7.3 beschrieben haben. Wir müssen also fragen:

- Wer in einer Community kommuniziert mit wem?

  Dies beantwortet die Frage nach den Kommunikationspartnern innerhalb einer Community und gibt einen ersten, allerdings noch ungenauen Hinweis darauf, wer Mitglied der Community sein könnte. Außerdem können wir so die direkte, zielgerichtete Kommunikation zwischen Mitgliedern einer Community erfassen.

- Welche Kommunikationsorte werden in einer Community genutzt?

  An Kommunikationsorten laufen viele Kommunikationen zwischen Nutzern zusammen; Kommunikationsorte bilden somit „Zentren" der Kommunikation in einer Community. Indem wir beobachten, wer diese Zentren nutzt und auf welche Weise diese Nutzung stattfindet, können wir einerseits Hinweise erhalten, wer noch Mitglied einer Community sein könnte, und andererseits die Struktur der Kommunikation und die Kommunikationswege in der Community kennenlernen.

Je nachdem, ob man Nachrichten gezielt an bestimmte Personen schickt oder sie an einem Kommunikationsort einem breiteren, oftmals anonymen Publikum bereitstellt, unterscheidet sich die Kommunikation stark: Kennt man die Empfänger einer Nachricht, so kann man Wissen über die Empfänger unmittelbar in die Nachricht einfließen lassen; man kann auf Kenntnisse der Empfänger Bezug nehmen, Stimmungen besser einschätzen und so effizienter Wissen übermitteln. Dies ist kaum möglich, wenn man sich an einem Kommunikationsort an eine a priori unbekannte Zuhörerschaft wendet. Die Kommunikation an Kommunikationsorten ist deswegen nicht notwendigerweise oberflächlicher oder von geringerem Niveau, wie viele Diskussionsforen im WWW und viele Newsgroups im Usenet zeigen, aber sie ist in vielen Fällen aufgrund des nötigen Informations-Overheads nicht so effizient, wie sie bei größerer Kenntnis der Kommunikationspartner sein könnte: Viele Empfänger einer Nachricht kennen deren Sender sowie dessen Umfeld ja nicht, so daß der Sender alle für die Empfänger möglicherweise interessanten Informationen in seine Nachricht mit aufnehmen muß.

Kommunikationsstruktur in der Community

Wissen wir, wer Mitglied in einer Community ist und welche Kommunikationsorte in einer Community genutzt werden, können wir die *Qualität* der Kommunikation in der Community untersuchen. Maßgeblichen Einfluß auf die Qualität der Kommunikation hat die Dichte des Beziehungsgeflechts zwischen Mitgliedern der Community. Hierbei können die Mitglieder der Community durch direkte Kommunikation unmittelbar miteinander in Beziehung stehen oder nur mittelbar über gemeinsame Kommunikationsorte oder Dritte miteinander verbunden sein. Eine nur mittelbare Beziehung zwischen zwei Mitgliedern U

---

[1] Das Konzept des Orts wird formal in 3.3.3 definiert.

3.2. BESCHREIBENDE ASPEKTE VON COMMUNITIES

und V wäre beispielsweise dann gegeben, wenn U eine Nachricht an einem Kommunikationsort hinterläßt und V später den Kommunikationsort aufsucht und die Nachricht liest. Weitere Faktoren für die Qualität der Kommunikation sind die Häufigkeit und die Regelmäßigkeit, mit der eine Kommunikation (direkt oder indirekt) zwischen Mitgliedern stattfindet.

Kommunikationsparameter

Neben der Kommunikation in der Community als Ganzes müssen wir auch die Eigenschaften der von den Mitgliedern verwendeten Kommunikationsmedien berücksichtigen. Insbesondere folgende Eigenschaften eines Kommunikationsmediums sind interessant:

- Synchronität,

- Zielgerichtetheit und

- Automatisierung.

Synchronität beschreibt, ob die betrachtete Kommunikation synchron (in Echtzeit) oder asynchron abläuft. Die Synchronität der Kommunikation wird üblicherweise durch die verwendeten Kommunikationssysteme bestimmt, beispielsweise E-Mail, Foren oder Newsgroups für asynchrone Kommunikation oder Chat (ICQ, IRC) oder Application Sharing für synchrone Kommunikation. *Zielgerichtetheit* gibt an, ob der Sender einer Nachricht die Empfänger explizit benannt hat oder ob er die Nachricht an eine a priori unbekannte Menge von Empfängern geschickt hat. Im ersten Fall liegt eine direkte 1:n-Kommunikation vor, im zweiten Fall eine indirekte 1:n-Kommunikation. Der Parameter Zielgerichtetheit hat oft, wie bereits auf S. 38 angesprochen, Einfluß auf Inhalt und Stil der Nachricht. *Automatisierung* schließlich beschreibt, ob die Kommunikation automatisch, ohne unmittelbare Einflußnahme durch den Nutzer, durchgeführt wird oder ob der Nutzer selbst die Nachricht verfaßt und sie verschickt. Bei einem Empfehlungssystem beispielsweise, das alle interessierten Community-Mitglieder über Web-Seiten informiert, die ein anderes Community-Mitglied entdeckt hat, würden wir von automatischer Kommunikation (eher: Informationsaustausch) sprechen, bei (nicht vollautomatisch erzeugter und verschickter) E-Mail hingegen von manueller Kommunikation.

3.2.3 Aspekt Dynamik

Communities sind keine statischen Gebilde; sie entwickeln sich ständig weiter. Wir können mehrere Arten von Veränderungen unterscheiden: Veränderungen in den die Community einenden Gemeinsamkeiten, Veränderungen in den Kommunikationsmustern sowie des sozialen Klimas und Veränderungen der Dynamik selbst.

Veränderungen in den Gemeinsamkeiten können, wie wir in 2.6 gesehen haben, auf zwei verschiedene Arten erfolgen: Eine Veränderung (Vergrößerung, Verkleinerung, Verschiebung) des Fokus aufgrund von äußeren Einflüssen oder aufgrund von Mitgliederfluktuation. Äußere Einflüsse können wir nicht erfassen, denn diese wirken meist in der realen Welt und sind für uns daher mit Rechnern nicht unmittelbar erfaßbar. Mitgliederfluktuation hingegen können wir über Veränderungen des Kommunikationsverhaltens abgreifen: Es ist keine Kommunikation zwischen bekannten Community-Mitgliedern mehr zu verzeichnen, oder aber neue, bisher unbekannte Kommunikationspartner kommen hinzu.

Veränderungen im Kommunikationsverhalten sind mannigfaltig und können alle in 3.2.2 genannten Dimensionen (Synchronität, Zielgerichtetheit, Automatisierung) betreffen. Sie können sich beispielsweise in einer verstärkten Kommunikation über Orte (mehr indirekte 1:n-Kommunikation) äußern oder in einer Änderung der kommunizierten Themen. Auch der Umgangston könnte sich ändern. Dies alles sind *qualitative* Veränderungen. Ebenso müssen wir *quantitative* Veränderungen im Kommunikationsverhalten berücksichtigen, beispielsweise ob mehr oder weniger als vorher kommuniziert wird.

Neben den Veränderungen der verschiedenen Aspekte können wir auch Veränderungen in der Dynamik selbst beobachten. So könnte es beispielsweise interessant sein, wie sich die Fluktuation unter den Mitgliedern entwickelt oder ob sich die Gemeinsamkeiten einer Community immer langsamer verändern und schließlich annähernd konstant bleiben.

Es ist nun denkbar, Maße für die Dynamik verschiedener (Teil-)Aspekte einer Community zu definieren und dann anhand von Beobachtungen dieser Maße an realen Communities Hinweise auf eine Korrelation bestimmter Werte dieser Maße mit bestimmten Zuständen der Community zu erhalten. Diese Untersuchungen müssen empirisch durchgeführt werden, um praktisch relevante Maße identifizieren zu können. Anhand von derart verifizierten Maßen könnte man untersuchen, in welchem Zustand sich eine gegebene Community befindet und ob es immer wiederkehrende Muster in der Entwicklung von Communities gibt. Dieser Gedanke bietet viel Raum für zukünftige Forschung und soll in dieser Arbeit nicht weiter verfolgt werden.

3.2.4 Flexibilität bei der Betrachtung von Aspekten von Communities

Notwendigkeit der Betrachtung zusätzlicher Aspekte

Die bisher genannten Aspekte Gemeinsamkeit, Verhaltensmuster und Dynamik können wir für alle Communities betrachten. Arbeiten wir mit einer bestimmten Community, so können wir neben diesen Aspekten noch weitere Aspekte hinzuziehen, die für die betrachtete Community von Bedeutung sind. Wenn wir beispielsweise die Community aller Systemadministratoren in einem großen Unternehmen betrachten, so müssen wir auch die Organisation des Unternehmens berücksichtigen, ebenso die Durchlässigkeit von Abteilungsgrenzen und verschiedenste innerbetriebliche Vorgehensweisen. All diese Aspekte sind für das Funktionieren der Community der Systemadministratoren von großer Bedeutung, sie sind aber nicht generell auf jede Community anwendbar. Für eine andere Community, die sich im wesentlichen aus Fans von Fernostreisen zusammensetzt, wären obengenannte Aspekte sinnlos.

Notwendigkeit der Betrachtung der Ausprägung von Aspekten

Je nachdem, welche Community wir betrachten, sind die verschiedenen Aspekte für das Funktionieren der Community unterschiedlich wichtig. Betrachten wir als Beispiel drei Communities of Interest: Die eine Community lebt durch die unmittelbare Kommunikation der Mitglieder, die andere definiert sich durch die Teilnahme der Mitglieder an einem Forum und in der dritten treten die Mitglieder gar nicht unmittelbar in Kontakt, sondern tauschen ihr Wissen über Empfehlungen aus, die sie mittels bestimmter Software einander zur Verfügung stellen. Diese Variabilität bezüglich des Modus der Kommunikation ist nur einer von vielen möglichen Parametern, in dem sich die drei genannten Communities unterscheiden können.

Folgerungen

Diese Beispiele zeigen, daß es nicht sinnvoll ist, einen Satz an Diensten allen Community-Mitgliedern bereitzustellen und zu hoffen, daß diese Dienste schon einen Nutzen bringen werden. Je nach Ausprägung der einzelnen Aspekte einer Community sind für die Mitglieder unterschiedliche Dienste von Nutzen.

Ähnlich ist die Situation bei der Auswahl der Analysemethoden, die von den Diensten genutzt werden. „One size fits all" wird in den meisten Fällen nicht funktionieren — weder bei den Analysemethoden, noch bei den Nutzerdiensten.

Wollen wir eine sinnvolle Beschreibung einer Community schaffen, so müssen wir zuerst analysieren, welche Aspekte in der fraglichen Community eine Bedeutung spielen. Für diese Aspekte müssen wir dann passende Analysemethoden bereitstellen, mit denen die Aspekte näher untersucht werden können. Sind die Aspekte einer Community herausgearbeitet, so müssen wir — abhängig sowohl von den zentralen Aspekten der Community als auch von den Ergebnissen der Analysen — abgestimmte Dienste bereitstellen. Eine Beschreibung einer Community muß somit folgenden Ansprüchen genügen:

- Flexibilität bezüglich der Identifikation von Aspekten, die die Community identifizieren,

- Flexibilität bezüglich der Methoden zur Analyse dieser Aspekte und

- Flexibilität bezüglich der Dienste, die die Ergebnisse der Analysen nutzen.

3.2.5 Grenzen der Modellbildung

Will man eine Community beschreiben, so denkt man sofort an ein formales Modell. Der letzte Abschnitt legt nahe, daß sich Communities mittels Formalisierungen der beschriebenen Aspekte Gemeinsamkeit, Verhaltensmuster und Dynamik beschreiben lassen. Dies wäre sehr vorteilhaft, denn ein so hergeleitetes formales Modell könnte als Grundlage für Analysen dienen, und man könnte eine gemeinsame Nomenklatur entwickeln, die auf dem gemeinsamen Formalismus aufbaut.

In der gängigen Literatur ist allerdings von einer formalen Modellierung nichts zu finden. Definitionen und Beschreibungen von Communities sind nahezu ausschließlich natürlichsprachig und in der Formulierung meist (bewußt) vage. Dies ist nicht weiter verwunderlich, denn Communities entziehen sich einer formalen Beschreibung. Insbesondere die die Nutzer einenden Gemeinsamkeiten lassen sich formal nicht zufriedenstellend fassen. Betrachten wir real existierende Communities, so können wir eine Vielzahl in ihrer Natur grundsätzlich verschiedener Arten von Gemeinsamkeiten beobachten: Gemeinsame Aufgaben (bei Communities of Practice) können wir noch relativ gut formal greifen. Bei gemeinsamen Interessen (Communities of Interest) oder gemeinsamen Zielen (bei Communities of Purpose) wird dies schon deutlich schwieriger, und bei gemeinsamen Leidenschaften (bei Communities of Passion) oder bei jeder Art von Community, deren wesentliches Ziel es ist, den Mitgliedern Halt und emotionale Unterstützung zu liefern (Empathetic Communities), ist der Versuch einer Formalisierung zum Scheitern verurteilt. Je schlechter die einenden Gemeinsamkeiten einer Community strukturiert sind, desto schlechter können wir die Gemeinsamkeiten formal beschreiben. Und sobald die einenden Gemeinsamkeiten Emotionen beinhalten oder ein emotional aufgeladenes Thema berühren, wird es wegen des subjektiven Charakters aller Emotionen sehr schwer, einen Formalismus zu begründen[2]. Erschwerend kommt hinzu, daß sich viele Arten von Gemeinsamkeiten überschneiden oder sich gegenseitig beeinflussen.

Eine ähnliche Situation finden wir vor, wenn wir die Kommunikation zwischen den Community-Mitgliedern betrachten. Mittels verschiedener Analysetechniken können wir zwar ungefähr den Gegenstand der Kommunikation erfassen, aber jegliche „soft facts" (Sprache, Stil, Wortwahl, kommunizierte Emotionen, etc.) bleiben uns verschlossen. Ein weiteres Problem ist in diesem Zusammenhang, bis zu welchem Detailgrad eine Modellierung sinnvoll ist. Sollen wir modellieren, welche Kommunikationsmedien (E-Mail, Foren, etc.) die Nutzer bevorzugen, oder reicht es, zentrale Eigenschaften der Kommunikationsmedien (synchron/asynchron, zielgerichtet/nicht-zielgerichtet, etc.) zu erfassen?

Um diesem Dilemma zu entgehen, werden wir folgenden Weg einschlagen: Statt eines formalen Modells für alle Communities legen wir einen Rahmen fest, der nicht den Anspruch hat, vollständig und auf alle Communities anwendbar zu sein. Statt dessen ist er die Grundlage für eine auf die jeweilige Community abgestimmte formale Modellierung wesentlicher Aspekte der betrachteten Community. Da wir in absehbarer Zukunft keine Möglichkeit haben werden, Emotionen und Feinheiten der Sprache zu erfassen und korrekt zu interpretieren, lassen wir außerdem die große Gruppe der Empathetic Communities außen vor und halten uns ab jetzt an Communities, deren vorrangiges Ziel der Wissensaustausch ist.

3.3 Grundlagen der Modellierung von Community-Aspekten

3.3.1 Bedeutung der Nutzer für Communities

Communities als organisierendes Prinzip

Jede Community teilt die Menge aller Nutzer in zwei disjunkte Gruppen: Die Nutzer, die Mitglied der Community sind, und die Nutzer, die nicht Mitglied sind[3]. Durch diese selektierende Funktion können wir Communities als organisierendes Prinzip auf einer Menge von Nutzern ansehen: Communities beschreiben, welche Nutzer aus der (üblicherweise unüberschaubar großen) Menge aller Nutzer als zusammengehörig bezüglich bestimmter Eigenschaften betrachtet werden können. Diese Eigenschaften sind, der Definition von „Community" folgend, mindestens eine Gemeinsamkeit, die die Nutzer teilen, sowie eine Kommunikation zwischen ihnen, die überwiegend die Gemeinsamkeiten oder mit ihr verwandte Themen als Grundlage hat.

Wir haben zwei Möglichkeiten, die Mitgliedschaft in einer Community festzulegen:

---

[2]Sollte es in der Zukunft eine Möglichkeit geben, Emotionen zu erfassen und formal zu beschreiben, so könnte auch ein umfassender Formalismus zur Beschreibung von Communities möglich werden.
[3]Selbstverständlich können wir innerhalb der Menge der Nutzer, die Mitglied der Community sind, Abstufungen einführen, beispielsweise wie „typisch" ein Nutzer für die Community ist oder wieviele Gemeinsamkeiten ein Nutzer mit den anderen Community-Mitgliedern teilt. Dies soll hier aber nicht betrachtet werden.

3.3. GRUNDLAGEN DER MODELLIERUNG VON COMMUNITY-ASPEKTEN 43

- Wir geben eine Gemeinsamkeit vor, die alle Mitglieder der Community teilen sollen, und suchen dann gezielt nach Nutzern, die die entsprechenden Eigenschaften haben. Dieses Vorgehen wollen wir *gemeinsamkeitszentrierte Community-Formierung* nennen.

  Viele Communities in Web-Foren, die von Unternehmen aus Gründen des Marketings und der gezielten Kundenbetreuung um ein bestimmtes Produkt oder eine Produktgruppe aufgebaut werden, haben diese Form der Community-Formierung durchlaufen.

- Wir gehen von einer gegebenen Menge von Nutzern aus und suchen nach gemeinsamen Merkmalen. Diese Merkmale — so es überhaupt gemeinsame Merkmale gibt — erklären wir als die Gemeinsamkeit, die einend für die Community wirkt. Dieses Vorgehen bezeichnen wir im folgenden als *nutzerzentrierte Community-Formierung*.

  Viele Organisationen versuchen beispielsweise, mittels verschiedenster Aktionen (gemeinsame Ausflüge, T-Shirts oder Kaffeetassen mit Firmenlogo, etc.) eine gemeinsame Identität (corporate identity) zu schaffen, um so eine Identifikation ihrer Mitarbeiter mit der Organisation und damit eine höhere Motivation zu erzielen. Letztlich wird hier versucht, einer Menge von Leuten das Gefühl zu geben, einer Gemeinschaft anzugehören: Es entsteht eine „Community auf Anordnung von oben".

Jede dieser beiden Möglichkeiten stellt ein Extrem dar. Reale Communities formieren sich üblicherweise nicht streng nutzer- oder gemeinsamkeitszentriert. Mischformen sind die Regel, und Phasen der nutzerzentrierten Formierung sowie Phasen der gemeinsamkeitszentrierten Formierung wechseln einander ab.

Rolle der Nutzer

Fassen wir Communities nicht als eigenständige Einheiten auf, sondern als organisierendes Prinzip, so müssen wir für eine Beschreibung einer Community bzw. bestimmten Aspekten einer Community von den zu organisierenden Einheiten ausgehen: Von den Nutzern.

Die Nutzer spielen die zentrale Rolle im Konzept der Community. Das Wissen aller Nutzer bildet das Wissen, das in der Community verfügbar ist und das ihren Wert ausmacht. Dieses Wissen kann externalisiert vorliegen, beispielsweise in den kommunizierten Themen und benutzten Artefakten wie Texten, Präsentationen oder Plänen, oder implizit. Implizites Wissen zu erfassen ist immer problematisch, aber die Auswahl der genutzten Artefakte sowie die Art ihrer Nutzung kann Hinweise auf das implizit vorhandene Wissen der Nutzer geben.

Ebenso bestimmen die Nutzer die Kommunikation in der Community. Sie entscheiden über die Themen der Kommunikation (meist an den einenden Gemeinsamkeiten orientiert) und über die Dichte der Kommunikation, also wie häufig und wie regelmäßig eine Kommunikation in der Community stattfindet.

So wirken die Nutzer unmittelbar definierend für die Community: Die Eigenschaften, das Wissen und die Interessen der Nutzer definieren das Wissen und die Gemeinsamkeiten, die den thematischen Schwerpunkt der Community bestimmen. Aufgrund dieser definierenden Eigenschaften der Nutzer ist es sinnvoll, bei der Herleitung eines Formalismus zur Beschreibung einer Community bei den Nutzern anzusetzen. Wir konzentrieren uns auf zwei Aspekte: Das Wissen und die Interessen der Nutzer sowie die für uns greifbaren Eigenschaften der Kommunikation zwischen ihnen. Die Menge aller so beschriebenen

Nutzer definiert dann den Rahmen, der als Grundlage für die Beschreibung von Aspekten von Communities dient.

3.3.2 Modellierung von Wissen und Interessen des Nutzers

Items als Repräsentanten des Wissens und der Interessen von Nutzern

Wissen und Interessen von Nutzern können wir nicht unmittelbar ermitteln, aber das Verhalten der Nutzer kann uns Hinweise geben. So haben einige Arbeiten gezeigt, daß die Wahl der Artefakte, die ein Nutzer während seiner Arbeit oder seiner Freizeit auf die eine oder andere Weise nutzt, in vielen Fällen in unmittelbarem Zusammenhang mit seinen Interessen, seinem Wissen und seinen Aufgaben steht.

Artefakte können vielerlei Dinge sein: Web-Seiten, Beiträge in Usenet News-Foren, aber auch Handbücher, Formulare oder jede Art von Dokumentation. Alle Artefakte, die wir hier betrachten wollen, enthalten explizit gemachtes Wissen und werden verwendet, um dieses anzuwenden, zu bewahren und zu kommunizieren. Wir werden im folgenden die Artefakte, die der Nutzer verwendet, als Repräsentanten für dessen Wissen und Interessen betrachten.

Um nicht zwischen den verschiedenen Arten von Artefakten (Web-Seiten, Schriftstücke, etc.) unterscheiden zu müssen, abstrahieren wir von der konkreten Realisierung des Artefakts und führen den Begriff des *items* ein.

Definition 1 (item) *Ein item ist eine Instanz einer Repräsentation von Information, mit der der Nutzer zu tun hat. Die Menge aller items, die wir betrachten, bezeichnen wir mit Items.* □

Ein item kann ein beliebiges, aber dem Nutzer konkret vorliegendes Aktefakt sein, beispielsweise eine bestimmte Web-Seite, ein Formular oder der Plan eines Werkstücks. Alle für uns relevanten items haben folgende Eigenschaften:

- Sie sind *eindeutig identifizierbar*. Schriftstücke sind üblicherweise systematisch geordnet in Akten abgelegt, (Gruppen von) Web-Seiten sind über eine URL eindeutig identifizierbar, Anweisungen zur Prozeßbearbeitung (technische Anweisungen, Dienstvorschriften, etc.) haben Nummern oder Kürzel, die sie eindeutig identifizieren, etc.

- Sie haben einen *Inhalt*. Dieser enthält die Information.

- Die Information, die das item kapselt, hat für den Nutzer eine *subjektive Bedeutung*. Mit „subjektiver Bedeutung" ist in dieser Arbeit nicht die Semantik der Information gemeint, sondern wie wichtig, wie wertvoll die Information für den Nutzer ist (siehe Definition 2 auf S. 46).

- Zusätzlich zur Bedeutung hat die Information für den Nutzer eine bestimmte *Funktion*. Die Information kann sich konkret auf die vom Nutzer zu verrichtenden Arbeiten beziehen (beispielsweise personenbezogene Daten, die für die Bearbeitung eines Versicherungsfalls benötigt werden), oder sie kann für den Nutzer eher navigierenden oder anleitenden Charakter haben (beispielsweise Hinweise, welche Dokumente für die Bearbeitung eines Versicherungsfalls benötigt werden und welche Formulare ausgefüllt werden müssen).

Die subjektive Bedeutung von items

Die Bedeutung, die die Information eines items für den Nutzer hat (die subjektive Bedeutung des items, vgl. Definition 2), ist in hohem Maße vom jeweiligen Nutzer abhängig. Wir können zwei voneinander abhängige Faktoren unterscheiden: *Wissen* und *Erfahrung* des Nutzers, sowie die *Aufgabe*, die er zu erledigen hat.

Je nach Erfahrung und Wissen des Nutzers wird die Information von ihm unterschiedlich eingeschätzt werden. Mit jeder Bearbeitung einer Aufgabe, mit jeder Information, die er aufnimmt, wird der Nutzer erfahrener. Er sammelt Wissen und lernt so, die Information, die ein item kapselt, besser einzuschätzen. Die Bedeutung von items wandelt sich im Laufe der Zeit.

Beispiel:

> Ein Nutzer liest einen Text über Wissensmanagement. Da er sich in diesem Forschungsgebiet noch nicht so gut auskennt, muß er weitere Dokumente lesen, in denen zentrale Begriffe erläutert werden. Diese Dokumente sind für ihn von großer Bedeutung, denn sie sind grundlegend für das Verständnis des Textes.
>
> Je besser sich der Nutzer nun mit Wissensmanagement auskennt, desto weniger wird er auf diese Dokumente zurückgreifen müssen, denn die wichtigsten Begriffe sind ihm mittlerweile geläufig. Damit nimmt die Bedeutung, die diese Dokumente für ihn haben, ab.

Ebenso hängt die subjektive Bedeutung eines items stark von der Aufgabe ab, die der Nutzer bearbeiten will. Während der Bearbeitung einer Aufgabe sind für den Nutzer vor allem die items interessant, die ihn bei seiner Arbeit unterstützen. Üblicherweise ändern sich die Aufgaben des Nutzers mit der Zeit, und so auch die Bedeutung der einzelnen items für den Nutzer.

Beispiel:

> Ein HTML-Tutorial, das dem Nutzer bei der Erstellung einer Web-Site wertvolle Dienste geleistet hat, wird ihm bei seiner nachfolgenden Aufgabe, der Entwicklung eines Abrechnungssystems für eine E-Commerce-Anwendung, möglicherweise nicht mehr sehr hilfreich sein, denn die Anforderungen des Nutzers an die von ihm genutzten items haben sich mit der Aufgabe geändert. Entsprechend ändert sich die subjektive Bedeutung des HTML-Tutorials für den Nutzer.

Während verschiedener Arbeiten nimmt der Nutzer somit ein und dieselbe Information aus jeweils verschiedenen, der Situation angepaßten Perspektiven wahr. Ebenso können mehrere Nutzer dieselbe Information aus völlig verschiedenen Sichtweisen betrachten.

Beispiel:

> In der Planungsphase eines Software-Projektes kommt die Frage auf, ob Java für die Implementierung eines Servers genutzt werden soll. Ein Mitarbeiter J wird mit der Aufgabe betraut zu prüfen, ob bereits Komponenten existieren, mit denen bestimmte Dienste des Servers mit vertretbarem Aufwand realisiert werden können. Im Zuge dieser Aufgabe arbeitet J unter anderem mit

der Dokumentation einiger Java Beans, die von Sun Microsystems im WWW bereitgestellt wird.

Die Projektleitung entscheidet daraufhin, daß der Server in Java implementiert werden soll. Ein Kollege von J, K, soll einen Großteil der Implementierungsarbeiten übernehmen. Bei dieser Arbeit nutzt nun K die oben genannte Dokumentation.

Sowohl J als auch K arbeiten hier mit der selben Information. Trotzdem kann man daraus nicht schließen, daß J und K die selben Ziele verfolgen oder ähnliche Interessen haben — J sollte Verfügbarkeit und Leistungsmerkmale von Software-Komponenten ermitteln, während für K die APIs der Beans für die Implementierung von großer Bedeutung sind.

Das Beispiel zeigt, daß neben der Information selbst, die ein item kapselt, auch die *persönliche Sichtweise des Einzelnen* auf diese Information von Bedeutung ist. Die Sichtweise auf die Information ist stark davon abhängig, *warum* auf die Information zugegriffen wird. Wir müssen somit folgende Faktoren bei der Charakterisierung eines items berücksichtigen:

- Den gegenwärtigen Wissensstand des Nutzers,

- seine Interessen,

- die aktuell von ihm zu bewältigende Aufgabe sowie

- die persönliche Sichtweise, die Perspektive, aus der der Nutzer das item wahrnimmt.

All diese Faktoren hängen eng zusammen und haben Einfluß auf die Wahl der items. Es liegt nahe, die Wahl der items als Grundlage für die Modellierung des Wissens und der Interessen des Nutzers zu verwenden.

Der Begriff der subjektiven Bedeutung eines items spielt im weiteren eine zentrale Rolle. Daher wird er nun in einer Definition festgeschrieben:

Definition 2 (Subjektive Bedeutung eines items) *Die* subjektive Bedeutung eines items *ist ein Maß dafür, wie wertvoll die Information des items für Nutzer U ist. Die subjektive Bedeutung eines items A für Nutzer U zu einem Zeitpunkt t wird formal durch* $value_U^{(t)}(A)$ *beschrieben. Je wertvoller die Information von item A für Nutzer U ist, desto größer ist $value_U^{(t)}(A)$.*

Wir legen fest: $value_U^{(t)}(A) \in [0, value_{max}]$, wobei $value_{max}$ ein je nach Anwendung geeignet zu setzender Maximalwert für die subjektive Bedeutung von items ist. □

Kennzahlen zur Bestimmung der subjektiven Bedeutung eines items

Wissen und Erfahrung sind wesentliche Faktoren, die die subjektive Bedeutung eines items bestimmen. Sowohl Wissen als auch Erfahrung können wir — wie jede Art von implizitem Wissen — nur sehr schwer ermitteln. Daher ist es kaum möglich, die subjektive Bedeutung eines items für einen bestimmten Nutzer unmittelbar zu bestimmen.

Wir können allerdings Kennzahlen bestimmen, die Hinweise auf die subjektive Bedeutung eines items geben können. Dazu gehen wir von folgenden Annahmen aus:

Annahme 1 *Der Nutzer nutzt die items, die ihm wichtig sind, häufiger als andere items.*

Annahme 2 *Der Nutzer nutzt die items, die ihm wichtig sind, regelmäßiger als andere items.*

Um ein item als bedeutend zu klassifizieren, müssen für das item nicht beide Annahmen gleichzeitig erfüllt sein. In den meisten Fällen wird es genügen, wenn ein item bereits eine dieser Annahmen erfüllt[4].

Entsprechend den Annahmen liefern folgende Kennzahlen Hinweise auf die subjektive Bedeutung eines items A für Nutzer U zum Zeitpunkt t:

- Häufigkeit der Nutzung, $c_{item,U}^{(t)}(A)$.

- Regelmäßigkeit der Nutzung, $s_{item,U}^{2,(t)}(A)$.

Unter $c_{item,U}^{(t)}(A)$ wollen wir die absolute Anzahl der Nutzungen von item A durch Nutzer U bis einschließlich Zeitpunkt t verstehen, und $s_{item,U}^{2,(t)}(A)$ ist die empirische Varianz der Zeitintervalle zwischen den Nutzungen von item A durch Nutzer U bis einschließlich Zeitpunkt t.

Beziehungen zwischen items

Betrachtet man zu einem Zeitpunkt nur ein einziges item, so kann man keine Aussage darüber treffen, für welche Arbeiten der Nutzer dieses item benötigt oder ob der Nutzer möglicherweise dieses eine item einem anderen vorzieht. Betrachtet man zusätzlich zu einem item hingegen auch die items, mit denen der Nutzer in der letzten Zeit ebenfalls zu tun hatte, so lassen sich leichter Rückschlüsse auf die oben genannten Einflüsse ziehen.

Beispiel:

> Angenommen, ein Nutzer betrachtet gerade die Online-Dokumentation zur Java-Klasse java.awt.Component. Wir wissen jetzt nur, daß der Nutzer sich gerade mit lowlevel-Grafikobjekten beschäftigt. Wissen wir hingegen zusätzlich, daß der Nutzer kurz vorher Seiten von Suns Java-Tutorial gelesen hat, die sich mit der Konvertierung von AWT-Benutzeroberflächen zu Swing-Benutzeroberflächen beschäftigen, und konnten wir diese Abfolge von Seiten in der letzten Zeit häufiger beobachten, so können wir die Aufgabe, die der Nutzer zu erledigen sucht, wesentlich präziser einschätzen.

Es liegt daher nahe, nicht nur ein isoliertes item A zu betrachten, sondern auch alle die items, die der Nutzer mit A in Beziehung sieht. Welcher Art sind nun die Beziehungen zwischen items, die ein Nutzer in Zusammenhang sieht? Werden diese Beziehungen definiert durch Eigenschaften der an den Beziehungen beteiligten items selbst oder spielt hierbei der jeweilige Nutzer (ähnlich wie bei der subjektiven Bedeutung der items) wieder eine wichtige Rolle?

---

[4]Häufig wird auch die Dauer der Nutzung eines items als Hinweis auf dessen Bedeutung für den Nutzer genannt, beispielsweise in [33]. Dies erscheint sinnvoll, ist aber oft nicht praktikabel. Daher werden wir einen Weg suchen, die Bedeutung von items zu ermitteln, ohne auf die Nutzungsdauer von items angewiesen zu sein. Eine ausführliche Diskussion zu dieser Problematik folgt in 3.4.2.

Kategorisierung von Beziehungen zwischen items Items können zueinander in mannigfaltiger Weise in Beziehung stehen. Die Beziehungen, die für uns hier von Interesse sind, lassen sich im wesentlichen auf Kombinationen folgender drei Grundtypen von Beziehungen zurückführen:

- Inhaltliche Nähe,

- gleicher Autor und

- kausale Abhängigkeit aus Sicht des Nutzers.

Beziehungen zwischen items, die eine inhaltliche Nähe haben, sowie Beziehungen zwischen items, die vom gleichen Autor stammen (diese items haben ja auch oft eine gewisse inhaltliche Nähe), lassen sich bereits jetzt recht gut automatisiert bestimmen, beispielsweise mit den verschiedenen Verfahren zur semantischen Analyse und Klassifikation von Dokumentinhalten (vgl. [1], [19] oder [23]). Da diese Beziehungen sich auf Eigenschaften der items selbst abstützen und nicht vom Nutzer der items abhängig sind, können wir auch Metadaten zur genaueren Charakterisierung der items und, darauf aufbauend, zur Bestimmung von Clustern von items relativ problemlos einsetzen[5].

Problematisch hingegen sind die items, die *aus Sicht des Nutzers* untereinander in kausaler Beziehung stehen und die — zumindest auf den ersten Blick — weder inhaltliche Nähe noch einen gemeinsamen Autor haben. Die Beziehungen zwischen solchen items sind oftmals stark vom Nutzer selbst abhängig, beispielsweise von dessen Vorwissen, von den gerade zu verrichtenden Arbeiten, etc., und daher kaum allgemeingültig zu fassen. Aufgrund dieser subjektiven Natur der Beziehungen ist der Einsatz von item-bezogenen Metadaten nicht sinnvoll: Metadaten würden entweder das item nur für eine kleine Anzahl von Nutzern präzise beschreiben oder, um die Sichten von möglichst vielen Nutzern auf das item erfassen zu können, so allgemein sein, daß sie nicht mehr aussagekräftig genug wären, um eine sinnvolle Kategorisierung zuzulassen.

Art der Beziehung	Objektiv faßbar	Metadaten einsetzbar
Inhaltliche Nähe	ja	ja
Gleicher Autor	ja	ja
Kausale Abhängigkeit	selten	kaum

Tabelle 3.1: Beziehungen zwischen items

Ebenso wie die Information, die ein item kapselt, stark von der Sichtweise des jeweiligen Nutzers abhängt, gibt es offensichtlich auch items, deren Beziehungen zueinander sich im wesentlichen durch bestimmte Eigenschaften des jeweiligen Nutzers definieren. Gerade diese Beziehungen aber zeigen auf, aus welcher Perspektive der Nutzer ein bestimmtes item betrachtet. Schaffen wir es, neben den Beziehungstypen „Inhaltliche Nähe" und „Gleicher Autor" auch die mehr oder weniger subjektiven Beziehungen des Typs „Kausale

---

[5]Die große Herausforderung in diesem Bereich liegt derzeit einerseits in der Bestimmung eines gemeinsamen Vokabulars von Stichworten zur Charakterisierung von items und Clustern von items, und andererseits in der schieren Menge von bisher unkategorisierten items (beispielsweise die meisten Web-Dokumente), die erst noch mit entsprechenden Metadaten attributiert werden müssen, um eine automatisierte Einteilung zuzulassen. Dies soll hier allerdings nicht weiter behandelt werden.

3.3. GRUNDLAGEN DER MODELLIERUNG VON COMMUNITY-ASPEKTEN

Abhängigkeit" zu erfassen, so können wir präzisere Aussagen zur subjektiven Bedeutung eines items für einen Nutzer machen.

Formalisierung der Beziehungen zwischen items Um die Beziehungen, die Nutzer U zwischen items sieht, präzisieren zu können, definieren wir eine Relation $\mathcal{R}_U \subseteq \textit{Items} \times \textit{Items}$ über der Menge $\textit{Items}$ der items wie folgt:

$$\text{„Nutzer } U \text{ sieht Beziehung zwischen item } A \text{ und item } B\text{"} \stackrel{\text{def}}{\Rightarrow} (A,B) \in \mathcal{R}_U$$

$\mathcal{R}_U$ ist eine Boolesche Relation. In der weiteren Diskussion werden wir immer annehmen, daß $\mathcal{R}_U$ asymmetrisch und reflexiv ist. Reflexiv, da ein item trivialerweise immer auch mit sich selbst in Beziehung steht, und asymmetrisch, damit wir allgemein genug bleiben können, um jede denkbare Beziehung zwischen items adäquat beschreiben zu können[6].

Des weiteren werden wir, wenn wir uns auf Relationen wie hier $\mathcal{R}_U$ beziehen, zwischen Matrixschreibweise und Mengenschreibweise wechseln — je nachdem, welche Darstellung in der jeweiligen Situation einfacher handzuhaben ist.

Die Beziehungen $\mathcal{R}_U$ zwischen items können unterschiedlichste Gestalt haben: Denkbar sind kausale Abhängigkeiten aus Sicht des Nutzers (der Nutzer versteht B nicht, bevor er nicht A gelesen hat), Links in Hypertext-Strukturen, etc. Wichtig ist, daß $\mathcal{R}_U$ nicht notwendigerweise Beziehungen zwischen items repräsentiert, die im item selbst festgelegt sind (beispielsweise Links in Hypertexten). Vielmehr drücken die Elemente von $\mathcal{R}_U$ aus, welche items *der Nutzer* in Zusammenhang sieht.

Beispiel:

> Ein Nutzer betrachtet Web-Seiten des Servers www.media.mit.edu und wechselt dann häufig zu Web-Seiten von www11.in.tum.de. Die items, die diese Web-Seiten repräsentieren, wären dann in $\mathcal{R}_U$. Für $\mathcal{R}_U$ ist es unerheblich, ob von den Web-Seiten des MIT Media Lab Links unmittelbar zu Web-Seiten der TU München führen oder nicht. Entscheidend ist allein, daß für den Nutzer eine wie auch immer geartete Beziehung zwischen den entsprechenden Web-Seiten besteht.

Subjektive Distanz von items Die Beziehungen zwischen den items sind häufig von unterschiedlicher Qualität: Während der Nutzer einige items nur selten für die Arbeit mit anderen items benötigt, mag es items geben, die er regelmäßig zusammen nutzt. Im ersten Fall wäre die Beziehung zwischen den beiden items — wiewohl vorhanden — sehr schwach, wohingegen wir im zweiten Fall eine enge Beziehung zwischen den items beobachten können.

Um die Qualität einer Beziehung zwischen zwei items besser fassen zu können, führen wir den Begriff der *subjektiven Distanz zweier items* ein. Die subjektive Distanz zweier items sagt aus, wie eng zwei items aus Sicht des Nutzers in Beziehung stehen. Zwischen zwei items, die aus Sicht des Nutzers in enger Beziehung stehen, ist die subjektive Distanz

---

[6]Man wird feststellen, daß in der Praxis $\mathcal{R}_U$ meist symmetrisch ist oder leicht so erweitert werden kann, daß sie symmetrisch wird, ohne dabei ihre Semantik zu stark ändern zu müssen. Dies muß allerdings nicht immer funktionieren. Beispielsweise mag in einer Relation „erfordert für Erstellung" zwischen Konferenzbeiträgen und Wörterbüchern ein Element (A,B) enthalten sein, da man für die Erstellung des Papers A das Wörterbuch B ausgiebig genutzt hat. In dieser Relation ein Element (B,A) zu erklären, erfordert hingegen ein gerüttelt Maß an Kreativität.

sehr klein, zwischen zwei items, die aus Sicht des Nutzers nicht viel miteinander zu tun haben, ist die subjektive Distanz groß.

Formal drücken wir die subjektive Nähe zweier items A und B durch eine Abbildung $dist_{item}$ aus, die auf den Elementen (A, B) von $\mathcal{R}_U$ arbeitet.

Definition 3 (Subjektive Distanz zweier items) *Die subjektive Distanz zweier items A und B ist ein Maß für die Nähe von A und B aus der Sicht des Nutzers U zum Zeitpunkt t. Sie wird durch eine Abbildung $dist^{(t)}_{item,U}(A, B)$ beschrieben* [7]. *Wir legen fest:*

- $dist^{(t)}_{item,U}(A, A) \stackrel{def}{=} 0.$

- *Falls* $(A, B) \notin \mathcal{R}_U : dist^{(t)}_{item,U}(A, B) \stackrel{def}{=} dist_{max}$ [8].

Je kleiner $dist^{(t)}_{item,U}(A, B)$, desto näher sind sich A und B zum Zeitpunkt t aus Sicht von Nutzer U. □

Eine Möglichkeit, die subjektive Distanz zweier items A und B zu definieren, könnte sich auf die Wahrscheinlichkeit abstützen, mit der der Nutzer item B nutzen wird, wenn er gerade item A nutzt:

$$dist^{(t)}_{item,U}(A, B) \stackrel{def}{=} 1 - p(\text{„Nutzer } U \text{ nutzt } B \text{ nach } A\text{"})$$

Andere Implementationen von $dist^{(t)}_{item,U}(A, B)$ sind selbstverständlich auch denkbar.

Man beachte, daß die subjektive Distanz zweier items nicht allgemein für alle Nutzer bestimmbar ist. Man kann die subjektive Distanz nur für jeweils einen Nutzer bestimmen, und selbst diese Zahl kann nur eine ungefähre Schätzung sein.

Kontexte Aufbauend auf den vorherigen zwei Abschnitten führen wir nun das Konzept des *Kontextes eines items* ein. Der Kontext eines items erlaubt es uns, Rückschlüsse darauf zu ziehen, aus welcher Perspektive ein Nutzer ein bestimmtes item betrachtet, welche Aspekte des items den Nutzer also besonders interessieren.

Definition 4 (Kontext eines items, intuitive Definition) *Der Kontext eines items A zum Zeitpunkt t, $C^{(t)}_U(A)$, ist die Menge aller items, die der Nutzer U in Beziehung mit dem item A sieht.* □

Diese Definition erscheint natürlich, läßt aber eine wichtige Frage offen: Welche items genau enthält der Kontext von item A? Nur die items B, die der Nutzer in unmittelbarer Beziehung zu A sieht, oder auch items, die nur eine mittelbare Beziehung zu A haben? Und, wenn wir auch mittelbar in Beziehung stehende items berücksichtigen wollen, welche dieser items sollen dann noch zum Kontext gezählt werden, welche nicht mehr?

---

[7]Man beachte den Dualismus zwischen $\mathcal{R}_U$ und $dist^{(t)}_{item,U}$: Wir können $\mathcal{R}_U$ durch $dist^{(t)}_{item,U}$ vollständig definieren. Ebenso bildet $\mathcal{R}_U$ die Grundlage, auf der wir $dist^{(t)}_{item,U}$ festlegen können.

[8]Mit $dist_{max}$ wollen wir in dieser Arbeit eine je nach Anwendung festzulegende Konstante bezeichnen, die aussagt, daß die Distanz zwischen den betrachteten Einheiten (hier sind das items, wir werden aber später auch andere Einheiten betrachten) so groß ist, daß eigentlich keine Gemeinsamkeit mehr besteht. Formal korrekt könnte man $dist_{max} \stackrel{def}{=} \infty$ setzen, aber dann könnten wir nicht mehr sinnvoll mit $dist_{max}$ rechnen.

3.3. GRUNDLAGEN DER MODELLIERUNG VON COMMUNITY-ASPEKTEN

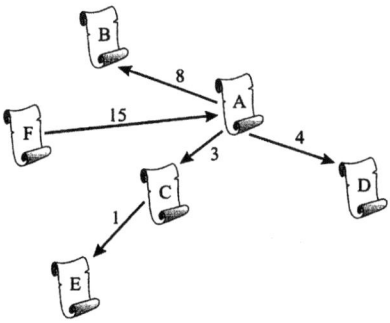

Abbildung 3.1: Denkbare Kontexte von items

Abbildung 3.1 verdeutlicht das Problem: Angenommen, wir wollen den Kontext von item A für Nutzer U ermitteln. Soll B trotz der relativ großen subjektiven Distanz zu A ($dist^{(t)}_{item,U}(A,B) = 8$) im Kontext enthalten sein? Und soll E auch noch zum Kontext von A hinzugenommen werden, obwohl der Nutzer item E mit A (momentan) nicht unmittelbar in Beziehung sieht?

Es scheint sinnvoll, die Auswahl der items, die zum Kontext gezählt werden sollen, auf der subjektiven Distanz von items B zum betrachteten item A abzustützen. Hierzu müssen allerdings einige Vorarbeiten geleistet werden:

1. **Erweiterung von $dist_{item}$ auf Pfade:**

   Wir erweitern die Abbildung $dist_{item}$ von Kanten $(A,B) \in \mathcal{R}_U$ auf Pfade: Seien A und B items und seien $(A,B) \in \mathcal{R}^l_U$, also durch einen Pfad der Länge l verbunden. Sei weiterhin $p = (A, C_1, \ldots, C_{l-1}, B)$ ein Pfad von A nach B mit Länge l. Dann ist

   $$dist^{(t)}_{item,U}(p) \stackrel{def}{=} dist^{(t)}_{item,U}(A, C_1)$$
   $$+ \sum_{k=1}^{l-2} dist^{(t)}_{item,U}(C_k, C_{k+1})$$
   $$+ dist^{(t)}_{item,U}(C_{l-1}, B).$$

2. **Erweiterung von $dist_{item}$ auf Mengen von Pfaden:**

   Ausgehend von einem item A können mehrere Pfade zu einem item B führen. Daher betrachten wir nicht nur einzelne Pfade, sondern eine Menge P von Pfaden von item A nach item B, und definieren:

   $$dist^{(t)}_{item,U}(P) \stackrel{def}{=} \min \left\{ dist^{(t)}_{item,U}(p) \mid p \in P \right\}$$

3. **Erweiterung von $dist_{item}$ auf die transitive Hülle $\mathcal{R}^*_U$ von $\mathcal{R}_U$:**

   Nun können wir die Nähe zwischen items A und B betrachten, die nicht unmittelbar in $\mathcal{R}_U$ in Beziehung stehen:

   $$dist^{(t)}_{item,U}(A, B) \stackrel{def}{=} dist^{(t)}_{item,U}(\{p \mid p \text{ ist Pfad von } A \text{ nach } B\}).$$

Da $dist^{(t)}_{item,U}(A,B)$ nur eine Formalisierung der subjektiven Distanz zweier items A und B aus Sicht von Nutzer U ist (vgl. Definition 3), haben wir hiermit ebenfalls den Begriff der *subjektiven Distanz* auf die transitive Hülle $\mathcal{R}^*_U$ von $\mathcal{R}_U$ erweitert. Jetzt können wir den Kontext eines items A genauer fassen:

Definition 5 (Kontext eines items, formale Definition) *Der Kontext eines items A zum Zeitpunkt t, $C^{(t)}_U(A)$, ist die Menge der items B, die zu item A aus Sicht von Nutzer U eine subjektive Distanz von höchstens d haben:*

$$C^{(t)}_U(A) \stackrel{def}{=} \{B \mid (A,B) \in \mathcal{R}^*_U \cup (\mathcal{R}^*_U)^T \wedge$$
$$(dist^{(t)}_{item,U}(A,B) \leq d \vee dist^{(t)}_{item,U}(B,A) \leq d)\}.$$

□

Der Parameter d ist je nach Anwendung geeignet zu wählen. Je größer d ist, desto mehr items in der Umgebung von A werden betrachtet, desto größer ist also der Kontext von A. Mit der Größe des Kontextes steigt aber auch die „Unschärfe", die Gefahr, daß items zum Kontext von A hinzugenommen werden, die nach Meinung des Nutzers nichts mit A zu tun haben. Umgekehrt ist mit einem kleinen d der Kontext von A entsprechend klein, also auch präziser. Will man nun beispielsweise Nutzer anhand gemeinsam benutzter items über die Kontexte dieser items in Beziehung zueinander setzen, so können präzise abgegrenzte, aber sehr kleine Kontexte hinderlich sein: Sehr kleine, scharf abgegrenzte Kontexte werden sich — wenn überhaupt — nur sehr wenig überschneiden, so daß eine Zuordnung von Nutzern anhand ähnlicher Kontexte (Kontexte mit größeren Überschneidungen) sehr unwahrscheinlich wird. Ein erfolgreiches Matching von Nutzern würde wegen „zu geringer Unschärfe" deutlich erschwert. Man muß sich also überlegen, für welche Zwecke man den Kontext eines items benötigt, und d geeignet wählen.

Modellierung des Nutzerwissens

Aufbauend auf den letzten Abschnitten können wir nun das Nutzerwissen modellieren. Wir nutzen hierzu die Konzepte *item* und *Kontext*:

- Items dienen als Repräsentanten für das Nutzerwissen.
- Kontexte geben Hinweise darauf, aus welcher Perspektive ein Nutzer ein bestimmtes item betrachtet.

Was wir intuitiv unter einem item verstehen, haben wir bereits auf S. 44 beschrieben. Diese Beschreibung können wir nun formaler fassen und so einer analytischen Betrachtung zugänglich machen:

Definition 6 (Item, formale Definition) *Sei A ein item und U der Nutzer von A. A sei formal definiert als ein Tupel*

$$\left(id, content, C^{(t)}_U(A), value^{(t)}_U(A)\right),$$

wobei id ein eindeutiger Identifikator, content eine geeignete Repräsentation des Inhalts (Stichwortvektoren, oder ähnliches), $C^{(t)}_U(A)$ der Kontext und $value^{(t)}_U(A)$ die subjektive Bedeutung von item A ist. □

3.3. GRUNDLAGEN DER MODELLIERUNG VON COMMUNITY-ASPEKTEN

Items und Kontexte sind zwei miteinander verschränkte Konzepte: Jedes item enthält einen vom jeweiligen Nutzer abhängigen Kontext, und jeder Kontext wiederum besteht aus einer Menge items.

Es ist nicht hilfreich, alle items, die ein Nutzer jemals verwendet hat, im Modell seines Wissens zu berücksichtigen; viele items werden aus den verschiedensten Gründen nur selten benutzt. Statt dessen berücksichtigen wir nur die items, die zum Zeitpunkt der Betrachtung für den Nutzer eine subjektive Bedeutung von mindestens $value_{min}$ haben. Diese items formen das für uns *relevante Nutzerwissen*.

Definition 7 (Relevantes Nutzerwissen) *Sei U ein Nutzer. Wir modellieren das relevante Wissen von Nutzer U zum Zeitpunkt t als Menge $knowledge_U^{(t)}$ von items mit*

$$knowledge_U^{(t)} \stackrel{def}{=} \left\{ \left(id, content, C_U^{(t)}(A), value_U^{(t)}(A)\right) \mid value_U^{(t)}(A) \geq value_{min} \right\},$$

wobei $value_{min}$ eine geeignet zu wählende untere Schranke für die subjektive Bedeutung der items ist. □

3.3.3 Modellierung der Kommunikation des Nutzers

Interaktion zwischen Nutzern ist essentiell in Communities. In diesem Abschnitt wollen wir die Kommunikationsbeziehungen betrachten, die zwischen Nutzern bestehen. Hierbei werden wir noch nicht auf das Netz eingehen, das entsteht, wenn mehrere Nutzer miteinander in Kontakt stehen, sondern uns vorerst auf die Kommunikation ausgehend von einem Nutzer konzentrieren.

Kommunikation ausgehend von einem gegebenen Nutzer umfaßt zwei Problembereiche: Die Kommunikationspartner sowie die verwendeten Kommunikationsmedien (siehe auch 3.2.2). Im ersten Schritt werden wir eine Klassifikation auf Kommunikationsmedien einführen, im zweiten Schritt werden wir — aufbauend auf dieser Klassifikation — die Kommunikationsbeziehungen, die von einem Nutzer ausgehen, modellieren. Dies bildet die Grundlage für ein Kommunikationsnetz, wie wir es in 3.6.1 herleiten wollen.

Haben wir ein solches Kommunikationsnetz vorliegen, so können wir verschiedenste Analysen durchführen. Wir können Personen in unterschiedlichen Rollen identifizieren, beispielsweise Wissensträger oder Vermittler, aber wir können auch Stellen in der Community erkennen, in denen der Wissensfluß durch eine gezielte Förderung der Kommunikation verbessert werden könnte.

Klassifikation der Kommunikationsmedien

Wie bereits auf S. 39 angesprochen, sind für uns insbesondere folgende Eigenschaften von Kommunikationsmedien von Interesse:

- Synchronität:

    Synchronität beschreibt, ob die betrachtete Kommunikation synchron (gleichzeitig) oder asynchron (zeitlich versetzt) abläuft.

- Zielgerichtetheit:

    Zielgerichtetheit gibt an, ob der Sender einer Nachricht die Empfänger explizit benannt hat oder ob er die Nachricht an eine a priori unbekannte Menge von Empfängern geschickt hat.

- Automatisierung:

  Automatisierung beschreibt, ob die Kommunikation automatisch, ohne unmittelbare Einflußnahme durch den Nutzer, durchgeführt wird oder ob der Nutzer selbst die Nachricht verfaßt und verschickt.

Die drei Parameter Synchronität, Zielgerichtetheit und Automatisierung sind voneinander unabhängig. Sie spannen einen konzeptionellen Raum auf, in den wir die zur Verfügung stehenden Kommunikationssysteme und -programme einordnen können (vgl. Abbildung 3.2 und Tabelle 3.2).

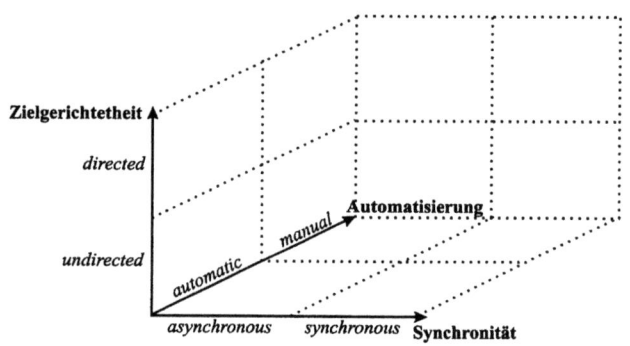

Abbildung 3.2: Kommunikationsraum

	manuell		automatisch	
	synchron	asynchron	synchron	asynchron
zielgerichtet	Talk, ICQ	E-Mail	Awareness-Systeme[9]	Kollaborative Filter
nicht-zielgerichtet	IRC, ICQ	Usenet News		

Tabelle 3.2: Klassifikation ausgewählter Kommunikationsmedien

Den so entstehenden konzeptionellen Raum wollen wir Kommunikationsraum nennen, die Elemente dieses Raums Kommunikationsklassen:

Definition 8 (Kommunikationsraum) *Der* Kommunikationsraum $\mathcal{K}$ *ist die Menge aller Tupel* $(sync, direct, auto)$ *mit*

- $sync \in \{ \text{„synchronous"}, \text{„ansynchronous"} \}$,
- $direct \in \{ \text{„directed"}, \text{„undirected"} \}$ *und*

---
[9]In vielen Awareness-Systemen ist es möglich, Informationen nicht nur an alle Interessenten, sondern nur an bestimmte Nutzer bzw. Nutzergruppen weiterzugeben. Diese Systeme erlauben damit zielgerichteten als auch nicht-zielgerichteten Informationsaustausch.

- $auto \in \{\text{„}manual\text{"}, \text{„}automatic\text{"}\}$.

□

Definition 9 (Kommunikationsklasse) *Ein Tupel $k \in \mathcal{K}$ nennen wir eine* Kommunikationsklasse *des Kommunikationsraums $\mathcal{K}$.* □

Jedes Kommunikationsmedium bilden wir nun auf ein Tupel $k \in \mathcal{K}$ ab und erhalten so eine Klassifikation aller Kommunikationsmedien auf Elemente von $\mathcal{K}$, also auf Kommunikationsklassen.

Hintergrund dieser Klassifikation ist, daß Kommunikationsmedien, die der selben Klasse zugeordnet werden, in ähnlicher Weise für die Kommunikation genutzt werden und daher in gewissen, durch die jeweiligen Kommunikationsprotokolle und -programme gesetzten Grenzen untereinander austauschbar sind. Wichtig ist, daß die Kommunikationsprogramme und -systeme, die der selben Klasse zugeordnet werden, in ihrer *Funktion* für die Nutzer gleichwertig sind, so daß es für die Nutzer prinzipiell keinen Unterschied macht, ob sie das eine oder das andere Programm der selben Kommunikationsklasse nutzen.

Das Konzept des Orts

Der Kommunikationsparameter „Zielgerichtetheit" erfordert eine genauere Betrachtung: Wie man sich eine zielgerichtete Kommunikation vorstellen kann, ist offensichtlich: Der Sender einer Nachricht schickt diese gezielt an einen oder mehrere Empfänger. Wie aber soll man sich eine nicht-zielgerichtete Kommunikation vorstellen?

Nicht-zielgerichtete Kommunikation zeichnet sich dadurch aus, daß der Sender einer Nachricht die Empfänger a priori nicht kennt; die Menge der Empfänger ist unbekannt, beliebig groß und teilweise auch anonym. Diese Art der Kommunikation finden wir beispielsweise im Usenet: Veröffentlicht man einen Artikel in einer Newsgroup, so kann man zu keinem Zeitpunkt sagen, wer den Artikel gelesen hat und wer ihn noch lesen wird. Allenfalls an den Antworten kann man sehen, *daß* er gelesen wurde. In den meisten Web-basierten Diskussionsforen ist die Situation vergleichbar.

An beiden Beispielen, Usenet News und Web-basierte Diskussionsforen, können wir ein wesentliches Charakteristikum nicht-zielgerichteten Nachrichtenaustauschs erkennen: Der Nachrichtenaustausch erfolgt nicht ungezielt durch zahllose 1:1-Kommunikationen, sondern in Form einer 1:n-Kommunikation über eine „Sammelstelle", ein „Schwarzes Brett": Der Sender einer Nachricht geht eine 1:1-Kommunikation mit der Sammelstelle ein, ebenso jeder Leser einer Nachricht. Die Sammelstelle wirkt dabei als Multiplikator (Abbildung 3.3).

Sammelstellen können beispielsweise eine Newsgroup im Usenet sein oder ein Web-basiertes Diskussionsforum. Bildlich gesprochen, kommen an der Sammelstelle alle Nutzer zusammen, um nach neuen Nachrichten zu sehen oder um selbst Nachrichten an der Sammelstelle aufzugeben. Im folgenden wollen wir solche Sammelstellen — unabhängig von ihrer konkreten Implementierung (Newsgroup, Forum im WWW, etc.) — mit dem Begriff „Ort" bezeichnen[10].

---

[10]Die Bezeichnung „Ort" ist motiviert durch Bob Rockwells Aufsatz „From Chat to Civilization: The Evolution of Online Communities" [46]. Im Absatz „The Digital Crowd" beschreibt er eine Web-Site, auf der Nutzer mittels Chat-Funktionalität kommunizieren können: „They have created a place for people to gather and interact, ..." Rockwell bezieht sich hier auf synchrone Kommunikation, insbesondere Online-Chats, aber das Bild des Orts als *Treffpunkt von Nutzern* ist ebensogut anwendbar auf asynchrone Kommunikation.

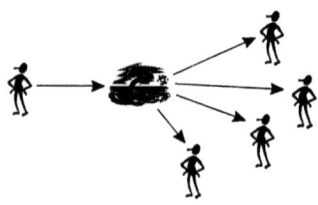

Abbildung 3.3: Ort als Multiplikator von Nachrichten

Definition 10 (Ort) *Ein Ort oder Kommunikationsort ist eine logische Stelle, die Veröffentlichungen von Nutzern sammelt und diese dann Nutzern zur weiteren Verwendung bereitstellt. Die Menge aller Orte bezeichnen wir mit Places.* □

Orte haben in Communities eine besondere Bedeutung. Sie haben eine soziale Funktion, indem sie den Nutzern, die den Ort besuchen, einen Überblick gestatten, wer sich für bestimmte Themen interessiert, und indem sie als eine Art „Treffpunkt" für Gleichgesinnte oder Interessierte wirken. So liefern sie einerseits die Awareness, die nötig ist, um ein Wir-Gefühl zu erzeugen, und wirken andererseits durch die Möglichkeit zur Kommunikation integrierend für die Community. Neben der sozialen Funktion bieten Orte üblicherweise auch eine Funktion, wie man sie von Bibliotheken kennt: Diskussionsbeiträge samt Folgebeiträge (discussion threads) werden gespeichert und sind allen Nutzern zugänglich, so daß man Diskussionen und die in ihnen gewonnenen Erkenntnisse jederzeit nachvollziehen kann. Oft bieten Orte auch eine Möglichkeit, in den Diskussionsbeiträgen zu suchen und bei Erfolg den Verlauf der Diskussion anzeigen zu lassen. Die meisten Orte haben sowohl eine soziale als auch eine informationsspeichernde und -verwaltende Funktion, allerdings in unterschiedlich starken Ausprägungen.

Für uns sind Orte besonders deshalb interessant, da sie uns tiefere Einblicke in die Struktur der betrachteten Community erlauben. So wird beispielsweise in einer Community, in der sehr viel über Orte, aber wenig unmittelbar zwischen den Nutzern kommuniziert wird, der persönliche Zusammenhalt zwischen den Community-Mitgliedern eher geringer sein als in Communities, in denen rege unmittelbare Kommunikation herrscht. Dies wiederum wird Auswirkungen auf den Zusammenhalt in der Community haben, möglicherweise auch auf ihren Grad der Offenheit für neue Mitglieder. Eine mögliche Anwendung von Analysen von Orten in einer Community könnte sein, bei Fragen zu einem bestimmten Thema einen Ort in der Community zu suchen, der einerseits ein möglichst großes Publikum hat und andererseits überwiegend von Leuten konsultiert wird, die sich mit dem fraglichen Thema gut auskennen.

Das Kommunikationsverhalten eines Nutzers

Betrachten wir im folgenden das Kommunikationsverhalten eines Nutzers U. Wir sind im wesentlichen an folgenden Fragen interessiert:

- Mit wem kommuniziert U?

- Welche Kommunikationsmedien werden dabei verwendet?

3.3. GRUNDLAGEN DER MODELLIERUNG VON COMMUNITY-ASPEKTEN

- Wie oft und wie regelmäßig findet eine Kommunikation statt?

Wie wir eine Kommunikation erfassen und beschreiben wollen, wird in 3.4.2 auf S. 69 im Detail erläutert. Für die nächsten Seiten ist folgende intuitive (und zugegebenermaßen etwas unpräzise) Erklärung ausreichend: Unter einer Kommunikation wollen wir einen oder mehrere Kommunikationsakte (Chat-Meldungen, E-Mails, ICQ-Nachrichten, etc.) verstehen, die alle einem exakt bestimmbaren, klar abgegrenzten Thema zuzuordnen sind. Mehrere ICQ-Nachrichten bilden üblicherweise eine Kommunikation, bei E-Mails machen — abhängig vom Inhalt — nur eine oder wenige Nachrichten eine Kommunikation aus.

Bezüglich der Modellierung der Kommunikation nehmen Orte die gleiche Rolle wie andere Nutzer ein: Nutzer können Nachrichten an Orte sowie an andere Nutzer schicken und sie können Nachrichten empfangen, die von Orten oder anderen Nutzern geschickt wurden. Aus diesem Grund werden wir bei der Erwähnung von Kommunikationspartnern nicht mehr zwischen Nutzern und Orten unterscheiden. Wir bezeichnen im folgenden Kommunikationspartner immer mit K, wobei $K \in Users \cup Places$.

Wir modellieren das Kommunikationsverhalten von Nutzer U mit einer Relation $\mathcal{M}_U^{(t)}$, in der wir für jeden Kommunikationspartner K von U vermerken, mit welchem Kommunikationsmedium U und K in Kontakt standen:

Definition 11 (Kommunikation eines Nutzers) *Die Kommunikation eines Nutzers U zum Zeitpunkt t ist eine Relation $\mathcal{M}_U^{(t)} \subseteq (Users \cup Places) \times \mathcal{K}$ mit*

$(K, k) \in \mathcal{M}_U^{(t)} \stackrel{def}{\Longleftrightarrow}$ „U *stand bis einschließlich Zeitpunkt t mit Kommunikationspartner K mindestens einmal mittels eines Kommunikationsmediums der Kommunikationsklasse $k \in \mathcal{K}$ in Kontakt*"

□

$\mathcal{M}_U^{(t)}$ modelliert somit die gesamte von Nutzer U ausgehende Kommunikation.

$\mathcal{M}_U^{(t)}$ beschreibt die Struktur der Kommunikation von Nutzer U, nicht hingegen Us Kommunikationsverhalten. Um das Kommunikationsverhalten von Nutzer U zu beschreiben, führen wir für jedes Tupel $m \in \mathcal{M}_U^{(t)}$ Abbildungen ein, die wichtige Aspekte des Nutzerverhaltens modellieren:

- Häufigkeit der Kommunikation bis einschließlich Zeitpunkt t:

Mit $c_{comm,U}^{(t)}(K, k)$ messen wir, wie oft bis einschließlich Zeitpunkt t Nutzer U mit Kommunikationspartner K (Nutzer oder Ort) mittels eines Kommunikationsmediums der Kommunikationsklasse k kommuniziert hat:

$$c_{comm,U}^{(t)} : (Users \cup Places) \times \mathcal{K} \longrightarrow \mathbb{N}$$

Falls Nutzer U mit K bis Zeitpunkt t nicht mindestens einmal mittels eines Kommunikationsmediums der Kommunikationsklasse $k \in \mathcal{K}$ kommuniziert hat, setzen wir $c_{comm,U}^{(t)}(K, k) \stackrel{def}{=} 0$.

- Regelmäßigkeit der Kommunikation bis einschließlich Zeitpunkt t:

Für die Regelmäßigkeit der Kommunikation von Nutzer U mit Kommunikationspartner K (Nutzer oder Ort) stützen wir uns ab auf die Anzahl der durchgeführten

Kommunikationen $c_{comm,U}^{(t-n+1)}(K,k) - c_{comm,U}^{(t-n)}(K,k), \ldots, c_{comm,U}^{(t)}(K,k) - c_{comm,U}^{(t-1)}(K,k)$ in den Zeitintervallen $[t-n, t-n+1], \ldots, [t-1,t]$ und betrachten die empirische Varianz dieser Zahlen:

$$s_{comm,U}^{2,(t)} : (Users \cup Places) \times \mathcal{K} \longrightarrow \mathrm{IR}$$

n ist hierbei die Zahl der betrachteten Zeitintervalle $[t-i, t-i+1]$.

Damit können wir das Kommunikationsverhalten von Nutzer U folgendermaßen modellieren:

Definition 12 (Kommunikationsverhalten eines Nutzers) *Das Kommunikationsverhalten eines Nutzers U zum Zeitpunkt t ist ein Tupel*

$$communication_U^{(t)} \stackrel{def}{=} \left(\mathcal{M}_U^{(t)}, C^{(t)}, S^{(t)} \right),$$

wobei

$$C^{(t)} \stackrel{def}{=} \left\{ c_{comm,U}^{(t)}(K,k) \mid K \in Users \cup Places, k \in \mathcal{K} \right\}$$

und

$$S^{(t)} \stackrel{def}{=} \left\{ s_{comm,U}^{2,(t)}(K,k) \mid K \in Users \cup Places, k \in \mathcal{K} \right\}.$$

□

3.3.4 Putting It All Together: Ein Rahmen als Grundlage für die Modellierung von Aspekten von Communities

Herleitung eines Nutzermodells

In den letzten zwei Abschnitten haben wir Modelle für die beiden Charakteristika eines Nutzers entwickelt, die für die Beschreibung wesentlicher Aspekte von Communities von Bedeutung sind: Das Wissen und die Interessen eines Nutzers (Kapitel 3.3.2) sowie dessen Kommunikationsverhalten (Kapitel 3.3.3). Beide Modelle fassen wir nun zu einem Nutzermodell zusammen:

Definition 13 (Modell eines Nutzers) *Das Modell eines Nutzers U zum Zeitpunkt t ist ein Tupel $usermodel_U^{(t)}$ mit*

$$usermodel_U^{(t)} \stackrel{def}{=} \left(knowledge_U^{(t)}, communication_U^{(t)} \right).$$

□

Da sich die Interessen, das Wissen und das Kommunikationsverhalten der Nutzer ständig ändert, sind auch die Daten des Nutzermodells nicht statisch. Dieser Dynamik tragen wir Rechnung, indem wir die Gültigkeit des Nutzermodells grundsätzlich nur für einen bestimmten Zeitpunkt t betrachten. Dies ist kein Problem, denn wir haben bei allen Bestandteilen des Nutzermodells immer den Zeitpunkt mit berücksichtigt (vgl. den hochgestellten Index „(t)").

Ein Rahmen als Grundlage zur Beschreibung von Aspekten von Communities

Grundlage für Communities sind die Nutzer; die Nutzer definieren die Community, wie bereits in 3.3.1 beschrieben. Das gerade definierte Nutzermodell bildet daher die Grundlage für alle weiteren Betrachtungen. Die Menge der Modelle aller betrachteten Nutzer wollen wir daher als Rahmen für die formale Beschreibung von Aspekten einer Community ansehen:

Definition 14 (Rahmen einer Community) *Der Rahmen $frame^{(t)}$ einer Community ist die Menge der Modelle aller betrachteten Nutzer zum Zeitpunkt t:*

$$frame^{(t)} \stackrel{\text{def}}{=} \left\{ usermodel_U^{(t)} \mid U \in Users \right\}$$

□

Es ist wichtig, daß wir strikt unterscheiden zwischen der hier beschriebenen Menge von Nutzermodellen und einem wie auch immer gearteten Formalismus zur Beschreibung von Aspekten von Communities: Die Nutzermodelle liefern die Grundlage, den Rahmen für weitere Betrachtungen, aber sie liefern *keinen Formalismus*, den wir zur Beschreibung einer Community nutzen können. Beschreibungen von Aspekten, von bestimmten Sichten auf Charakteristika[11] von Communities liefern erst *views*, ein Konzept, das auf dem Rahmen $frame^{(t)}$ aufbaut und das in 3.5 im Detail vorgestellt wird.

3.4 Bestimmung der Daten der Nutzermodelle

Nachdem wir im letzten Abschnitt hergeleitet haben, wie die Nutzermodelle aussehen sollen, damit wir mit ihnen flexibel arbeiten können, wollen wir nun Möglichkeiten diskutieren, wie die Daten ermittelt werden können, die die Nutzermodelle zum Leben erwecken. Entsprechend der Gestalt der Nutzermodelle müssen wir hier zwei Bereiche betrachten: Wie können wir das Wissen und die Interessen der Nutzer ermitteln und wie können wir das Kommunikationsverhalten der Nutzer erfassen.

Wir betrachten zuerst, wie bereits realisierte Systeme diese Daten zu ermitteln versuchen, und diskutieren, ob diese Ansätze für unsere Zwecke einsetzbar sind. Wir werden feststellen, daß viele Ansätze Einschränkungen haben, die sie nur für bestimmte Problembereiche tauglich oder gar für den praktischen Einsatz unbrauchbar machen.

Daraufhin stellen wir ein Verfahren vor, mit dem wir versuchen, unter Umgehung der Nachteile der vorgestellten Ansätze das Wissen und die Interessen der Nutzer ohne Einschränkung auf bestimmte, vorgegebene Problembereiche zu identifizieren: Die für die Nutzermodellerzeugung und -aktualisierung nötigen Daten beziehen wir aus Ereignissen, die Interessen der Nutzer werden mit einem Alterungsverfahren herausgearbeitet.

Betrachten wir zunächst, welche verschiedenen Ansätze zur Identifikation von Nutzerinteressen bereits vorgeschlagen wurden.

---

[11]Umfassende Beschreibungen von Communities sind derzeit weder möglich noch sinnvoll. Für eine Diskussion siehe 3.2.5.

3.4.1 Existierende Ansätze zur Ermittlung des Nutzerwissens

Ermittlung der für den Nutzer bedeutsamen items

Der Ermittlung der für den Nutzer wichtigen items kommt besondere Bedeutung zu: Diese items repräsentieren in vielen Fällen die Interessen und das Wissen des Nutzers.

In den letzten Jahren wurden viele Systeme vorgestellt, um Nutzern items oder Kommunikationspartner vorzuschlagen oder Strukturen zwischen items, zwischen Nutzern oder zwischen items und Nutzern aufzuzeigen. Auf die eine oder andere Weise benötigen alle diese Systeme Kenntnisse über das Wissen der beteiligten Nutzer, über die items, die für einen Nutzer Bedeutung haben, so daß sie oftmals dedizierte Komponenten zum Aufbau von Nutzerprofilen[12] enthalten.

Wir können die verschiedenen Verfahren zur Herleitung von Nutzerprofilen nach dem Grad der Automatisierung klassifizieren: Wir werden von den am wenigsten automatisierten Verfahren ausgehen, bei denen die Nutzer selbst angeben müssen, welche Bedeutung ein gegebenes item für sie hat, und dann zu immer stärker automatisierten Verfahren kommen bis hin zu solchen Verfahren, die ohne Interaktion mit den Nutzern auskommen und versuchen, allein aufgrund des Nutzerverhaltens vollautomatisch die interessanten items zu identifizieren.

Generell ist es wünschenswert, möglichst schnell möglichst viele Nutzer zur Teilnahme am System zu bewegen, denn nur so können wir unser Ziel, die Identifikation und Analyse verschiedener Aspekte von Communities sowie eine möglichst gezielte Unterstützung der Community-Mitglieder, erreichen. Dies ist um so schwerer, je größer der Mehraufwand durch die Nutzung des Systems für den Einzelnen ist. Im Kontext von Computer Supported Cooperative Work, CSCW, brachte Grudin dieses Problem mit seiner mittlerweile berühmt gewordenen Frage auf den Punkt: „Who does the work and who benefits?" [20] Da Communities im Gegensatz zu Teams und Arbeitsgruppen nicht über ein einendes (und manchmal auch zwingendes) organisatorisches Fundament verfügen, das gewisse Rahmenbedingungen verbindlich festschreibt (beispielsweise die Nutzung eines bestimmten Groupware-Systems zum Informationsaustausch im Team), gilt diese Aussage um so stärker. Bereits ein geringer Mehraufwand, der für die Nutzung eines Systems erforderlich ist, kann in Communities das Scheitern des Systems aus Nutzermangel bewirken. Dem Ausmaß, in dem die Nutzer an der Ermittlung ihrer Profile beteiligt sind, kommt daher besondere Bedeutung zu.

Im folgenden wollen wir einige Verfahren zur Herleitung von Nutzerprofilen vorstellen. Zur Illustration werden wir zu jedem Verfahren ein System besprechen, das dieses Verfahren nutzt. Hierbei werden wir das Beispielsystem kurz vorstellen und uns dann insbesondere auf die verwendeten Verfahren zur Gewinnung von Nutzerprofilen konzentrieren.

Manuelle Bewertung durch den Nutzer Ein naheliegendes Vorgehen zur Ermittlung der Bedeutung eines items für den Nutzer ist, den Nutzer einfach nach seiner Meinung zu fragen. Genau so gehen Systeme vor, die von ihren Nutzern eine explizite Bewertung

---

[12]Sprechen wir im folgenden von einem Nutzerprofil, so ist damit allgemein eine Sammlung von Daten zur Beschreibung eines Nutzers gemeint. Nutzer*profile* sind für uns immer konkret vorliegende, bereits implementierte Sammlungen von Daten. Sprechen wir hingegen von einem Nutzer*modell*, so meinen wir eine formale Darstellung eines Nutzerprofils, die entsprechend Definition 13 gestaltet ist. Bei Nutzermodellen stellen wir den modellierenden, formalisierenden Aspekt in den Vordergrund.

der items erwarten: Jedes item, das ein Nutzer auswählt, soll bzw. muß bewertet werden. Dies geschieht meist, indem der Nutzer dem item entsprechend seiner Bedeutung einen Wert zuweist. Üblich sind Werte zwischen 1 (schlecht) und 5 (hervorragend), wie beispielsweise in GroupLens [28], oder zwischen 1 und 7. Das Nutzerprofil besteht dann aus einer Menge von Tupeln $(item, rating)$. Je wichtiger dem Nutzer ein item ist oder je besser die Qualiät aus der Sicht des Nutzers ist, desto höher ist der Wert, den der Nutzer dem item zuweist.

Nutzerprofile dieser Art lassen sich gut als n-dimensionale Vektoren $\vec{a}$ beschreiben, wobei n die Anzahl der bewerteten items ist. Die a_i sind die Bewertungen der items.

Exkurs: Inhaltsbasiertes und kollaboratives Filtern

Es bietet sich an, an dieser Stelle auf inhaltsbasiertes und kollaboratives Filtern einzugehen. Beide Begriffe werden oft in einem Atemzug mit der Bewertung von items genannt und daher wollen wir sie hier kurz ansprechen.

Ausgehend von einem wie oben beschriebenen Nutzerprofil kann auf zwei verschiedene Arten weiter vorgegangen werden:

- Man extrahiert aus den items, die von einem Nutzer am besten bewertet wurden, eine Menge von charakteristischen Stichworten und sucht nun gezielt nach weiteren items, deren Inhalt ähnliche charakteristische Stichworte aufweist. Man nimmt an, daß diese auch für den Nutzer interessant sind und schlägt sie dem Nutzer vor. Da diese Art der Generierung von Vorschlägen auf dem Inhalt der items beruht, bezeichnet man dies als *inhaltsbasiertes Filtern* (*content-based filtering*).

  Verfahren dieser Art funktionieren nur bei solchen items, deren Inhalt maschinell erfaßt werden kann. Dies sind derzeit nur items in besonderen Textformaten (ASCII-basierte Formate wie HTML, seit kurzem auch Postscript und PDF).

- Man sucht nach Nutzern, deren Profil dem aktuellen Nutzerprofil möglichst ähnlich ist. Ein Vergleich von zwei Nutzerprofilen wird meist realisiert durch Messen des Abstands von zwei Vektoren im durch die n gemeinsamen items aufgespannten Raum. Gängige Maße für die Ähnlichkeit von Vektoren sind hier der Kosinus des Winkels zwischen den beiden Vektoren oder der Pearson-Koeffizient. (Diese und ein paar weitere Maße sind in [54] und [55] angesprochen.) Von den so ermittelten Nutzern wählt man die items aus, die die Nutzer hoch bewertet haben, die aber dem aktuellen Nutzer noch nicht bekannt sind. Um zu betonen, daß Empfehlungen auf der Grundlage der Meinungen anderer Nutzer basieren, nennt man dies *kollaboratives Filtern* (*collaborative filtering*). Beispielsysteme sind Ringo [54], ein Empfehlungssystem für Musik, CoMovie [24], ein Empfehlungssystem für Kinofilme oder GroupLens [28], [44] für die Bewertung von Artikeln von Usenet News.

  Damit dieses Verfahren funktionieren kann, müssen zwei Bedingungen erfüllt sein: Man benötigt eine möglichst große Anzahl von Nutzern und die Anzahl der items darf nicht zu groß sein. Beide Bedingungen sollen sicherstellen, daß ein Matching zwischen Nutzern stattfindet, denn nur bei ausreichend vielen Nutzern mit ähnlichen Nutzerprofilen können Empfehlungen von ausreichender Qualität generiert werden.

Moderne Empfehlungssysteme verwenden üblicherweise eine Kombination beider Verfahren, vgl. beispielsweise [3]. Einen Überblick über die verschiedenen Verfahren liefert [49].

So einfach die Implementierung von expliziten Bewertungen ist, so problematisch ist der gesamte Ansatz: Meinungen der Nutzer zu einem item ändern sich mit der Zeit, was üblicherweise nicht in einmal abgegebenen Bewertungen reflektiert wird, Bewertungen könnten unfair oder unpräzise und damit wertlos sein, und warum überhaupt sollte man sich als Nutzer die Mühe machen, ein item zu bewerten, wo man doch keinen unmittelbaren und sofort sichtbaren Nutzen davon hat? Erschwerend kommt hinzu, daß wir aussagekräftige Vorschläge des Systems nur dann erwarten können, wenn ausreichend viele Nutzer Bewertungen abgeben[13] und wenn den Nutzern eine Orientierung gegeben wird, wie verläßlich die Bewertungen der anderen Nutzer sind. Dies ist letztlich eine Frage des Vertrauens. Das System muß den Nutzern so viel Information zu den Empfehlungen *und* den Empfehlenden mitgeben, daß die Nutzer Vertrauen in die Qualität der Empfehlungen fassen.

Um das Kaltstartproblem zu überwinden, ist es nötig, möglichst schnell möglichst viele Nutzer zur Teilnahme am System zu bewegen. Es wurde beispielsweise schon angedacht, Vorschläge und Empfehlungen mit kleinen Geldbeträgen zu honorieren. Andere Systeme wiederum sind auf das Feedback angewiesen, das der Nutzer durch seine Bewertungen liefert, um sich an den Nutzer anzupassen und selbst brauchbare Empfehlungen liefern zu können. Durch seine Bewertungen „trainiert" der Nutzer sozusagen das System. Wieder andere Systeme, beispielsweise Knowledge Pump [18], bauen auf soziale Mechanismen wie dem Streben nach Anerkennung in der Community.

Interpretation von nutzerdefinierten Strukturen Arbeiten wir mit einem Rechner, werden ständig Dateien angelegt, verändert oder auf sonstige Art bearbeitet — entweder gesteuert durch Programme, die wir nutzen, oder direkt veranlaßt durch den Nutzer. Beispiele hierfür wären der Browser-Cache, die Historie der aufgerufenen Web-Seiten, Bookmark-Ordner, aber auch Zugriffs-Logdateien und Adreßbücher. Diese Dateien, die in der täglichen Arbeit von Programmen oder vom Betriebssystem aufgebaut und aktuell gehalten werden, können wir nutzen, um Hinweise auf die Interessen und das Wissen von Nutzern zu erlangen. Insbesondere auf die Daten, die die Nutzer selbst aktiv strukturieren, wird immer wieder gern zurückgegriffen. Beispiele hierfür sind die Bookmark-Ordner der Nutzer, das Paradebeispiel für eine vom Nutzer definierte Struktur von Daten.

> Siteseer [47] nutzt die Bookmarks der Nutzer, um Beziehungen zwischen Nutzern herzustellen. Ziel von Siteseer ist es, Nutzern, die bezüglich ihrer Interessen in einer engen Beziehung stehen, solche Web-Seiten zu empfehlen, die andere Nutzer in ihren Bookmarks haben, man selbst aber nicht.
>
> Beziehungen zwischen Nutzern werden einzig aufgrund der Organisation der Bookmarks in Ordnern und Unterordnern hergeleitet; es wird keine Analyse des Inhalts der vorgemerkten Web-Seiten oder der URL durchgeführt. Je mehr

---

[13] Wird ein System gerade erst gestartet, so hat es zuerst nur wenige Nutzer, was das Generieren von sinnvollen Empfehlungen ungemein erschwert. Dies wird oft als das *Kaltstartproblem* bezeichnet.

Überschneidungen zwischen den Bookmarks zweier Nutzer festgestellt werden, als um so enger wird die Beziehung zwischen den Nutzern betrachtet.

Grundlage dieses Ansatzes ist die Beobachtung, daß das Anlegen von Bookmarks eine *bewußte Aktion* des Nutzers ist. Nutzer legen üblicherweise ihre Bookmarks mit einer gewissen Sorgfalt an und pflegen sie. Bookmarks auf Web-Seiten, die für sie bedeutungslos sind, werden entweder gar nicht angelegt oder bei der nächsten Pflege wieder entfernt. So gesehen ist die Bookmark-Sammlung eines Nutzers eine Menge von für den Nutzer wichtigen Web-Seiten.

Das größte Problem bei der Verwendung von Bookmarks besteht darin, daß die Nutzer nicht alle Seiten, die sie für wichtig halten, mit Bookmarks vormerken. So hat eine Umfrage im Usenet gezeigt, daß viele Nutzer nicht einmal die Hälfte aller der Web-Seiten mit einer Bookmark vormerken, die sie für wichtig halten [47]. Es scheint so zu sein, daß nicht alle interessanten Web-Seiten vorgemerkt werden, sondern vor allem die, die umständlich zu erreichen sind. Interessante Web-Seiten, die einfach zu erreichen sind (beispielsweise aufgrund einer einfach zu merkenden URL oder durch unkomplizierte und schnell ausgeführte Suchanfragen in Internet-Suchmaschinen), werden hingegen nur selten vorgemerkt.

Weiterhin ist nicht klar, wie wir mit Web-Seiten umgehen wollen, die nicht in den Bookmarks des Nutzers aufgeführt sind. Ist eine Web-Seite nicht in den Bookmarks eines Nutzers enthalten, so können wir nicht sagen, ob der Nutzer die Web-Seite nicht kennt oder ob sie für den Nutzer nicht interessant ist.

Weitere Probleme betreffen die Struktur der Ordner, in denen die Bookmarks der einzelnen Nutzer abgelegt sind. Diese Probleme sind für uns nicht von Bedeutung, da sie die Frage, ob eine Web-Seite für den Nutzer von Interesse ist, nicht betreffen. Wir wollen sie hier aber trotzdem kurz ansprechen: Siteseer geht davon aus, daß die Klassifizierungsschemata der Ordnerstrukturen, in die die Bookmarks eingeordnet sind, ähnlich sind. Takeda, Matsuzuka und Taniguchi weisen in [62] allerdings darauf hin, daß dies keineswegs immer gelten muß. Nutzer kategorisieren ihre Bookmarks anhand unterschiedlicher Kriterien, was eine Identifikation von Beziehungen zwischen Nutzern basierend auf Überschneidungen von Bookmarks sehr erschwert: Es mag Überschneidungen geben, aber die Gründe für die Einordnung der einzelnen URLs in bestimmte Ordner können völlig unterschiedlich sein.

Analyse von items des Nutzers Hinweise auf die Interessen und das Wissen des Nutzers können wir auch aus den items erhalten, die der Nutzer während seiner Arbeiten selbst erstellt und ändert. Items können hier Dateien, E-Mails, News-Beiträge, etc. sein. Die Annahme, die diesem Ansatz zugrunde liegt, ist, daß der Nutzer ein Experte in seinem Arbeitsgebiet ist und daß dessen items seine Kenntnisse widerspiegeln. Durch eine Analyse dieser items können wir demnach Hinweise auf das Wissen des Nutzers erhalten.

> Das Ziel von Expert Finder [64] ist es, Experten für bestimmte Problemstellungen zu identifizieren, um so dem Nutzer gezielt Ansprechpartner zu bestimmten Fragen vorschlagen zu können.
>
> Um Experten identifizieren zu können, ist es nötig, das Wissen der Nutzer zu erfassen und in Nutzerprofilen zu speichern. Expert Finder nutzt hierzu die Java-Quellcodes der Nutzer und versucht, anhand der verwendeten Klassen, Methoden und APIs den Wissensstand der Nutzer zu erfassen sowie spezielle

Kenntnisse zu identifizieren. Die Identifikation des Wissens erfolgt in einem Verfahren, das dem TFiDF-Verfahren[14] sehr ähnlich ist: Je häufiger ein Nutzer eine generell selten verwendete Klasse oder API einsetzt, desto relevanter ist sie für das Nutzerprofil, also um so wahrscheinlicher ist es, daß der Nutzer ein Experte für diese Klasse oder API ist. Weitere Hinweise auf Kenntnis einer Klasse oder API liefert die Zahl der verschiedenen Methoden der Klasse bzw. API, die genutzt werden. So wird für jeden Nutzer eine Menge von Klassen und APIs aufgebaut, für die der Nutzer als Experte gilt. Diese Menge definiert das Nutzerprofil eines Nutzers.

Verfahren dieser Art haben zwei systembedingte Einschränkungen: Sie sind angewiesen auf eine Analyse des Inhalts des items und sie beschränken sich (im wesentlichen aus Komplexitätsgründen) auf eine bestimmte Anwendungsdomäne.

Die Beschränkung auf eine bestimmte Anwendungsdomäne ist nicht weiter problematisch; durch eine geschickte Trennung von Domänenwissen und Programmlogik läßt sich eine recht flexible Einsetzbarkeit erreichen[15].

Deutlich unangenehmer ist hingegen die Analyse des Inhalts mit dem Ziel, Charakteristika des Nutzerwissens zu identifizieren: So bleibt man bisher beschränkt auf Dateitypen, deren Inhalt vom Rechner erfaßbar ist, beispielsweise ASCII- oder Unicode-Dokumente. Bereits so weit verbreitete Textformate wie PDF oder Postscript benötigen eine intensive Vorverarbeitung, und im WWW ist zunehmend der Trend zu beobachten, auch Texte mittels Bilddateien darzustellen, um ein einheitliches Erscheinungsbild auf allen Browsern sicherzustellen. An eine Analyse von Multimediadaten wie Bildern, Klängen oder Videosequenzen ist derzeit kaum zu denken.

Ermittlung des Kontextes eines items

Der Begriff „Kontext" wird mit vielen verschiedenen Bedeutungen belegt — nicht nur in der Informatik. Was wir in dieser Arbeit unter dem Kontext eines items verstehen wollen, haben wir in 3.3.2 bereits erläutert. Unserem Verständnis von Kontexten am nächsten kommt das Konzept der „frequent itemsets" [2].

Frequent Itemsets und Association Rules Ein frequent itemset ist eine Menge von Objekten, die häufig gemeinsam genutzt werden. Eng mit frequent itemsets verbunden sind die association rules, mit denen man frequent itemsets bestimmen kann.

Ursprünglich wurden association rules eingesetzt, um das Kaufverhalten von Kunden zu analysieren und dann, aufbauend auf den Ergebnissen der Analyse, gezielt Werbung zu betreiben. Ziel der Analyse ist es, Aussagen herzuleiten wie etwa „80 % aller Kunden, die Brot kaufen, kaufen auch Butter". Ausgangspunkt für Analysen dieser Art sind immer

---

[14]Das TFiDF-Verfahren hat zum Ziel, in einem gegebenen Dokumentenbestand Cluster von ähnlichen Dokumenten zu identifizieren. Hierzu wird das Auftreten bestimmter Wortgruppen (Term Frequency) in einem Dokument in Relation gesetzt zur Zahl der Vorkommen dieser Wortgruppen (inversed Document Frequency) im gesamten Dokumentenbestand. Für eine Beschreibung des TFiDF-Verfahrens siehe beispielsweise [48] oder [40].

[15]Programmiersprachen wie Java im Beispiel von Expert Finder sind recht dankbare Anwendungsdomänen, denn sie sind logisch aufgebaut und haben eine eindeutig festgelegte Syntax und Semantik. Wollen wir hingegen natürlichsprachliche Texte analysieren, so müssen wir uns zusätzlich mit Problemen von „syntaktischem Ballast" wie Füllwörtern, durch Grammatik bedingten verschiedenen Darstellungen ein und desselben Worts und semantischen Mehrdeutigkeiten (Synonymie, Polysemie) herumschlagen.

Transaktionen oder Sitzungen[16]. Im Beispiel oben wäre eine Transaktion oder Sitzung ein Besuch eines Kunden im Supermarkt. Mittlerweile werden frequent itemsets und association rules auch bei der Analyse der Log-Dateien von Web-Servern und zur Personalisierung von Web-Angeboten eingesetzt. Erst seit kurzem finden frequent itemsets und association rules Eingang in die Welt der Empfehlungssysteme. In [16] oder [32] beispielsweise werden Empfehlungssysteme beschrieben, die auf association rules aufbauen.

Association rules zwischen zwei Mengen X und Y von Objekten werden üblicherweise geschrieben als $X \Rightarrow Y$, wobei $X \cap Y = \emptyset$[17]. So eine association rule beschreibt folgende Tatsache: Wenn wir beobachten, daß alle Objekte aus X genutzt werden, so können wir mit einer gegebenen Mindestwahrscheinlichkeit beobachten, daß auch alle Objekte aus Y genutzt werden. Das frequent itemset, das wir aus einer association rule ableiten können, ist $X \cup Y$.

Um eine Aussage über die Relevanz einer ermittelten association rule $X \Rightarrow Y$ machen zu können, wurden zwei Maße eingeführt:

- $Support(X \Rightarrow Y)$ beschreibt, welcher prozentuale Anteil aller zu betrachtenden Transaktionen alle Objekte aus $X \cup Y$ enthält.

- $Confidence(X \Rightarrow Y)$ beschreibt, welcher prozentuale Anteil aller zu betrachtenden Transaktionen, die alle Objekte aus X enthalten, auch alle Objekte aus Y enthalten.

Im allgemeinen sind wir nicht an allen association rules interessiert, die wir ermitteln können, sondern nur an den association rules $X \Rightarrow Y$ mit $Support(X \Rightarrow Y) > Support_{min}$ und $Confidence(X \Rightarrow Y) > Confidence_{min}$. $Support_{min}$ und $Confidence_{min}$ sind geeignet zu wählende untere Schranken.

Ein Beispiel für die Nutzung von association rules in Empfehlungssystemen ist SurfLen von Fu, Budzik und Hammond [16]:

SurfLen beobachtet den Nutzer beim Surfen im WWW und registriert die abgerufenen Web-Seiten A_i. Jeder Nutzer wird damit repräsentiert durch eine Menge von Web-Seiten $\{A_1, A_2, \ldots, A_n\}$. Auf dieser Menge ermittelt SurfLen nun die association rules mittels des „a-priori"-Algorithmus.

Hat ein Nutzer U die Web-Seiten $A_1, A_2, \ldots, A_m$ besucht, so untersucht SurfLen, ob bei einem anderen Nutzer V eine association rule der Gestalt

$$\{A_1, A_2, \ldots, A_m\} \Rightarrow A$$

ermittelt werden konnte. Falls ja und falls U die Web-Seite A noch nicht besucht hat, so wird Nutzer U Web-Seite A empfohlen.

Wegen der ungeheuer großen Zahl an Web-Seiten im WWW muß davon ausgegangen werden, daß es nur wenige Überschneidungen von Web-Seitenmengen $\{A_1, A_2, \ldots, A_m\}$ und $\{A'_1, A'_2, \ldots, A'_n\}$ gibt. Dies erschwert die Identifikation von association rules ungemein. Um diesem Problem zu begegnen, berechnet SurfLen für jede association rule einen Rang $rank(H, U)$ basierend auf

---

[16] Im Kontext der Kundenforschung und -analyse ist der Begriff der Transaktion verbreiteter, im Kontext der Analyse von Web-Site-Besuchen oder E-Commerce-Anwendungen eher der Begriff der Sitzung. Letztlich beschreiben beide Begriffe das selbe Konzept.

[17] $X \Rightarrow Y$ gilt für $Y \subseteq X$ trivialerweise immer.

der Größe der Schnittmenge von der Web-Seitenmenge U, die einen Nutzer repräsentiert, und der Historie H, die die Web-Seiten beinhaltet, die für die Ermittlung von association rules herangezogen werden soll:

$$rank(H, U) \stackrel{\text{def}}{=} |H \cap U|$$

Für Empfehlungen werden nur die k association rules mit dem höchsten Rang herangezogen.

3.4.2 Ereignisse als Grundlage der Nutzermodelle

Charakterisierung von Vorgängen durch Ereignisse

Die Beobachtung und Interpretation der Nutzung eines items oder der Kommunikation mit einem Kommunikationspartner ist immer problematisch. Wir können nicht entscheiden, ob der Nutzer gerade ein item nutzt oder nicht, und wenn ja, wie intensiv der Nutzer mit dem item arbeitet. Ebensowenig können wir einschätzen, wie intensiv oder effizient eine Kommunikation verläuft. Daher wollen wir nicht die Vorgänge der Nutzung bzw. der Kommunikation selbst betrachten, sondern uns auf bestimmte Ereignisse konzentrieren, die mit diesen Vorgängen unmittelbar in Beziehung stehen.

Beispiel:

> Ein Ingenieur D möchte Daten zu einer Baugruppe nachlesen. Diese Daten sind im Informationssystem des Unternehmens, in dem D angestellt ist, online verfügbar.
>
> Statt D dabei zu beobachten, wie er das Datenblatt zu der Baugruppe studiert (Beobachtung der Nutzung), erfassen wir die Tatsache, daß er das gewünschte Datenblatt mit einem Mausklick auf einen entsprechenden Link angefordert hat — ein Ereignis, das der eigentlichen Nutzung des Datenblatts unmittelbar vorausgeht und ohne das die Nutzung selbst nicht möglich wäre.

Ereignisse haben gegenüber der Beobachtung des Nutzerverhaltens über die Zeit hinweg den Vorteil, daß sie durch *Zeitpunkte* dargestellt werden können und nicht durch *Zeitspannen*. Man ist damit nicht darauf angewiesen, daß die Tätigkeit des Nutzers, die man beobachten will, störungsfrei verläuft und die Ergebnisse der Beobachtung nicht durch externe Einflüsse verfälscht werden. Auch ineinander verzahnte oder sich überlappende Vorgänge sind so vergleichsweise einfach handhabbar.

Beispiel:

> Ein Sachbearbeiter K bearbeitet gerade die Anmeldung zu einer Lebensversicherung. Während dieses Vorgangs erhält er einen Anruf seines Chefs, der eine Information zu einem der letzten Versicherungsfälle benötigt. Die benötigten Daten hat K noch im Kopf und gibt sie seinem Chef weiter, während er nebenher an den Anmeldeformalitäten weiterarbeitet.
>
> Würden wir die Tätigkeiten betrachten, die K ausführt, müßten wir uns mit zwei ineinander verschränkten Vorgängen beschäftigen: Die Bearbeitung eines Geschäftsvorfalls sowie eine Anfrage nach einer Information. Unabhängig

davon, daß dies deutlich komplexer ist als zwei strikt getrennte Vorgänge zu betrachten, können wir nicht sagen, wie aufmerksam K sich seinem Chef widmet und welche Aufmerksamkeit er den Anmeldeformalitäten beimißt, die er gerade bearbeitet. Sollen wir die Zeit, die er seinem Chef antwortet, zur Bearbeitung des Geschäftsvorfalls zurechnen oder zur Kommunikation mit seinem Chef?

Das Beobachten von Ereignissen allein bringt jedoch gegenüber den in Abschnitt 3.4.1 geschilderten Ansätzen keinen Vorteil; die Folgerung, der Nutzer nutzt ein item, nachdem er es angefordert hat, ist mit mindestens ebenso großer Unsicherheit verbunden wie die (oftmals implizit getroffene) Annahme, der Nutzer kann mit einem item ohne Störung arbeiten. Analog können wir keine Aussage darüber machen, welcher Art und wie hilfreich die Kommunikation zwischen zwei Nutzern ist. Betrachtet man hingegen nicht nur isolierte Ereignisse, sondern die Historie aller Ereignisse, so kann man daraus — rationales Verhalten des Nutzers vorausgesetzt — Hinweise auf die Arbeitsweise des Nutzers erhalten: Wir können annehmen, daß ein Kommunikationspartner, mit dem ein Nutzer oft und regelmäßig kommuniziert und dabei viele Ereignisse auslöst, für den Nutzer eine wichtige Rolle spielt. Ebenso können wir erahnen, welche Bedeutung ein item für den Nutzer hat, denn gemäß Annahmen 1 und 2 auf S. 46 wird man bei items, die für den Nutzer von Bedeutung sind, häufiger (regelmäßiger) mit der Nutzung verbundene Ereignisse beobachten können als bei items, die für den Nutzer kaum Bedeutung haben.

Typen von Ereignissen

Welche Ereignisse werden wir beobachten können? Wir werden im weiteren auf den Vorschlägen von Nichols [38] aufbauen[18].

Item-bezogene Ereignisse Nichols listet in [38] eine Reihe von Ereignissen auf, die bei der Nutzung von items ausgelöst werden können. In Anlehnung an diese Vorschläge konzentrieren wir uns auf folgende item-bezogene Ereignistypen:

- Anforderung zur Nutzung[19],

- Exportieren für Nutzung außerhalb des Systems, beispielsweise Drucken oder Ablegen in einer Datei,

- Vormerken für spätere Nutzung und

- Löschen einer derartigen Vormerkung.

Diese Ereignisse können wir anhand zweier zueinander orthogonaler Kriterien unterscheiden (siehe Tabelle 3.4.2): Das eine Kriterium beschreibt, ob ein Ereignis auf Interesse oder Desinteresse des Nutzers an einem item schließen läßt, das andere Kriterium gibt an, ob ein Ereignis eine Aktion markiert, durch die das betrachtete item innerhalb des

---

[18]Die Ereignistypen, die Nichols nennt, sind weitgehend unstrukturiert. Einige der Ereignistypen sind nicht direkt auf die Nutzung von items bezogen, sondern umfassen Aspekte der Kommunikation zwischen Nutzern. Der Ereignistyp *Reply* beispielsweise wird üblicherweise nur für E-Mails oder News-Artikel verwendet. Andere Ereignistypen wiederum erlauben eine differenzierte Betrachtung der Nutzung eines items, z.B. *Examine*, *Consider* und *Glimpse*.

[19]Wir machen hier keine Aussage über die zeitliche Nähe der Anforderung des items zu dessen Nutzung.

von uns beobachtbaren Systems (lokale Rechnerinstallation, lokales Netz, etc.) bleibt oder dieses System verläßt und damit mit Mitteln der Informatik nicht mehr mit vertretbarem Aufwand erfaßt werden kann[20].

	Interesse	Desinteresse
Item bleibt im System	Anforderung zur Nutzung, Vormerken für spätere Nutzung	Löschen einer Vormerkung
Item verläßt System	Exportieren (Drucken, Ablegen in einer Datei)	Löschen einer angeforderten Datei

Tabelle 3.3: Unterscheidungskriterien für Ereignisse

Oftmals wird auch das Vormerken eines items für spätere Nutzung, das „Bookmarken" des items, als Zeichen dafür interpretiert, daß der Nutzer Interesse an dem item hat. Das Vormerken von items für eine spätere Nutzung ist zwar ein Hinweis auf ein Interesse des Nutzers an dem item, aber ob der Nutzer das item wirklich anfordern wird, bleibt ungewiß. Möglicherweise erlischt das Interesse des Nutzers oder seine Aufgaben ändern sich dergestalt, daß er das item nicht mehr benötigt. Um die Korrektheit der Nutzerprofile nicht von Unsicherheiten dieser Art abhängig zu machen, wollen wir daher die Ereignisse „Vormerken für spätere Nutzung" und „Löschen einer Vormerkung" nicht berücksichtigen.

Ein besonderer Fall sind die Ereignisse, die signalisieren, daß der Nutzer ein item aus dem System exportiert, um es „offline" zu nutzen. Offline-Nutzungen können wir mit den uns zur Verfügung stehenden Instrumenten (Software) nicht mehr erfassen.

Beispiel:

> Nutzer M findet im WWW einen besonders interessanten Konferenzbeitrag zum Thema „Ontologien". Diesen Artikel druckt er aus, um ihn daheim in Ruhe lesen zu können.
>
> In diesem Fall können wir lediglich die Ereignisse „Nutzer fordert item an" (Anklicken des Links auf der Web-Seite, die zum interessanten Konferenzbeitrag führt) und danach „Nutzer exportiert item" (M druckt den Konferenzbeitrag aus) feststellen. Wann, ob und wie oft M den Artikel lesen wird, wissen wir nicht.

Üblicherweise verschafft man sich einen schnellen Überblick über ein item, bevor man es exportiert. Ist der erste Eindruck, daß das item keine relevanten Informationen enthält, wird man es wohl nicht exportieren. Wir können demnach davon ausgehen, daß die Nutzer überwiegend solche items aus dem System exportieren, die für sie einen gewissen Wert,

---

[20]Welche Ereignisse wir tatsächlich erkennen können, hängt in hohem Maße von der Rechnerinstallation des Nutzers ab. Ist dessen System — insbesondere das installierte Betriebssystem — sehr offen gestaltet und ist die installierte Software bekannt, können wir für viele der oben genannten Ereignisse Sensoren entwickeln, die uns bei bestimmten Ereignissen informieren. Ist das System allerdings weitgehend geschlossen und geschieht viel „versteckt unter der Oberfläche", so werden wir uns mit der Entwicklung geeigneter Sensoren deutlich schwerer tun und letztlich nur für vergleichsweise wenige Ereignisse Sensoren bereitstellen können.

eine bestimmte subjektive Bedeutung haben. Dies müssen wir für die Bestimmung der subjektiven Bedeutung eines items berücksichtigen. Ebenso müssen wir berücksichtigen, daß wir vom Zeitpunkt des Exports an im allgemeinen keinerlei Möglichkeit mehr haben, die weitere Nutzung des items zu beobachten.

Kommunikationsbezogene Ereignisse Wir können die Ereignisse, die bei der Kommunikation zwischen Nutzern bzw. Nutzern und Orten erzeugt werden, grob in folgende Kategorien einteilen:

- Ereignisse, die die Kommunikation selbst ausmachen (Senden und Empfangen von Nachrichten),

- Ereignisse, die bei der Vor- oder Nachbereitung der Kommunikation entstehen (Betreten oder Verlassen von Chat-Räumen) und

- Ereignisse, die bei der Verwaltung der Kontakte entstehen (beispielsweise das Aufnehmen oder Entfernen von Nutzern in Adreßbücher oder Buddy Lists).

Wir sind vor allem an den Ereignissen interessiert, die mit der Kommunikation selbst einhergehen, denn aus diesen Ereignissen können wir die Daten gewinnen, die wir zur Modellierung des Kommunikationsverhaltens eines Nutzers benötigen (siehe S. 56). Die beiden anderen Ereignisarten sind hingegen für uns weitgehend uninteressant: Die Tatsache, daß ein Nutzer U die Adresse eines anderen Nutzers V in seinem Adreßbuch notiert, erlaubt nicht den Schluß, daß U mit V kommuniziert oder noch kommunizieren wird; dies ist zwar wahrscheinlich, aber nicht sicher. Ebensowenig können wir annehmen, daß ein Nutzer mit anderen kommunizieren wird, wenn er gerade einen Chat-Raum betritt, denn der Nutzer könnte den Gesprächen der anderen auch einfach nur zuhören. Letztlich müssen wir jedes Kommunikationsmedium beobachten, wann Nachrichten gesendet und wann Nachrichten empfangen werden.

Das Kommunikationsverhalten ist üblicherweise stark abhängig von der Art des verwendeten Kommunikationsmediums. Eine Kommunikation mittels E-Mail (asynchron) beispielsweise ähnelt eher einem Briefwechsel. So können wir längere Texte, oft auch mehrere Themen pro E-Mail und als Anlagen angehängte items beobachten. Eine Kommunikation mittels IRC oder Chat (synchron) sieht meist deutlich anders aus: Sie hat üblicherweise deutlichen Diskussions- oder Gesprächscharakter (größere Spontaneität, kürzere Sätze) und es wird meist nur ein Thema zur selben Zeit besprochen, allerdings mit fließendem Übergang zwischen den Themen. Auch ist der zeitliche Abstand zwischen zwei Nachrichten, die mittels synchronen Kommunikationsmedien übertragen werden, üblicherweise relativ klein (im Minutenbereich, anhängig vom Kommunikationsmedium und der verfügbaren Bandbreite), während zwischen zwei Nachrichten, die mittels asynchronen Kommunikationsmedien übertragen werden, auch Tage, Wochen oder gar Monate vergehen können.

Aufgrund des Gesprächscharakters synchroner Kommunikation ist es nicht sinnvoll, jede einzelne gesendete oder empfangene Nachricht als eigenständige Kommunikation zu interpretieren. Wir würden auf diese Weise ein Gespräch in kleine Beiträge zersplittern, die für sich allein genommen nicht viel Sinn ergäben. Statt dessen fassen wir alle Ereignisse, die während eines Gesprächs (einer Kommunikation mittels eines synchronen Kommunikationsmediums) beobachtet werden, zu einer *Sitzung* zusammen. Wir betrachten dann eine Sitzung, nicht hingegen einzelne Kommunikationsbeiträge, als einen Kommunikationsvorgang.

Um nicht zwischen zwei verschiedenen Repräsentationen von Kommunikationsvorgängen unterscheiden zu müssen, führen wir auch für Kommunikationsmedien asynchroner Kommunikationsklassen Sitzungen ein. Für diese Kommunikationsmedien ist dann ein Kommunikationsvorgang definiert als eine Sitzung, die genau ein Ereignis („Nachricht gesendet" oder „Nachricht empfangen") enthält. Wir haben damit folgende Fälle:

- Bei asynchronen Kommunikationsmedien gehen wir davon aus, daß einzelne Nachrichten ausreichend komplex und abgeschlossen sind, so daß sie als eigenständiger Kommunikationsvorgang angesehen werden können. In diesem Fall definiert ein Ereignis „Nachricht gesendet" bzw. „Nachricht empfangen" einen Kommunikationsvorgang zwischen zwei Kommunikationspartnern (Nutzer oder Ort) und damit eine Sitzung (Abbildung 3.4).

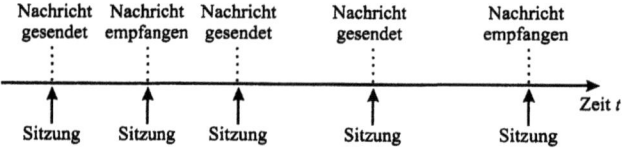

Abbildung 3.4: Beziehung zwischen Ereignissen und Sitzungen in asynchronen Kommunikationsklassen

- Bei synchronen Kommunikationsmedien ist ein Kommunikationsvorgang zwischen zwei Kommunikationspartnern definiert als eine Folge von Nachrichten. Ein Kommunikationsvorgang ist dann definiert durch die Folge der Ereignisse beginnend bei der ersten Kontaktaufnahme (üblicherweise unmittelbar nach Betreten eines gemeinsamen Ortes, z.B. eines Chat-Raums) und endend, sobald der letzte Kommunikationspartner den gemeinsamen Ort verläßt. Damit ist ein Kommunikationsvorgang definiert als die Folge von Ereignissen „Nachricht gesendet" bzw. „Nachricht empfangen" zwischen einem Ereignis „Ort betreten" und dem zeitlich nächsten Ereignis „Ort verlassen" (Abbildung 3.5).

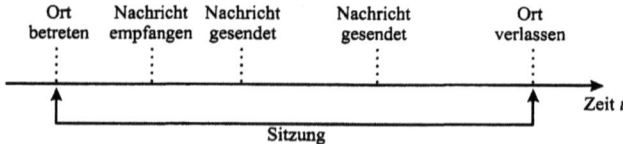

Abbildung 3.5: Beziehung zwischen Ereignissen und Sitzungen in synchronen Kommunikationsklassen

Ein Kommunikationsvorgang mittels eines Kommunikationsmediums besteht immer aus einer Sitzung. Diese Sitzung enthält — je nach Kommunikationsklasse des verwendeten Kommunikationsmediums — ein oder mehrere Ereignisse, die durch die Kommunikation selbst erzeugt wurden. Für uns sind damit folgende Ereignisklassen von Bedeutung:

- Ereignisse, die Sitzungsanfang und -ende markieren und

- Ereignisse, die durch die Kommunikation selbst erzeugt werden.

Da jede Nachricht immer (mindestens) einen Empfänger hat (Nutzer oder Ort), ist es ausreichend, wenn wir einen Ereignistyp — entweder „Nachricht gesendet" oder „Nachricht empfangen" — betrachten. Es genügt damit, wenn wir im weiteren folgende Ereignisse berücksichtigen:

- „Nachricht gesendet",

- „Ort betreten" und

- „Ort verlassen".

3.4.3 Ermittlung des relevanten Nutzerwissens

Ermittlung der subjektiven Bedeutung eines items

Vorstellung des Verfahrens Aufbauend auf den Annahmen 1 und 2 auf S. 46 und den im letzten Abschnitt gewonnenen Erkenntnissen gehen wir nun folgendermaßen vor, um die subjektive Bedeutung eines items für einen Nutzer einschätzen zu können:

> Wir beobachten, welche Ereignisse Nutzer U während der Arbeit mit items erzeugt, und speichern sie in einer Liste L_U. Bei items A, die neu in L_U aufgenommen werden, wird $value_U^{(t)}(A) = value_{start}$ gesetzt. $value_{start}$ ist hierbei ein geeignet zu definierender Startwert.
>
> Bei jedem Ereignis, das Nutzer U bei seiner Arbeit auslöst und das ein item A betrifft, markiert man A abhängig vom Ereignistyp mit einigen statistischen Daten:
>
> Für alle Ereignistypen:
> - Zeitpunkt des letzten Ereignisses,
> - Zeitspanne zwischen letztem und aktuellem Ereignis sowie
> - Anzahl der bisherigen Ereignisse für dieses item.
>
> Ereignistyp „Exportieren für Nutzung außerhalb des Systems":
> - Markierung, daß item A für den Nutzer *mit großer Wahrscheinlichkeit* von Bedeutung ist.
>
> In bestimmten Abständen, festgelegt durch ein *Alterungsintervall*, wird der Wert von $value_U^{(t)}(A)$ eines jeden items A in L_U mittels einer *Alterungsfunktion* f_{age} angepaßt. Die statistischen Daten, mit denen A markiert ist, dienen hierbei als Maß m für die Erfahrung des Nutzers mit diesem item. Je nach

Nutzung von item A und entsprechend dem Wert von m wird der Wert von $value_U^{(t)}(A)$ mittels f_{age} mehr oder weniger deutlich erhöht oder reduziert[21].

Unterschreitet nun bei einem item A der Wert von $value_U^{(t)}(A)$ eine bestimmte Schranke, so nehmen wir an, daß der Nutzer kein (weiteres) Interesse an A hat, und A wird aus L_U entfernt.

Items, die als für den Nutzer bedeutend markiert sind, spielen hierbei eine besondere Rolle: Deren Nutzung findet außerhalb des Systems statt, so daß wir sie nicht beobachten können. Auf den Wert $value_U^{(t)}(A)$ dieser items A wird daher die Alterungsfunktion f_{age} nicht angewandt; $value_U^{(t)}(A)$ bleibt bei einmal exportierten items unverändert.

Die Nutzung eines items geht immer mit bestimmten Ereignissen einher. Wir werden daher von jetzt an die Nutzung eines items A gleichsetzen mit dem Auftreten von Ereignissen für dieses item.

Herleitung einer Alterungsfunktion Gemäß Annahmen 1 und 2 auf S. 46 muß eine sinnvolle Alterungsfunktion folgende Fragen berücksichtigen:

- Wie oft fordert der Nutzer das item an?

- Wie regelmäßig fordert der Nutzer das item an?

Wie häufig ein Nutzer U ein bestimmtes item A bis zum Zeitpunkt t angefordert hat, also $c_{item,U}^{(t)}(A)$, geht unmittelbar aus den statistischen Daten hervor, die wir jedesmal vermerken, wenn der Nutzer auf A zugreift (vgl. hierzu die Beschreibung des Verfahrens auf S. 71). Ebenso können wir aus diesen Daten berechnen, wie regelmäßig der Nutzer item A bis zum Zeitpunkt t angefordert hat — die empirische Varianz der Zeiten zwischen den einzelnen Zugriffen auf item A, $s_{item,U}^{2,(t)}(A)$, läßt sich problemlos aus der Zahl der bisherigen Zugriffe sowie den Zeitspannen zwischen den Zugriffen berechnen. Sowohl $c_{item,U}^{(t)}(A)$ als auch $s_{item,U}^{2,(t)}(A)$ bilden die Grundlage für eine prototypische Alterungsfunktion.

Da wir keine Aussagen darüber machen können, welche Werte $c_{item,U}^{(t)}(A)$ bzw. $s_{item,U}^{2,(t)}(A)$ bei einem bestimmten Nutzer annehmen können, ist es sinnvoll, beide Zahlen zu normieren. Wir definieren hierzu:

$$\hat{c}_{item,U}^{(t)}(A) \stackrel{\text{def}}{=} \frac{c_{item,U}^{(t)}(A)}{\max\left\{c_{item,U}^{(t)}(B) \mid B \in Items\right\}}$$

und analog

$$\hat{s}_{item,U}^{2,(t)}(A) \stackrel{\text{def}}{=} \frac{s_{item,U}^{2,(t)}(A)}{\max\left\{s_{item,U}^{2,(t)}(B) \mid B \in Items\right\}}$$

So ist sichergestellt, daß $\hat{c}_{item,U}^{(t)}(A)$ und $\hat{s}_{item,U}^{2,(t)}(A)$ immer in $[0;1]$ liegen. Dies ist für die weiteren Berechnungen vorteilhafter als der Umgang mit möglicherweise sehr großen Zahlen.

---

[21]Es ist sinnvoll, für die Veränderung von $value_U^{(t)}(A)$ obere und untere Schranken anzugeben, um zu große Schwankungen zu vermeiden. Beispielsweise könnte man Veränderungen von $value_U^{(t)}(A)$ von höchstens 10 % des gerade aktuellen Werts erlauben.

3.4. BESTIMMUNG DER DATEN DER NUTZERMODELLE

Wir betrachten nun, wie sich die Häufigkeiten und Varianzen der Nutzung in Alterungsperiode t zu den Häufigkeiten und Varianzen der Nutzung in Alterungsperiode $t-1$ verhalten. Für $value_U^{(t)}(A)$ streben wir folgendes Verhalten an:

- Falls item A in Alterungsperiode t häufiger genutzt wurde als in Alterungsperiode $t-1$, falls also $\hat{c}_{item,U}^{(t)}(A) > \hat{c}_{item,U}^{(t-1)}(A)$ bzw. $\frac{\hat{c}_{item,U}^{(t)}(A)}{\hat{c}_{item,U}^{(t-1)}(A)} > 1$:

$$value_U^{(t)}(A) > value_U^{(t-1)}(A).$$

- Falls item A in Alterungsperiode t nicht mehr so oft genutzt wurde wie in Alterungsperiode $t-1$, falls also $\hat{c}_{item,U}^{(t)}(A) < \hat{c}_{item,U}^{(t-1)}(A)$ oder anders geschrieben $\frac{\hat{c}_{item,U}^{(t)}(A)}{\hat{c}_{item,U}^{(t-1)}(A)} < 1$:

$$value_U^{(t)}(A) < value_U^{(t-1)}(A).$$

- Falls keine Veränderungen im Nutzungsverhalten von item A festgestellt werden, so lassen wir $value_U^{(t)}(A)$ unverändert:

$$value_U^{(t)}(A) = value_U^{(t-1)}(A).$$

Analoge Überlegungen können wir für $\hat{s}_{item,U}^{2,(t)}(A)$ und $\hat{s}_{item,U}^{2,(t-1)}(A)$ anstellen:

- Falls item A in der Zeit bis einschließlich Alterungsperiode t regelmäßiger genutzt wurde als in der Zeit bis einschließlich Alterungsperiode $t-1$, falls also $\hat{s}_{item,U}^{2,(t)}(A) < \hat{s}_{item,U}^{2,(t-1)}(A)$ bzw. $\frac{1-\hat{s}_{item,U}^{2,(t)}(A)}{1-\hat{s}_{item,U}^{2,(t-1)}(A)} > 1$:

$$value_U^{(t)}(A) > value_U^{(t-1)}(A).$$

- Falls item A in der Zeit bis einschließlich Alterungsperiode t nicht mehr so regelmäßig genutzt wurde wie in der Zeit bis einschließlich Alterungsperiode $t-1$, also $\hat{s}_{item,U}^{2,(t)}(A) > \hat{s}_{item,U}^{2,(t-1)}(A)$ bzw. $\frac{1-\hat{s}_{item,U}^{2,(t)}(A)}{1-\hat{s}_{item,U}^{2,(t-1)}(A)} < 1$:

$$value_U^{(t)}(A) < value_U^{(t-1)}(A).$$

- Falls keine Veränderungen im Nutzungsverhalten von item A festgestellt wurden, so lassen wir $value_U^{(t)}(A)$ unverändert:

$$value_U^{(t)}(A) = value_U^{(t-1)}(A).$$

Nun können wir eine Alterungsfunktion f_{age} definieren. Der Einfachheit halber soll f_{age} von item A eine lineare Funktion sein, also folgende Gestalt haben:

$$value_U^{(t)}(A) = f_{age}(A, value_U^{(t-1)}(A)) \stackrel{\text{def}}{=} a \cdot value_U^{(t-1)}(A).$$

a ist ein Faktor, der die Zu- bzw. Abnahme von $value_U^{(t)}(A)$ ermittelt. Wir wollen die Häufigkeiten und die Varianzen der Nutzung gleich stark gewichten und setzen eine Hilfsvariable $\tilde{a}$ auf

$$\tilde{a} \stackrel{def}{=} \frac{1}{2}\left(\frac{\hat{c}_{item,U}^{(t)}(A)}{\hat{c}_{item,U}^{(t-1)}(A)} + \frac{1-\hat{s}_{item,U}^{2,(t)}(A)}{1-\hat{s}_{item,U}^{2,(t-1)}(A)}\right).$$

Um zu starke Änderungen von $value_U^{(t)}(A)$ gegenüber $value_U^{(t-1)}(A)$ zu verhindern, führen wir einen Parameter $b \in [0;1]$ ein. Es sollen nur Änderungen von $value_U^{(t-1)}(A)$ von einem Faktor im Intervall $[1-b, 1+b]$ erlaubt sein. a darf damit nur Werte von $1-b$ bis $1+b$ annehmen. Nun können wir a definieren:

$$\begin{aligned} a &\stackrel{def}{=} \min\left(1+b, \max\left(1-b, \tilde{a}\right)\right) \\ &= \min\left(1+b, \max\left(1-b, \frac{1}{2}\left(\frac{\hat{c}_{item,U}^{(t)}(A)}{\hat{c}_{item,U}^{(t-1)}(A)} + \frac{1-\hat{s}_{item,U}^{2,(t)}(A)}{1-\hat{s}_{item,U}^{2,(t-1)}(A)}\right)\right)\right) \end{aligned}$$

Mit dem Parameter b können wir die maximal erlaubte Änderung festlegen. Wollen wir für $value_U^{(t)}(A)$ beispielsweise nur Änderungen im Bereich von maximal ±10% des Werts von $value_U^{(t-1)}(A)$ erlauben, so setzen wir $b = 0.10$.

Für f_{age} sind Verfeinerungen verschiedenster Art sind denkbar, beispielsweise:

- Neben der Häufigkeit und der Regelmäßigkeit Berücksichtigung weiterer Parameter, die das Abrufverhalten des Nutzers kennzeichnen.

- Verschiedene Gewichtung der Parameter.

Bestimmung der Abstände zwischen zwei Alterungsschritten Neben der Herleitung einer geeigneten Alterungsfunktion müssen wir uns überlegen, wann eine Alterung durchgeführt, wann also der Wert von $value_U^{(t)}(A)$ eines items A mittels der Alterungsfunktion f_{age} angepaßt werden soll. Grundsätzlich gibt es hier zwei Möglichkeiten:

- Regelmäßige Alterung alle Δt Zeiteinheiten oder

- Alterung zu entsprechend dem Nutzerverhalten angepaßten Zeitpunkten.

Üblicherweise schwankt die Nutzung von items über die Zeit stark: Der Nutzer ist auf Dienstreise und nutzt während dieser Zeit keine items, an den Wochenenden und während Urlauben sieht die Situation ähnlich aus. Diese Zeit der Abwesenheit des Nutzers darf nicht gleichgesetzt werden mit einem Desinteresse des Nutzers an bestimmten items. Daher darf diese Zeit nicht für die Alterung der items angerechnet werden.

Dies berücksichtigen wir, indem wir die items nicht regelmäßig alle Δt Zeiteinheiten altern lassen, sondern die Zeit zwischen zwei Alterungsschritten an die Intensität der Nutzung der items insgesamt anpassen: Zu Zeiten, in denen der Nutzer nicht oder nicht viel mit items arbeitet, soll zwischen zwei Alterungsschritten mehr Zeit vergehen als zu Zeiten, in denen der Nutzer viel mit items arbeitet. Das Alterungsintervall paßt sich der Intensität der Nutzung von items an. Angestrebt wird folgendes Verhalten:

- Die Nutzungshäufigkeit nimmt zu: Das Alterungsintervall verkürzt sich.

- Die Nutzungshäufigkeit nimmt ab: Das Alterungsintervall verlängert sich.

3.4. BESTIMMUNG DER DATEN DER NUTZERMODELLE

Ein Verfahren zur Anpassung des Alterungsintervalls muß folgenden Forderungen genügen:

Forderung 1 *Das Alterungsintervall soll auch auf kleine Änderungen im Nutzungsverhalten reagieren.*

Forderung 2 *Das Alterungsintervall darf nicht zu stark schwanken; langfristige Trends sollen stärker berücksichtigt werden als kurzfristige Entwicklungen.*

Beide Forderungen leiten sich unmittelbar aus Beobachtungen im realen Leben ab: Es gibt Tage, an denen die Nutzung von items stark verschieden ist im Vergleich zu den „durchschnittlichen" Tagen. Es ist wünschenswert, daß diese Schwankungen im Alterungsmechanismus berücksichtigt werden (Forderung 1), denn sie könnten Indikator für einen Trend sein. Würde das Alterungsintervall allerdings ohne „Dämpfung" angepaßt, würde es ständigen, unter Umständen recht starken Schwankungen unterliegen; jede möglicherweise zufällige Abweichung vom üblichen Nutzungsverhalten würde sich im Alterungsintervall deutlich niederschlagen.

Um die Einflüsse zufälliger, stark schwankender Nutzung — sei es aufgrund von technischen Problemen oder kurzfristigen Änderungen im Arbeitsablauf — auf das Alterungsintervall gering zu halten und trotzdem Trends zu berücksichtigen (Forderung 2), ist es sinnvoll, Beobachtungen hinsichtlich des Nutzungsvolumens von mehreren zurückliegenden Alterungsintervallen bei der Bestimmung des neuen Alterungsintervalls mit zu berücksichtigen. So können wir verhindern, daß kurzfristige „Nutzungsspitzen" zu stark in der Berechnung des neuen Alterungsintervalls berücksichtigt werden und so längerfristige Trends schwerer zu erkennen sind.

Wir müssen bei der Anpassung des Alterungsintervalls zum Zeitpunkt t also folgende Daten berücksichtigen:

- Anzahl der Zugriffe von Nutzer U auf alle items während der letzten, bereits abgeschlossenen n Alterungsperioden:

$$\vec{c}_{item,U}(\Sigma) = \left(c^{(t-n)}_{item,U}(\Sigma), \ldots, c^{(t)}_{item,U}(\Sigma) \right),$$

wobei $c^{(i)}_{item,U}(\Sigma)$ die Anzahl der Zugriffe von Nutzer U auf alle items in Alterungsperiode i ist[22].

- Dauer der aktuellen Alterungsperiode: $d^{(t)}_U$.

Die Dauer des nächstfolgenden Alterungsintervalls $d^{(t+1)}_U$ ist damit eine Funktion

$$d^{(t+1)}_U = f\left(\vec{c}_{item,U}(\Sigma), d^{(t)}_U \right).$$

Wir schlagen folgendes Verfahren vor, um $d^{(t+1)}_U$ zu bestimmen:

---

[22]Man beachte den Unterschied zwischen $c^{(t)}_{item,U}(A)$ und $c^{(i)}_{item,U}(\Sigma)$: $c^{(t)}_{item,U}(A)$ bezeichnet die Gesamtzahl der Zugriffe des Nutzers U auf *ein* item A bis einschließlich Zeitpunkt t (vgl. S. 77), während $c^{(i)}_{item,U}(\Sigma)$ die Zahl der Zugriffe des Nutzers U auf *alle* items ausschließlich während Alterungsperiode i meint.

Wir betrachten die Zugriffe auf items während der letzten n Alterungsperioden. Um Ausreißer zu eliminieren, ermitteln wir den Mittelwert $\bar{c}_{item,U}(\Sigma)$ der Zugriffe $c_{item,U}^{(t-n)}(\Sigma), \ldots, c_{item,U}^{(t)}(\Sigma)$ und ersetzen sowohl

$$\min\left\{c_{item,U}^{(t-n)}(\Sigma), \ldots, c_{item,U}^{(t)}(\Sigma)\right\}$$

als auch

$$\max\left\{c_{item,U}^{(t-n)}(\Sigma), \ldots, c_{item,U}^{(t)}(\Sigma)\right\}$$

durch $\bar{c}_{item,U}(\Sigma)$.

Im weiteren betrachten wir nun Wertepaare $\left(d_U^{(i)}, c_{item,U}^{(i)}(\Sigma)\right)$, also die Dauer der Alterungsperiode i, $d_U^{(i)}$, sowie die Anzahl der Zugriffe des Nutzers auf alle items während dieser Alterungsperiode, $c_{item,U}^{(i)}(\Sigma)$. Zu diesen Wertepaaren ermitteln wir die Regressionsgerade. Die Steigung a dieser Geraden dient uns als Maß dafür, wie die Dauer der neuen Alterungsperiode, $d_U^{(t+1)}$, verändert werden soll:

- Ist $a < 0$, nahm also die Zahl der Zugriffe auf items in den letzten n Alterungsperioden im Mittel ab, so verlängern wir die neue Alterungsperiode: $d_U^{(t+1)} > d_U^{(t)}$.

- Ist hingegen $a > 0$, wurde also in den letzten n Alterungsperioden im Mittel immer öfter auf items zugegriffen, so können wir die Alterungsperiode verkürzen: $d_U^{(t+1)} < d_U^{(t)}$.

- Für $a \approx 0$ müssen wir die Dauer der neuen Alterungsperiode nicht verändern: $d_U^{(t+1)} = d_U^{(t)}$.

Zu starke Änderungen von $d_U^{(t+1)}$ gegenüber $d_U^{(t)}$ verhindern wir, indem wir wieder nur Änderungen von maximal $b \cdot d_U^{(t)}, b \in [0;1]$, zulassen. Wir definieren $d_U^{(t+1)}$ also wie folgt:

$$d_U^{(t+1)} \stackrel{def}{=} \min\left((1+b) \cdot d_U^{(t)}, \max\left((1-b) \cdot d_U^{(t)}, \frac{1}{a} \cdot d_U^{(t)}\right)\right)$$

Mit dem Parameter b können wir steuern, wie deutlich $d_U^{(t+1)}$ bei Änderungen im Nutzerverhalten angepaßt wird. Je näher b bei 1 liegt, desto stärker sind die Anpassungen von $d_U^{(t+1)}$. Simulationen haben gezeigt, daß b sinnvollerweise in $[0,05; 0,15]$ liegen sollte.

Kennzahlen zur Einschätzung der subjektiven Bedeutung eines items

Das gerade beschriebene Verfahren zur Bestimmung der subjektiven Bedeutung eines items hat eine Schwäche: Es kann vorkommen, daß $value_U^{(t)}(A)$ bei items A im Laufe mehrerer Alterungsprozesse wieder den Wert $value_{start}$ annimmt. In diesem Fall sind diese items allein mit $value_U^{(t)}(A)$ nicht mehr von neu hinzugekommenen items B zu unterscheiden, für die (gemäß auf S. 71 beschriebenem Verfahren) ebenso $value_U^{(t)}(B) = value_{start}$ ist. Dies ist insofern problematisch, da wir die älteren items A, für die wieder $value_U^{(t)}(A) = value_{start}$ ist, als gesichert betrachten können, die neuen items B aber nicht. Die Wahrscheinlichkeit, daß die älteren items für den Nutzer eine Bedeutung haben, ist

3.4. BESTIMMUNG DER DATEN DER NUTZERMODELLE

recht groß, denn sonst wären sie bereits aus der Liste L_U aussortiert worden. Für die neu hinzukommenden items können wir hingegen noch keine Aussage machen. Um $value_U^{(t)}(A)$ besser einschätzen zu können, ist es in diesen Fällen nötig, weitere Kennzahlen für item A zu betrachten. Kandidaten für Kennzahlen wären:

- Das Alter von item A, also die Zeit, seit der A in der Liste L_U gespeichert ist.
- Die Häufigkeit der Nutzung (hit counts) von item A, also $c_{item,U}^{(t)}(A)$.

Für beide Eigenschaften führen wir Abbildungen auf den items ein.

Definition 15 (Relatives Alter eines items) *Sei $A \in Items$. Wir definieren das Relative Alter von A zum Zeitpunkt t, $age_U^{(t)}(A)$, wie folgt:*

$$age_U^{(t)} : Items \longrightarrow \mathbb{R}$$

$$age_U^{(t)}(A) \stackrel{def}{=} \frac{a_U^{(t)}(A)}{\max\left\{a_U^{(t)}(B) \mid B \in Items\right\}},$$

wobei $a_U^{(t)}(A)$ die Zeitspanne beginnend mit der Aufnahme von item A in Liste L_U bei Nutzer U bis einschließlich Zeitpunkt t ist. $age_U^{(t)}(A)$ liegt immer in $[0;1]$. □

Mit Hilfe von $age_U^{(t)}(A)$ können wir nun abschätzen, wie neu ein item A ist, und erhalten so einen Hinweis darauf, wie $value_U^{(t)}(A)$ zu bewerten ist: Bei einem niedrigen Wert von $age_U^{(t)}(A)$ wird der Wert von $value_U^{(t)}(A)$ weniger stark gewichtet, als wenn $age_U^{(t)}(A)$ einen hohen Wert hätte.

Definition 16 (Relative Nutzungshäufigkeit eines items) *Sei wieder $A \in Items$. Wir definieren die Relative Nutzungshäufigkeit von A durch Nutzer U zum Zeitpunkt t, $usage_U^{(t)}(A)$, wie folgt:*

$$usage_U^{(t)} : Items \longrightarrow \mathbb{R}$$

$$usage_U^{(t)}(A) \stackrel{def}{=} \frac{c_{item,U}^{(t)}(A)}{\max\left\{c_{item,U}^{(t)}(B) \mid B \in Items\right\}}$$

wobei $c_{item,U}^{(t)}(A)$ die Anzahl der Nutzungen von item A ist beginnend mit der Aufnahme von item A in Liste L_U bei Nutzer U bis einschließlich Zeitpunkt t. $usage_U^{(t)}(A)$ liegt immer in $[0;1]$. □

Im allgemeinen wird für ein item A $age_U^{(t)}(A)$ etwas aussagekräftiger sein als $usage_U^{(t)}(A)$. Wird beispielsweise item A innerhalb einer kurzen Zeitspanne sehr häufig genutzt, so wird $usage_U^{(t)}(A)$ nahe an 1 liegen. Dies ändert sich auch nicht, solange nicht ein anderes item B während seiner Zeit in Liste L_U insgesamt deutlich häufiger als A genutzt wird — unabhängig von der weiteren Nutzung von A. Im Extremfall könnte $usage_U^{(t)}(A) = 1$ sein, obwohl A seit längerer Zeit nicht mehr genutzt wurde.

Die Aussagekraft von $age_U^{(t)}(A)$ hängt im wesentlichen von der Wahl der Alterungsfunktion f_{age} (vgl. S. 71) ab, denn mittels f_{age} wird $value_U^{(t)}(A)$ angepaßt und $value_U^{(t)}(A)$ entscheidet über „Tod oder Leben" von item A. Allerdings wird f_{age} sinnvollerweise so gewählt werden, daß die items A, die dem Nutzer gemäß den Annahmen 1 und 2 wichtig sind, höhere Werte von $value_U^{(t)}(A)$ aufweisen als die übrigen items.

Ermittlung des Kontextes eines items

Wie in 3.3.2 beschrieben, müssen wir die Beziehungen zwischen items aus Sicht des Nutzers betrachten, um den Kontext eines items bestimmen zu können. Ebenso wie die subjektive Bedeutung von items ändert sich auch die Bedeutung von Beziehungen zwischen items — und damit der Kontext eines items — mit der Erfahrung und dem Wissen des Nutzers.

Vorstellung des Verfahrens Beziehungen, die der Nutzer zwischen items sieht, können aufgrund ihrer Subjektivität nur unter großen Schwierigkeiten ermittelt werden — wenn überhaupt. Daher schlagen wir folgendes Vorgehen vor:

Wird ein item B innerhalb einer geeignet zu definierenden Zeitspanne Δt nach einem item A benutzt, so nehmen wir *vorläufig* an, daß für Nutzer U zwischen A und B eine Beziehung besteht, fügen (A, B) zu $\mathcal{R}_U$ (vgl. S. 49) hinzu

$$\mathcal{R}_{U,\text{neu}} \stackrel{\text{def}}{=} \mathcal{R}_U \cup \{(A, B)\}$$

und setzen $dist^{(t)}_{item,U}(A, B)$ auf einen global definierten Startwert

$$dist^{(t)}_{item,U}(A, B) \stackrel{\text{def}}{=} dist_{\text{start}}.$$

In vielen Fällen wird die Nutzung von B nichts mit A zu tun haben, also (A, B) irrtümlich zu $\mathcal{R}_U$ hinzugenommen worden sein. Hat der Nutzer B nur zufällig nach A binnen Δt genutzt, so wird eine häufigere Nutzung von A zusammen mit B eher unwahrscheinlich und damit relativ selten zu beobachten sein. Mit jeder Nutzung von B nach einer Nutzung von A binnen einer Zeitspanne Δt hingegen steigt die Wahrscheinlichkeit, daß der Nutzer eine Beziehung zwischen A und B sieht.

Es genügt also zu beobachten, wie oft A und B binnen Zeitspanne Δt zusammen genutzt werden.

Angenommen, item B wurde gerade genutzt. Für item A unterscheiden wir zwei Fälle:

1. Item A wurde während Zeitspanne Δt nicht genutzt (Abbildung 3.6).

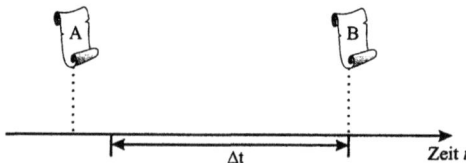

Abbildung 3.6: Keine Nutzung von item B während Zeitspanne Δt

Somit sinkt die Wahrscheinlichkeit, daß Nutzer U eine Beziehung zwischen A und B sieht. Dies vermerken wir, indem wir den Wert von $dist^{(t)}_{item,U}(A, B)$ um einen Wert Δ_1 erhöhen, also die „Entfernung" zwischen A und B vergrößern.

3.4. BESTIMMUNG DER DATEN DER NUTZERMODELLE

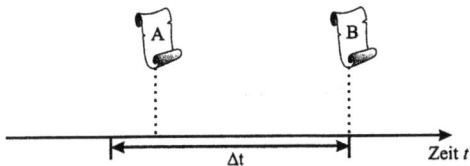

Abbildung 3.7: Nutzung von item B während Zeitspanne Δt

2. Item A wurde während Zeitspanne Δt mindestens einmal genutzt (Abbildung 3.7).
   Dies spricht für die Annahme, daß Nutzer U eine Beziehung zwischen A und B sieht. Wir vermerken dies, indem wir den Wert von $dist^{(t)}_{item,U}(A,B)$ um einen Wert Δ_2 erniedrigen, also A und B näher zusammenrücken lassen.

Werden A und B binnen Zeitspanne Δt selten genutzt, so wird die Entfernung zwischen A und B, $dist^{(t)}_{item,U}(A,B)$, immer größer. Überschreitet schließlich $dist^{(t)}_{item,U}(A,B)$ eine bestimmte Schranke, so wird (A,B) aus $\mathcal{R}_U$ entfernt.

3.4.4 Ermittlung des Kommunikationsverhaltens des Nutzers

Vorstellung des Verfahrens

Unser Ziel ist es, das Kommunikationsverhalten eines Nutzers U so zu erfassen, daß wir folgende Fragen beantworten können:

- Mit dem kommuniziert U?

- Welche Kommunikationsmittel werden hierzu verwendet?

- Wie bedeutsam ist die Kommunikation mit einem Kommunikationspartner P für Nutzer U?

Letztlich wollen wir ein Kommunikationsnetz aus Sicht von U aufbauen, das alle Kommunikationspartner $P \in Users \cup Places$ von U enthält. Kommunikationspartner können hier Nutzer, aber auch Orte sein. Eine Filterung der „wichtigen" Kommunikationsbeziehungen, beispielsweise durch Alterung, wie in 3.4.3 beschrieben, ist nun nicht sinnvoll, denn für die meisten Nutzer sind Kommunikationsbeziehungen nicht so stark von ihrem Wissen und der jeweiligen Aufgabe abhängig wie die Wahl der items; sie wechseln nicht so häufig und sind auch weit weniger zahlreich als die genutzten items. Für die meisten Nutzer bleiben sie daher auch ohne Filterung gut überschaubar. Außerdem können Kontakte zwischen Nutzern U und V, die bereits längere Zeit ruhen, Anknüpfungspunkte für eine erneute Kommunikation zwischen U und V bieten, so daß es sicher nicht schaden kann, auch momentan inaktive Kommunikationsbeziehungen erfaßt zu halten. Daher gehen wir folgendermaßen vor:

Wir beobachten, welche Ereignisse Nutzer U während seiner Kommunikation erzeugt. Die Ereignisse sind mit einer Angabe des verwendeten Kommunikationsmediums k und einem Identifikator des Kommunikationspartners P versehen. Je nach Kommunikationsklasse k des Kommunikationsmediums gehen wir unterschiedlich vor:

- Falls das Kommunikationsmedium k Element einer asynchronen Kommunikationsklasse ist, so definieren wir eine neue Sitzung $S_{U,k}$ und fügen ihr (P, k) hinzu. Damit ist $S_{U,k}$ abgeschlossen[23].

- Falls das Kommunikationsmedium k Element einer synchronen Kommunikationsklasse ist, so müssen wir die Art des Ereignisses betrachten:
  - Falls das Ereignis vom Typ „Ort betreten" ist, so erzeugen wir eine neue Sitzung $S_{U,k}$.
  - Falls das Ereignis vom Typ „Ort verlassen" ist, so betrachten wir die Sitzung $S_{U,k}$ als abgeschlossen.
  - Für jedes andere Ereignis bezogen auf Kommunikationspartner P mittels eines Kommunikationsmediums der Kommunikationsklasse k fügen wir ein Tupel (P, k) zu $S_{U,k}$ hinzu.

Ist eine Sitzung $S_{U,k}$ abgeschlossen, so integrieren wir sie in $\mathcal{M}_U^{(t)}$, die Relation, die das Kommunikationsverhalten von Nutzer U modelliert (vgl. Definition 11 auf S. 57). Hierzu prüfen wir für jedes Tupel $(P, k) \in S_{U,k}$, ob bereits $(P, k) \in \mathcal{M}_U^{(t)}$:

- Falls nein, so fügen wir ein neues Tupel (P, k) zu $\mathcal{M}_U^{(t)}$ hinzu:

$$\mathcal{M}_{U,neu}^{(t)} \stackrel{\text{def}}{=} \mathcal{M}_U^{(t)} \cup \{(P, k)\}$$

Des weiteren setzen wir

$$c_{comm,U}^{(t)}(P, k) \stackrel{\text{def}}{=} 1$$

und

$$s_{comm,U}^{2,(t)}(P, k) \stackrel{\text{def}}{=} 0.$$

- Falls ja, so aktualisieren wir nur $c_{comm,U}^{(t)}(P, k)$ und $s_{comm,U}^{2,(t)}(P, k)$.

Damit haben wir nun alles beisammen, um die in 3.3 hergeleiteten Nutzermodelle mit Leben zu füllen. Betrachten wir nun, wie wir Aspekte von Communities auf der Grundlage dieser Nutzermodelle formal beschreiben können.

3.5 Beschreibung von Communities mit views

3.5.1 Motivation

Der Rahmen $frame^{(t)}$, den wir in 3.3 hergeleitet haben, stellt kein Modell bereit, das Communities beschreiben könnte. Statt dessen legt er fest, auf welchen Daten und Strukturen formale Beschreibungen von Aspekten von Communities aufbauen sollen: Es wurde

---

[23]Wir erinnern uns: Sitzungen über asynchronen Kommunikationsmedien beinhalten genau einen Kommunikationsvorgang (V, k).

ein Nutzermodell definiert, das die Interessen bzw. das Wissen eines Nutzers sowie dessen Kommunikationsverhalten umfaßt.

Wie wir in 3.2.5 gesehen haben, ist es zur Zeit nicht möglich, ein allgemeines, sinnvoll nutzbares Modell von Communities zu definieren. Wir können uns allerdings einer Community nähern, indem wir gezielt bestimmte Aspekte der jeweiligen Community untersuchen, beispielsweise die Kommunikationsbeziehungen, die benutzten Kommunikationswerkzeuge, oder aber, welche Interessen besonders häufig beobachtet werden können. Wir betrachten also nicht die Community als Ganzes, sondern immer nur einzelne Bereiche, Teile eines Mosaiks, die in Kombination miteinander nicht notwendigerweise ein umfassendes, aber zumindest ein deutlicheres Bild der Community abgeben.

Weiterhin können wir Modellierungen von Aspekten nutzen, um bestimmte Eigenschaften von Nutzern als *definierend* für eine Community festzulegen, beispielsweise ihre Interessen, ihre Wohnorte, etc. Wir können dann anhand der Daten in den Nutzermodellen alle Nutzer ermitteln, die ähnlich bezüglich dieser Eigenschaften sind und daher potentiell eine Community bezüglich dieser Eigenschaften bilden könnten. So können wir Communities identifizieren, kleinere disjunkte Communities zu umfassenderen Communities zusammenschließen, kurz: die Community-Formierung gezielt unterstützen.

Wir werden im folgenden klären, wie wir Aspekte einer Community beschreiben und herleiten können und auf welche Weise wir die verschiedenen Aspekte einer Community kombinieren können.

3.5.2 Views und Services

Views: Definition und Bedeutung

Der konzeptuelle Rahmen $frame^{(t)}$ (vgl. S. 59) bietet keinerlei Struktur, die wir unmittelbar nutzen können, um die Analyse und die Formierung von Communities zu unterstützen; er umfaßt lediglich eine Menge von Nutzermodellen. Wollen wir Communities identifizieren oder bestimmte Aspekte von Communities beschreiben, so müssen wir die Daten, die in den Nutzermodellen enthalten sind, geeignet analysieren, filtern, kombinieren und strukturieren. Das Ergebnis dieser Verarbeitungsschritte wollen wir einen *view* nennen:

Definition 17 (View) *Ein view ist ein Modell eines Aspekts, einer bestimmten, zu untersuchenden Eigenschaft einer Community. Die Menge aller views bezeichnen wir mit Views.* □

Struktur und Semantik von Views

Views können verschiedenste Form haben: Ein view kann ein Nutzermodell sein, beispielsweise die Beschreibung des Nutzers, der bezüglich seiner Interessen einem anderen Nutzer am nächsten steht, aber auch ein einzelnes item oder ein Graph. Die Struktur eines views ist essentiell, wenn wir die Elemente eines views betrachten wollen, denn nur bei Kenntnis der Struktur des views können wir gezielt auf dessen Elemente zugreifen.

Die Struktur von views beschreiben wir mit *Typen*. Wir unterscheiden Grundtypen und Container-Typen. Container-Typen können Grundtypen und Container-Typen beinhalten.

Views bauen grundsätzlich auf den Grundtypen Zahl, Nutzer, item und Ort auf. Um einen bestimmten Aspekt einer Community repräsentieren zu können, beispielsweise die

Menge aller items, die die Interessen der Community-Mitglieder möglichst treffend charakterisieren, reichen diese Grundtypen meist nicht aus; es sind reichhaltiger strukturierte Typen nötig. Diese schaffen wir durch eine Zusammenfassung der Grundtypen mittels Container-Typen wie Listen, Mengen und Tupeln zu höher strukturierten Typen. Die mögliche Struktur der so entstehenden Typen können wir induktiv wie folgt beschreiben:

- $t \in Users$ ist ein zulässiger Typ.

- $t \in Places$ ist ein zulässiger Typ.

- $t \in Items$ ist ein zulässiger Typ.

- $t \in \mathrm{I\!R}_0^+$ ist ein zulässiger Typ.

- Sei t ein zulässiger Typ. Dann ist auch $set(t)$ ein zulässiger Typ. $set(t)$ bezeichne eine ungeordnete Menge mit paarweise verschiedenen Elementen des Typs t.

- Sei t ein zulässiger Typ. Dann ist auch $list(t)$ ein zulässiger Typ. $list(t)$ bezeichne eine geordnete Liste mit paarweise verschiedenen Elementen des Typs t.

- Seien $t_1, t_2, \ldots, t_n$ zulässige Typen. Dann ist auch $tuple(t_1, t_2, \ldots, t_n)$ ein zulässiger Typ. $tuple(t_1, t_2, \ldots, t_n)$ bezeichne ein Tupel mit Elementen der Typen $t_1, t_2, \ldots, t_n$.

Die Unterscheidung zwischen Typen und views ist essentiell: Typen legen lediglich die *Repräsentation*, die *Struktur* eines views fest, nicht hingegen dessen Bedeutung.

Beispiel:

$set(item)$ ist eine Menge von items. Damit könnte der Kontext eines items beschrieben sein, aber ebenso eine Menge von items, die alle das Thema „CSCW" zum Inhalt haben. $set(item)$ könnte damit zwei völlig verschiedene views beschreiben.

Nicht jeder Typ ist automatisch ein view. Umgekehrt hat aber sehr wohl jeder view einen bestimmten Typ. Damit wir einen zulässigen Typ als einen view bezeichnen können, müssen wir noch die Semantik des Typs festlegen. Wir können dann einen view folgendermaßen beschreiben:

$$view = Typ + Semantik$$

Um die Semantik eines Typs festzulegen, benennen wir den Typ entsprechend. Tabelle 3.4 nennt einige Beispiele.

Wir können zwei verschiedene Hierarchien unterscheiden: Eine Komponentenhierarchie und eine Spezialisierungshierarchie. Die Komponentenhierarchie beschreibt, aus welchen Typen ein komplexer Typ oder ein view aufgebaut ist, ähnlich einem Operatorbaum für Terme. Zwischen den einzelnen Typen und/oder views bestehen Beziehungen *contains* und *instance_of*. Abbildung 3.8 zeigt als Beispiel die Komponentenhierarchie für den in Tabelle 3.4 genannten view *buddylist*. Wir nutzen die Komponentenhierarchie eines Typs immer dann, wenn wir auf einzelne Elemente eines Typs zugreifen wollen.

Die Spezialisierungshierarchie beschreibt Spezialisierungsbeziehungen zwischen Typen und/oder views. Zwischen den Typen oder views bestehen *is_a*-Beziehungen. Derzeit ist die in Abbildung 3.9 dargestellte (sehr einfache) Spezialisierungshierarchie implementiert. Die Spezialisierungshierarchie benötigen wir um festzustellen, ob ein Typ Obertyp eines anderen Typs ist.

3.5. BESCHREIBUNG VON COMMUNITIES MIT VIEWS

Name	Typ	Bedeutung
context	$set(item)$	Die Menge aller der items, die ein Nutzer mit einem gegebenen item in Verbindung sieht.
hotlist	$set(item)$	Die für einen Nutzer interessantesten n items.
buddylist	$set(tuple(user, d))$	Menge der Nutzer, von denen ein Nutzer bezüglich seiner Interessen eine Entfernung von maximal $d \in \mathrm{IR}_0^+$ hat.

Tabelle 3.4: Views, ihre Typen und ihre Bedeutung

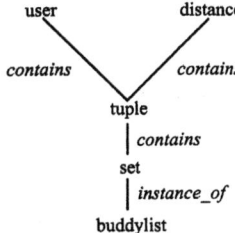

Abbildung 3.8: Komponentenhierarchie des views *buddylist*

Implementierung und Verknüpfung von views

Die Implementierung eines views erfolgt durch einen *service*. Der service übernimmt alle Schritte, die nötig sind, um aus den Daten, die die Nutzermodelle bereitstellen, einen Aspekt der betrachteten Community herauszuarbeiten.

Definition 18 (Service) *Ein service s ist die Implementierung eines views. s realisiert eine Abbildung*

$$s : (frame^{(t)} \cup Views)^n \longrightarrow Views$$

□

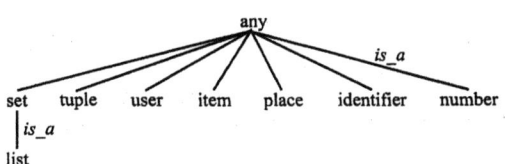

Abbildung 3.9: Spezialisierungshierarchie zwischen Typen

Die Beziehung zwischen views und services läßt sich am Beispiel einer relationalen Datenbank veranschaulichen: SQL-Views sind dynamisch aus SQL-Anweisungen erzeugte Tabellen. Die Aspekte von Communities modellierenden views entsprechen den SQL-Views, die services entsprechen den SQL-Anweisungen, die die SQL-Views aufbauen.

Ein service s zur Herleitung eines views v muß nicht unmittelbar auf den Daten des konzeptuellen Rahmens $frame^{(t)}$ arbeiten, sondern kann zusätzlich auch auf den Ergebnissen anderer services (den views) aufbauen: Seien etwa $v_1, v_2, \ldots v_n$ views, die durch services $s_1, s_2, \ldots s_n$ realisiert werden, also $v_i = s_i(U_i)$, wobei $U_i \subseteq (frame^{(t)} \cup Views)^m$ und $i = 1, 2, \ldots, n$. Sei weiterhin v ein view, der auf $v_1, v_2, \ldots v_n$ aufbaut, also

$$v = s(v_1, v_2, \ldots, v_n).$$

View v können wir dann verstehen als das Ergebnis einer Hintereinanderschaltung der Abbildungen s und $s_i, i = 1, 2, \ldots n$:

$$v = s(s_1(U_1), s_2(U_2), \ldots, s_n(U_n)),$$

wobei wieder $U_i \subseteq (frame^{(t)} \cup Views)^m$. So entsteht durch die Definition von aufeinander aufbauenden views ein Geflecht von services; komplexe views können aus einfacheren views aufgebaut werden.

Dynamik von views

Views bauen direkt oder indirekt auf den Daten des Rahmens $frame^{(t)}$, der die Nutzermodelle enthält, auf. Ändern sich nun die Daten von $frame^{(t)}$ aufgrund von Nutzeraktionen oder zeitlichen Bedingungen, so führt dies automatisch zu Änderungen in den views, die auf den geänderten Daten aufbauen. Somit ändern sich auch views mit der Zeit.

3.6 Modellierung von Community-Aspekten

3.6.1 Views zur Modellierung potentieller Communities

Den Schritt von einer Menge einzelner Nutzer, wie sie der in Definition 14 genannte Rahmen $frame^{(t)}$ liefert, hin zu einer Community können wir auf zwei verschiedene Weisen gehen: Wir können von den Interessen eines bestimmten Nutzers ausgehen und dann gezielt nach anderen Nutzern suchen, die (möglichst) ähnliche Interessen haben, oder wir betrachten die Kommunikationsbeziehungen, an denen ein ausgewählter Nutzer direkt oder indirekt beteiligt ist.

Beide Vorgehensweisen liefern Mengen von Nutzern, die nicht notwendigerweise eine Community bilden müssen. Eine Menge von Nutzern, die alle ähnliche Interessen haben, müssen nicht notwendigerweise auch miteinander ihr Wissen kommunizieren oder in Kontakt miteinander stehen. Ebensowenig müssen Nutzer, die miteinander kommunizieren, gemeinsame Interessen oder Ziele verfolgen oder ein gemeinsames Interesse als Thema der Kommunikation haben. Beide Vorgehensweisen zeigen aber Möglichkeiten auf, die in Kombination hilfreich bei Aufbau, Identifikation und Analyse von Communities sein können.

Im folgenden werden wir zwei views herleiten, die Modelle der gerade betrachteten Vorgehensweisen implementieren: Der erste view identifiziert Netzwerke von Nutzern mit ähnlichen Interessen. Der zweite view bildet das Kommunikationsverhalten der Nutzer

3.6. MODELLIERUNG VON COMMUNITY-ASPEKTEN

auf einen Kommunikationsgraphen ab. Beide views arbeiten unmittelbar auf der in Definition 14 hergeleiteten Menge $frame^{(t)}$ von Nutzerprofilen und dienen als Grundlage für verschiedene weitere views, die wir in den nächsten Abschnitten herleiten werden.

Bindung zwischen Nutzern aufgrund gemeinsamen Wissens oder gemeinsamer Interessen

Die Konzepte der subjektiven Bedeutung und der Kontexte von items erlauben es uns, Nutzer anhand ihrer persönlichen Sichtweisen und Interessen zu vergleichen und eine Abstandsfunktion als Maß der Nähe zwischen ihnen einzuführen. Wir stützen uns hierbei ab auf das auf S. 53 definierte relevante Nutzerwissen und auf die auf S. 87 definierte Abstandsfunktion zwischen Kontexten.

Wir werden in drei Schritten vorgehen: Zuerst definieren wir ein Maß, das uns Schlüsse darauf erlaubt, wie verschieden die Bedeutung eines items für zwei Nutzer ist. Im zweiten Schritt werden wir dieses Maß nutzen, um eine Abstandsfunktion zwischen zwei Nutzern zu definieren, die auf den persönlichen Sichtweisen der Nutzer auf die genutzten items basiert. Im dritten Schritt bauen wir dann auf der Grundlage dieses Maßes ein Netzwerk zwischen Nutzern entsprechend ihrer Interessen auf.

Schritt 1: Subjektive Distanz der Sichtweisen zweier Nutzer auf ein item Um eine Aussage darüber treffen zu können, wie unterschiedlich die Bedeutung von item A für zwei Nutzer U und V ist, müssen wir zwei Problemkreise betrachten:

- Welche subjektive Bedeutung hat item A für Nutzer U bzw. Nutzer V? Wie groß ist also die Differenz der subjektiven Bedeutungen von item A für Nutzer U und Nutzer V zum gegebenen Zeitpunkt t?

- Wie ähnlich sind die Kontexte von item A bezüglich Nutzer U und Nutzer V zum gegebenen Zeitpunkt t?

Die Differenz der subjektiven Bedeutungen können wir bereits jetzt bestimmen. Was uns noch fehlt, ist ein Maß für die Ähnlichkeit der Kontexte eines items aus der Sicht zweier Nutzer. So ein Maß leiten wir nun her.

Distanz zwischen zwei Kontexten eines items Wir betrachten im folgenden ein item A mit den Kontexten $C_U^{(t)}(A)$ und $C_V^{(t)}(A)$. $C_U^{(t)}(A)$ ist der Kontext, den ein Nutzer U zu item A sieht, $C_V^{(t)}(A)$ analog für Nutzer V. Wir wollen nun ein Maß für die Ähnlichkeit von Kontexten $C_U^{(t)}(A)$ und $C_V^{(t)}(A)$ eines items A zum Zeitpunkt t, $dist_{context}^{(t)}(C_U^{(t)}(A), C_V^{(t)}(A))$, definieren.

Es bietet sich an, $dist_{context}^{(t)}(C_U^{(t)}(A), C_V^{(t)}(A))$ auf den subjektiven Distanzen eines jeden items in den Kontexten von A zum „zentralen" item A aus Sicht der beiden Nutzer U und V zu betrachten.

Betrachten wir nun die Menge aller der items, die in beiden Kontexten vorkommen. Für jedes dieser items B können wir zwei subjektive Distanzen von A zu B betrachten — einmal $dist_{item,U}^{(t)}(A, B)$ in Kontext $C_U^{(t)}(A)$ aus Sicht von Nutzer U, einmal $dist_{item,V}^{(t)}(A, B)$ in Kontext $C_V^{(t)}(A)$ aus Sicht von Nutzer V — und die Differenz dieser beiden subjektiven Distanzen errechnen.

Diese Differenz von einem item A zu einem item B in den Kontexten von A können wir nur bestimmen, wenn B in beiden Kontexten auftaucht. Wie aber gehen wir mit items um, die in nur einem der beiden Kontexte vorkommen, also bei items B mit $B \notin C_U^{(t)}(A) \cap C_V^{(t)}(A)$?

Betrachten wir hierzu den Fall, daß der Kontext von item A bei Nutzer V den gesamten Kontext von item A bei Nutzer U umfaßt und sogar deutlich größer ist, also $C_U^{(t)}(A) \subset C_V^{(t)}(A)$ (Abbildung 3.10). Dies können wir folgendermaßen interpretieren:

> Nutzer V sieht item A aus mehreren Perspektiven — unter anderem auch aus der Perspektive, aus der Nutzer U item A wahrnimmt. Aus der Sicht von U bestehen damit bezüglich item A große Ähnlichkeiten.
>
> Aus der Sicht von V sieht dies jedoch anders aus: Verglichen mit V betrachtet U item A nur aus einem eingeschränkten Blickwinkel; für U sind viele Aspekte von A nicht interessant oder noch unbekannt, die für V von Bedeutung sind (items in $C_V^{(t)}(A) \setminus C_U^{(t)}(A)$). Somit sieht V zwischen sich und Nutzer U bezüglich A zwar sehr wohl Gemeinsamkeiten, aber nicht notwendigerweise eine so große Ähnlichkeit, wie sie U zwischen sich und V wahrnimmt.

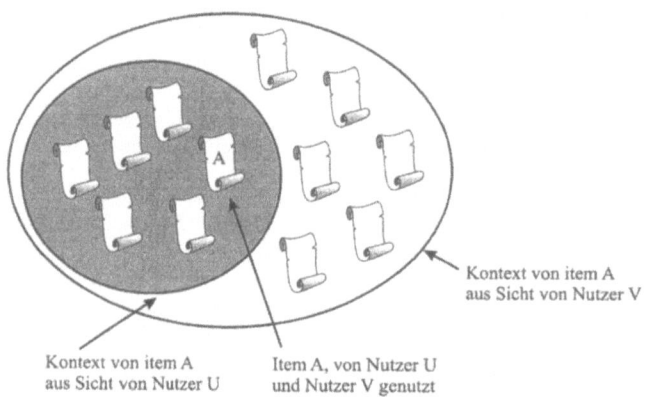

Abbildung 3.10: Überlappende Kontexte

Diese Interpretation legt nahe, daß wir $dist_{context}^{(t)}(C_U^{(t)}(A), C_V^{(t)}(A))$ nicht unabhängig vom jeweiligen Nutzer definieren können. Wir müssen angeben, aus welcher Sicht wir $dist_{context}^{(t)}(C_U^{(t)}(A), C_V^{(t)}(A))$ betrachten. Entscheidend ist, wie gut der Kontext des jeweiligen „Vergleichspartners" den eigenen Kontext abdeckt. Hierzu betrachten wir nun ausgehend von Nutzer U zwei Mengen von items:

- Die Menge M aller items, die bei beiden betrachteten Nutzern im Kontext eines items A liegen:

$$M \stackrel{\text{def}}{=} C_U^{(t)}(A) \cap C_V^{(t)}(A).$$

M beinhaltet alle die items, die nach Meinung beider Nutzer mit A zu tun haben.

- Die Menge $\hat{M}$ aller items, die zwar bei Nutzer U im Kontext von item A liegen, nicht aber bei Nutzer V:
$$\hat{M} \stackrel{\text{def}}{=} C_U^{(t)}(A) \setminus C_V^{(t)}(A).$$

$\hat{M}$ beinhaltet alle die items, die zwar aus der Sicht von U mit item A zu tun haben, nicht aber aus der Sicht von V. Diese items „fehlen" V aus Sicht von U.

Es ist klar, daß $C_U^{(t)}(A)$ in M und $\hat{M}$ zerfällt. Mit Hilfe von M und $\hat{M}$ können wir nun $dist_{context}^{(t)}(C_U^{(t)}(A), C_V^{(t)}(A))$ definieren:

Definition 19 (Distanz zweier Kontexte) *Seien U und V zwei Nutzer und A ein von beiden genutztes item. Seien weiterhin M und $\hat{M}$ wie oben definiert. Dann ist*

$$dist_{context}^{(t)}(C_U^{(t)}(A), C_V^{(t)}(A)) \stackrel{\text{def}}{=} \frac{\sum_{B \in M} \left| dist_{item,U}^{(t)}(A,B) - dist_{item,V}^{(t)}(A,B) \right|}{|M| + |\hat{M}|}$$
$$+ \frac{|\hat{M}| \cdot dist_{max}}{|M| + |\hat{M}|}$$

die Distanz der Kontexte $C_U^{(t)}(A)$ und $C_V^{(t)}(A)$ aus Sicht von Nutzer U.

Analog ist $dist_{context}^{(t)}(C_V^{(t)}(A), C_U^{(t)}(A))$ definiert. Hierbei ist dann entsprechend $\hat{M} \stackrel{\text{def}}{=} C_V^{(t)}(A) \setminus C_U^{(t)}(A)$ zu setzen (vertauschte Rollen von U und V im Vergleich zur Definition von $\hat{M}$ oben). □

Man beachte, daß $dist_{context}$ keine Metrik ist, da im allgemeinen gilt:

$$dist_{context}^{(t)}(C_U^{(t)}(A), C_V^{(t)}(A)) \neq dist_{context}^{(t)}(C_V^{(t)}(A), C_U^{(t)}(A))$$

Es liegt also keine Symmetrie vor. Dies liegt an der Definition von Menge $\hat{M}$, bei der wir berücksichtigen, von welchem Nutzer aus wir den Kontextvergleich vornehmen.

Ebenso ist $dist_{context}$ nicht transitiv, da die Mengen M und $\hat{M}$ von Nutzerpaar zu Nutzerpaar unterschiedlich definiert sind.

Abstand zwischen zwei Nutzern basierend auf den genutzten items Nun können wir eine Abstandsfunktion zweier Nutzer U und V bezogen auf ein item A definieren. Entsprechend den auf S. 85 genannten Problemkreisen enthält die Abstandsfunktion folgende zwei Komponenten:

- Die Differenz der subjektiven Bedeutungen von item A für Nutzer U und Nutzer U zum Zeitpunkt t:
$$\left| value_U^{(t)}(A) - value_V^{(t)}(A) \right|$$

- Ein Maß für die Ähnlichkeit der Kontexte von item A aus Sicht von Nutzer U und aus Sicht von Nutzer V zum Zeitpunkt t:
$$dist_{context}^{(t)}(C_U^{(t)}(A), C_V^{(t)}(A))$$

Damit können wir ein Maß für die verschiedenen Sichtweisen auf ein item folgendermaßen definieren:

Definition 20 (Subjektive Distanz zweier Nutzer bzgl. eines items)
Seien U und V zwei Nutzer. Wir definieren die subjektive Distanz der Nutzer U und V aus Sicht von Nutzer U bezüglich item A zum Zeitpunkt t als

$$dist^{(t)}_{user,A}(U,V) \stackrel{\text{def}}{=} w_1 \cdot \left| value^{(t)}_U(A) - value^{(t)}_V(A) \right|$$
$$+ w_2 \cdot dist^{(t)}_{context}(\mathcal{C}^{(t)}_U(A), \mathcal{C}^{(t)}_V(A)),$$

wobei w_1 und w_2 zwei Gewichte sind mit $w_1 + w_2 = 1$. □

Auch $dist_{user,A}$ ist weder symmetrisch noch transitiv. Dies liegt daran, daß $dist_{context}$ weder symmetrisch noch transitiv ist.

Mit $dist^{(t)}_{user,A}(U,V)$ haben wir nun ein Instrument in der Hand, mit dem wir abschätzen können, wie ähnlich die Perspektiven zweier Nutzer U und V auf ein und dasselbe item A ist. Mit den Gewichten w_1 und w_2 können wir darüber hinaus steuern, wie stark der Einfluß der Kontextinformation gegenüber den impliziten Bewertungen („implicit ratings"), realisiert durch $value^{(t)}_U(A)$ bzw. $value^{(t)}_V(A)$, sein soll. Es ist somit möglich, je nach Anwendung die Kontextinformation mal stärker, mal schwächer in weitergehende Analysen einfließen zu lassen, ja durch Setzen von $w_2 = 0$ die Kontextinformation gänzlich zu vernachlässigen.

Schritt 2: Maß für die Nähe zweier Nutzer bzgl. ihrer Interessen Aufbauend auf der in Schritt 1 definierten Abstandsfunktion zwischen zwei Nutzern bezüglich eines items wollen wir nun eine Abstandsfunktion zwischen zwei Nutzern U und V bezüglich der items definieren, die die Nutzer für wichtig halten. Hierzu berücksichtigen wir nicht alle items, die U und V jemals genutzt haben, sondern nur die items $A \in knowledge^{(t)}_U \cup knowledge^{(t)}_V$ (siehe hierzu Definition 7 auf S. 53). So können wir unwichtige und nur selten genutzte items gezielt ausfiltern.

Ähnlich wie bei der Herleitung eines Abstandes zwischen Kontexten (siehe S. 86) ist es auch hier sinnvoll, von einem Nutzer auszugehen und dann zwei Hilfsmengen von items, M und $\hat{M}$, zu definieren:

- Die Menge M aller items, die beide Nutzer, U und V, für wichtig halten.

$$M \stackrel{\text{def}}{=} knowledge^{(t)}_U \cap knowledge^{(t)}_V.$$

- Die Menge $\hat{M}$ aller items, die zwar für Nutzer U von Bedeutung sind, nicht hingegen für Nutzer V:

$$\hat{M} \stackrel{\text{def}}{=} knowledge^{(t)}_U \setminus knowledge^{(t)}_V.$$

Die items $A \in \hat{M}$ sind Repräsentaten für potentielle Differenzen in den Interessen von U und V. Je größer $|\hat{M}|$ im Vergleich zu $|M|$ ist, desto größer ist die Wahrscheinlichkeit, daß U und V verschiedene Interessens- und Wissensgebiete haben. Dies geht unmittelbar ein in die Definition der Abstandsfunktion zwischen Nutzer U und Nutzer V. Wir definieren:

3.6. MODELLIERUNG VON COMMUNITY-ASPEKTEN

Definition 21 (Subjektive Distanz zweier Nutzer) *Seien U und V zwei Nutzer. Die subjektive Distanz zweier Nutzer U und V aus Sicht von Nutzer U zum Zeitpunkt t ist definiert als*

$$dist^{(t)}_{user}(U,V) \stackrel{def}{=} \frac{\sum_{A \in M} dist^{(t)}_{user,A}(U,V) + |\hat{M}| dist_{max}}{|M| + |\hat{M}|},$$

wobei wieder M und $\hat{M}$ wie oben definiert sind.

Analog ist $dist^{(t)}_{user}(V,U)$ definiert; die Definition von $\hat{M}$ muß entsprechend angepaßt werden zu $\hat{M} \stackrel{def}{=} knowledge^{(t)}_V \setminus knowledge^{(t)}_U$ (vertauschte Rollen von U und V). □

Ebenso wie $dist_{context}$ ist auch $dist_{user}$ keine Metrik, da keine Symmetrie vorliegt. Auch ist $dist_{user}$ nicht transitiv, da M und $\hat{M}$ für die meisten Nutzerpaare unterschiedlich sind.

Schritt 3: Aufbau eines Netzwerks zwischen Nutzern basierend auf ihren Interessen Die Abstandsfunktion $dist_{user}$ können wir nun nutzen, um zu modellieren, welche Nutzer ähnliche Interessen haben und wie ähnlich die Interessen sind. Als Ergebnis erhalten wir einen Graph, in dem Nutzer mit ähnlichen Interessen durch Kanten verbunden sind. Diesen Graph nennen wir *Interessensnetzwerk*. Zur formalen Modellierung eines Interessensnetzwerks definieren wir:

Definition 22 (Interessensnetzwerk, vorläufige Definition) *Seien U und V zwei Nutzer. Wir definieren ein* Interessensnetzwerk, *das zum Zeitpunkt t besteht, als eine Relation $\mathcal{I}^{(t)} \subseteq User \times User$ mit*

$$(U,V) \in \mathcal{I}^{(t)} \stackrel{def}{\Longleftrightarrow} dist^{(t)}_{user}(U,V) < dist_{max}.$$

□

Die von der jeweiligen Anwendung abhängige Konstante $dist_{max}$ wurde eingeführt, um auch mit Distanzen rechnen zu können, die aussagen, daß zwischen den betrachteten Einheiten (items, Nutzer, Kontexte, etc.) genaugenommen keine Beziehung besteht[24]. Definieren wir $\mathcal{I}^{(t)}$ wie oben, so werden alle Nutzerpaare (U,V), zwischen denen auch eine noch so kleine Gemeinsamkeit vermutet wird, zu $\mathcal{I}^{(t)}$ hinzugenommen. Dies ist aus folgenden Gründen nicht sinnvoll:

- Anhand der in dieser Arbeit beschriebenen Verfahren können wir nicht *wissen*, welches Wissen und welche Interessen die Nutzer haben. Wir können nur darauf *schließen*. Es besteht also die durchaus reale Möglichkeit, daß die Verfahren fälschlicherweise eine Nähe zwischen Nutzern annehmen, die in der Realität nicht existiert.

- Selbst unter der (unrealistischen) Annahme, daß die Verfahren alle subjektiven Distanzen zwischen den Nutzern korrekt ermitteln, sind wir üblicherweise nur an den Nutzern interessiert, die eine „ausreichend starke" Ähnlichkeit in ihren Interessen oder ihrem Wissen haben.

Daher werden wir Definition 22 so modifizieren, daß nur Paare von Nutzern in das Interessensnetzwerk $\mathcal{I}^{(t)}$ aufgenommen werden, deren Ähnlichkeit hinsichtlich ihrer Interessen bzw. ihres Wissens

---

[24]Formal korrekt könnte man $dist_{max} \stackrel{def}{=} \infty$ setzen, aber dann könnten wir nicht mehr vernünftig mit $dist_{max}$ rechnen.

- als wahrscheinlich angenommen werden kann und

- für uns von praktischem Interesse ist.

Wir verfeinern Definition 22 nun geeignet:

Definition 23 (Interessensnetzwerk, endgültige Definition) *Seien U und V zwei Nutzer. Ein Interessensnetzwerk, das zum Zeitpunkt t besteht, ist eine Relation $\mathcal{I}^{(t)} \subseteq User \times User$ mit*

$$(U,V) \in \mathcal{I}^{(t)} \stackrel{\text{def.}}{\Longleftrightarrow} dist^{(t)}_{user}(U,V) < d,$$

wobei $d \leq dist_{max}$ je nach Anwendung geeignet zu wählen ist. □

Interaktion zwischen Nutzern in der Community

Modellierung der Kommunikationsstruktur Bezüglich der Modellierung der Kommunikation nehmen Orte die gleiche Rolle wie andere Nutzer ein: Nutzer können Nachrichten an Orte sowie an andere Nutzer schicken und Nachrichten empfangen, die von Orten oder anderen Nutzern geschickt wurden.

Bei der Modellierung des Kommunikationsverhaltens sind wir im wesentlichen an folgenden Fragen interessiert:

- Wer kommuniziert mit wem?

- Welche Kommunikationsmedien werden dabei verwendet?

- Wie oft und wie regelmäßig findet eine Kommunikation mit den einzelnen Kommunikationspartnern unter Verwendung bestimmter Kommunikationsmedien statt?

Wir modellieren nun die Struktur der Kommunikation, also wer mit wem (bzw. welchem Ort) über welche Kommunikationsmedien Informationen austauscht. Dies definieren wir in einem Kommunikationsnetzwerk:

Definition 24 (Kommunikationsnetzwerk) *Seien $Users$ die Menge der Nutzer, $Places$ die Menge der Orte und $\mathcal{K}$ der Kommunikationsraum. Seien weiterhin $U, V \in Users$ zwei Nutzer, $P \in Places$ ein Ort und $k \in \mathcal{K}$ eine Kommunikationsklasse. Ein Kommunikationsnetzwerk zwischen Nutzern $Users$ und Orten $Places$ im Kommunikationsraum $\mathcal{K}$ zum Zeitpunkt t ist eine Relation*

$$\mathcal{M}^{(t)} \subseteq (Users \cup Places) \times (Users \cup Places) \times \mathcal{K}$$

mit folgenden Elementen:

$(U,V,k) \in \mathcal{M}^{(t)} \stackrel{\text{def.}}{\Longleftrightarrow} (V,k) \in \mathcal{M}^{(t)}_U$
$\stackrel{\text{Def.11}}{\Longleftrightarrow}$ „*U kommuniziert mit V mittels eines Kommunikationsmediums der Kommunikationsklasse k*"

$(U,P,k) \in \mathcal{M}^{(t)} \stackrel{\text{def.}}{\Longleftrightarrow} (P,k) \in \mathcal{M}^{(t)}_U$
$\stackrel{\text{Def.11}}{\Longleftrightarrow}$ „*U sendet Informationen an P mittels eines Kommunikationsmediums der Kommunikationsklasse k*"

3.6. MODELLIERUNG VON COMMUNITY-ASPEKTEN

$(P, V, k) \in \mathcal{M}^{(t)} \overset{\text{def}}{\underset{\text{Def.11}}{\Longleftrightarrow}} (V, k) \in \mathcal{M}_P^{(t)}$

„V bezieht Informationen von P mittels eines Kommunikationsmediums der Kommunikationsklasse k"

wobei $\mathcal{M}_U^{(t)}$ die Kommunikation ausgehend von Nutzer U bis einschließlich Zeitpunkt t modelliert (vgl. Definition 11 auf S. 57). □

$\mathcal{M}^{(t)}$ ist damit ein Schnappschuß der Kommunikationsbeziehungen zwischen Nutzern und Orten bis einschließlich Zeitpunkt t. Jedes Tupel $(U, V, k) \in \mathcal{M}^{(t)}$ bzw. $(U, P, k) \in \mathcal{M}^{(t)}$ bzw. $(P, V, k) \in \mathcal{M}^{(t)}$ modelliert eine Kommunikationsbeziehung zwischen den Nutzern U und V bzw. einem Nutzer U und einem Ort P unter Verwendung von Kommunikationsprogrammen und -systemen aus Kommunikationsklasse k bis einschließlich Zeitpunkt t. Wir können uns $\mathcal{M}^{(t)}$ als gerichteten Graph mit Nutzern und Orten als Knoten und den Kommunikationsbeziehungen zwischen ihnen als Kanten vorstellen, wobei die Kanten mit der Kommunikationsklasse der jeweils verwendeten Kommunikationssysteme markiert sind (Abbildung 3.11).

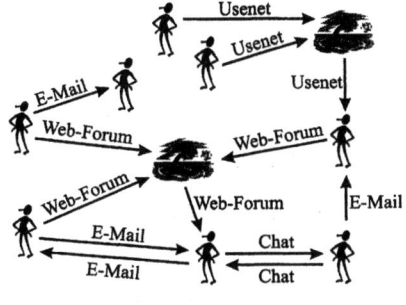

Alias-Namen:

E-Mail = ("asynchronous", "directed", "manual")
Usenet = ("asynchronous", "undirected", "manual")
Web-Forum = ("asynchronous", "undirected", "manual")
Chat = ("synchronous", "directed", "manual")

Abbildung 3.11: Beispiel für ein Kommunikationsnetz

Wir können nun auf $\mathcal{M}^{(t)}$ verschiedenste Verfahren zur Graphanalyse anwenden, beispielsweise

- Verfahren zur Identifikation nichtverbundener Teilgraphen,

- Verfahren zur Ermittlung kürzester Pfade zwischen Nutzern,

- Verfahren zur Identifikation von Nutzerrollen (Vermittler, Meinungsführerschaft, etc.),

Der interessierte Leser sei hierzu auf weiterführende Literatur, beispielsweise [65], verwiesen.

Maßzahlen zur Beschreibung des Kommunikationsverhaltens Neben der Struktur des Kommunikationsnetzwerks sind insbesondere Maßzahlen interessant, die Aufschluß auf das Kommunikationsverhalten der Nutzer geben. Diese Maßzahlen definieren wir als Abbildungen auf dem Kommunikationsnetzwerk $\mathcal{M}^{(t)}$:

- Häufigkeit der Kommunikation bis einschließlich Zeitpunkt t.

  Mit $c_{comm}^{(t)}$ messen wir, wie oft bis einschließlich Zeitpunkt t eine Kommunikation zwischen zwei Kommunikationspartnern mittels eines Kommunikationsmediums einer gegebenen Kommunikationsklasse stattfand:

  $$c_{comm}^{(t)} : (Users \cup Places) \times (Users \cup Places) \times \mathcal{K} \longrightarrow \mathbb{N}$$

  $c_{comm}^{(t)}(U, V, k)$ gibt an, wie oft Nutzer U mit Nutzer V mittels eines Kommunikationssystems aus Kommunikationsklasse k kommuniziert hat. Analog wollen wir $c_{comm}^{(t)}(U, P, k)$ und $c_{comm}^{(t)}(P, V, k)$ (in beiden Fällen $P \in Places$) verstehen.

- Regelmäßigkeit der Kommunikation bis einschließlich Zeitpunkt t.

  Für die Regelmäßigkeit der Kommunikation $s_{comm}^{2,(t)}$ stützen wir uns ab auf die Anzahl der durchgeführten Kommunikationen $c_{comm}^{(t-n)}, \ldots, c_{comm}^{(t)}$ in den Zeitintervallen $[t-n, t-n+1], \ldots, [t-1, t]$ und betrachten die empirische Varianz dieser Zahlen:

  $$s_{comm}^{2,(t)} : (Users \cup Places) \times (Users \cup Places) \times \mathcal{K} \longrightarrow \mathbb{R}$$

  n ist die Zahl der zu betrachtenden Zeitintervalle $[t-i, t-i+1]$.

  Mit Hilfe der Zahlen $s_{comm}^{2,(t)}$ und $c_{comm}^{(t)}$ können wir nun beobachten, wie sich der Umfang der Kommunikation im Laufe der Zeit verändert.

Kombination von Interessensnetzwerk und Kommunikationsnetzwerk: Identifikation potentieller Community-Mitglieder

Beide gerade hergeleiteten views sind für sich allein nicht ausreichend für eine Modellierung einer Community. Wie bereits in der Einleitung zu diesem Kapitel erwähnt, müssen Nutzer, die ähnliche Interessen haben, nicht in Kontakt miteinander stehen, und Nutzer, die sich häufiger austauschen, müssen keine gemeinsamen Interessen haben. Es ist daher sinnvoll, beide views — das Interessensnetzwerk $\mathcal{I}^{(t)}$ und das Kommunikationsnetzwerk $\mathcal{M}^{(t)}$ — zu einem view zu verschmelzen. Dieser view bildet die Grundlage für weitere views, die insbesondere Eigenschaften der so modellierten Community identifizieren.

Es ist nicht sinnvoll, beide Graphen, die durch die views definiert werden, einfach zu zu vereinigen, denn so würde man viele Nutzer mit zum Community-Modell hinzuzählen, die mit den eigentlichen Community-Mitgliedern zwar in Kontakt stehen, die aber aufgrund ihrer Interessen oder Kompetenzen nichts mit der Community zu tun haben. Auch müssen wir eine Filterung des Interessensnetzwerks vornehmen, um die Nutzer auszufiltern, die zwar im Interessensnetzwerk mittelbar über mehrere Kanten verbunden sind, die aber kaum gemeinsame Interessen haben[25]. Anderseits ist es wünschenswert, zumindest

---

[25] Wir erinnern uns: $dist_{user}$ ist nicht transitiv.

die unmittelbaren Kommunikationspartner B von Community-Mitgliedern A mit in das Community-Modell aufzunehmen — auch wenn $(A, B) \notin \mathcal{I}^{(t)} \cup (\mathcal{I}^{(t)})^T$ — denn gerade die thematischen Randbereiche einer Community und die Berührungspunkte thematisch unterschiedlich ausgerichteter Communities können für die Mitglieder aller beteiligten Communities sehr interessant sein und neue Perspektiven auf bereits Bekanntes eröffnen. Im ersten Schritt hin zu einem Community-Modell betrachten wir somit folgende Nutzergruppen:

- Nutzer N_1, die paarweise ähnliche Interessen oder Kompetenzen haben (iterative Definition ausgehend von einem gegebenen Nutzer U):

  1. Für einen gegebenen Nutzer $U \in Users$ setzen wir:

  $$N_1 \stackrel{\text{def}}{=} \{U\}.$$

  2. Für alle $V \in \left\{ V \in Users \mid \exists (U, V) \in \mathcal{I}^{(t)} \cup (\mathcal{I}^{(t)})^T \right\}$:

  Falls $\forall W \in N_1$ gilt

  $$dist^{(t)}_{users}(V, W) \leq dist_{max} \vee dist^{(t)}_{users}(W, V) \leq dist_{max},$$

  so setzen wir
  $$N_1 \stackrel{\text{def}}{=} N_1 \cup \{V\}.$$

- Nutzer N_2, die mit (mindestens) einem Nutzer, der aufgrund seiner Interessen oder Kompetenzen zur Community gehört, in einer Kommunikationsbeziehung stehen:

$$N_2 \stackrel{\text{def}}{=} \{U \in Users \mid \exists V, W \in Users \ : \ (V, W) \in \mathcal{I}^{(t)} \wedge (U, V) \in \mathcal{K}^{(t)} \cup (\mathcal{K}^{(t)})^T\}$$

Uns interessieren nun insbesondere die Nutzer aus $N_1 \cup N_2$, also Nutzer, die ähnliche Interessen oder aber unmittelbaren Kontakt zu einer Gruppe von Gleichgesinnten haben. Unter diesen Nutzern betrachten wir die Kommunikationsbeziehungen und die Beziehungen, die auf den Interessen oder Kompetenzen beruhen. So erhalten wir ein Netzwerk von Nutzern, die potentiell eine Community bilden könnten.

Definition 25 (Community-Netzwerk) *Seien $U, V \in (N_1 \cup N_2)$ zwei Nutzer. Sei weiterhin $\mathcal{I}^{(t)}$ ein Interessensnetzwerk und $\mathcal{M}^{(t)}$ ein Kommunikationsnetzwerk. N_1 und N_2 seien wie oben definiert. Ein Community-Netzwerk ist eine Relation $\mathcal{C}^{(t)} \subseteq (N_1 \cup N_2) \times (N_1 \cup N_2)$ mit*

$$(U, V) \in \mathcal{C}^{(t)} \stackrel{\text{def}}{\Longleftrightarrow} \left(\exists k \in \mathcal{K} : (U, V, k) \in \mathcal{M}^{(t)}\right) \vee \left((U, V) \in \mathcal{I}^{(t)}\right).$$

□

Community-Netzwerke modellieren keine Communities, denn zwei Nutzer U und V, die in $\mathcal{C}^{(t)}$ durch eine Kante verbunden sind, haben zwar ähnliche Interessen, müssen aber nicht in Kontakt miteinander stehen. Die Kommunikation untereinander ist aber eine essentielle Eigenschaft der Mitglieder einer Community.

Ein Community-Netzwerk $\mathcal{C}^{(t)}$ modelliert keine homogene Menge von Nutzern, die alle gleiche Interessen haben und miteinander kommunizieren, und somit auch keine Community. Eine gewisse Kohärenz bezüglich der Interessen ist durch die Definition von $\mathcal{C}^{(t)}$ gegeben, da $\mathcal{C}^{(t)}$ auf einem Interessensnetzwerk aufbaut. Bezüglich der Kommunikation der von $\mathcal{C}^{(t)}$ erfaßten Nutzer hingegen können wir nicht von einer (annähernd) durchgehenden Kohärenz ausgehen. Es gibt Gruppen von Nutzern, die intensiv miteinander kommunizieren, und ebenso Nutzer, die zwar ähnliche Interessen wie die anderen haben, die aber in ihrer Kommunikation von einem großen Teil der anderen Nutzer isoliert sind.

Daher unterscheiden wir zwei Bereiche eines Community-Netzwerks: Den *Kern* und den *Rand*. Nutzer, die ähnliche Interessen oder Kompetenzen haben und die in Kontakt miteinander stehen, bilden den Kern des Community-Netzwerks, während die übrigen Nutzer den Rand des Community-Netzwerks ausmachen.

Definition 26 (Kern eines Community-Netzwerks) *Der Kern $\mathcal{C}^{(t)}_{core}$ eines Community-Netzwerks $\mathcal{C}^{(t)}$ zum Zeitpunkt t ist definiert als*

$$\mathcal{C}^{(t)}_{core} \stackrel{\text{def}}{=} \{U \mid \exists V \text{mit}(U,V) \in \mathcal{C}^{(t)}, P \in Places, k \in \mathcal{K} : (U,V,k) \in \mathcal{M}^{(t)} \vee$$
$$(V,U,k) \in \mathcal{M}^{(t)} \vee$$
$$(U,P,k) \in \mathcal{M}^{(t)} \wedge (P,V,k) \in \mathcal{M}^{(t)} \vee$$
$$(V,P,k) \in \mathcal{M}^{(t)} \wedge (P,U,k) \in \mathcal{M}^{(t)}\},$$

wobei $\mathcal{M}^{(t)}$ das Kommunikationsnetzwerk ist. □

Definition 27 (Rand eines Community-Netzwerks) *Der Rand $\mathcal{C}^{(t)}_{border}$ eines Community-Netzwerks $\mathcal{C}^{(t)}$ zum Zeitpunkt t ist definiert als*

$$\mathcal{C}^{(t)}_{border} \stackrel{\text{def}}{=} \left\{U \in Users \mid \exists X \in Users : (U,X) \in \mathcal{C}^{(t)} \cup (\mathcal{C}^{(t)})^T\right\} \setminus \mathcal{C}^{(t)}_{core}.$$

□

Die Nutzer, die den Kern des Community-Netzwerks bilden, haben ähnliche Interessen und stehen in Kontakt miteinander. Sie haben damit die Eigenschaften, die wir von Mitgliedern einer Community erwarten. Wir können den Kern eines Community-Netzwerks, $\mathcal{C}^{(t)}_{core}$, somit als formales Modell einer Community betrachten.

Der Rand eines Community-Netzwerks hingegen ist nicht Teil eines Community-Modells. Er setzt aus folgenden Nutzergruppen zusammen:

- Alle Nutzer, die zwar ähnliche Interessen, aber keinen Kontakt zu anderen Nutzern haben.

- Alle Nutzer, die andere Interessen als die Nutzer des Kerns haben.

Betrachten wir den Graph, der entsteht, wenn wir das Kommunikationsnetzwerk auf die Nutzer des Kerns eines Community-Netzwerks beschränken, so fällt auf, daß der Graph aus mehreren disjunkten Teilgraphen bestehen kann. Der Kern eines Community-Netzwerks besteht dann aus Gruppen von Nutzern, bei denen zwar eine Kommunikation in der Gruppe stattfindet, aber keine Kommunikation zwischen den Gruppen[26]. Es ist keineswegs zwingend, daß alle Nutzer des Kerns eines Community-Netzwerks miteinander

---

[26]Dies sieht man der Menge $\mathcal{C}^{(t)}$ nicht an. Man muß zusätzlich die Kommunikationsbeziehungen zwischen den Elementen dieser Menge, den Nutzern, betrachten. Genau dies leistet das Kommunikationsnetzwerk.

in Kontakt stehen. Solche „mehrteiligen" Kerne entstehen, wenn das Interessensnetzwerk einen zusammenhängenden Graph bildet, das Kommunikationsnetzwerk hingegen nicht. Die Unterscheidung zwischen Kern und Rand eines Community-Netzwerks ermöglicht es uns, gezielt eine Kommunikation zwischen Nutzern anzubahnen und so Kerne von Community-Netzwerken zu vergrößern oder mehrere bisher disjunkte Kerne zu verschmelzen, um auf diese Weise den Wissens- und Erfahrungsaustausch zu verbessern. Im Idealfall umspannt der Kern das gesamte Community-Netzwerk.

3.6.2 Views zur Modellierung wesentlicher Aspekte von Communities

Bestimmung des Fokus einer Community

Unter dem Fokus einer Community wollen wir die Menge der items verstehen, die für die Community repräsentativ sind. Der Fokus einer Community erlaubt es uns, die zentralen Themen einer Community zu identifizieren, die thematische Breite einer Community abzuschätzen sowie Informationen darüber zu erhalten, wie nahe die Mitglieder der Community bezüglich ihrer Interessen und ihres Wissens beieinander liegen (thematische Kohärenz der Mitglieder).

Uns interessieren insbesondere die items der Nutzer, die zum Kern eines Community-Netzwerks, $C_{core}^{(t)}$, gehören, denn diese Nutzer können wir als Mitglieder einer Community ansehen: Sie nutzen gemeinsame items (Aspekt „Gemeinsamkeit") und sie stehen in Kommunikation miteinander (Aspekt „Kommunikation").

Items, die für eine Community repräsentativ sind, müssen folgende Eigenschaften haben:

- Die items müssen von den meisten ihrer Nutzer als wichtig eingeschätzt werden. Für die subjektive Bedeutung aller repräsentativen items A muß zum Betrachtungszeitpunkt t also $value_U^{(t)}(A) > value_{min}$ für die meisten Nutzer U von A gelten, wobei $value_{min}$ eine geeignet zu wählende untere Schranke für die subjektive Bedeutung von item A ist.

- Die meisten Nutzer dieser items haben eine ähnliche Sichtweise auf die items. Formal bedeutet dies, daß die subjektive Distanz zwischen zwei Nutzern bezogen auf ein item A nicht größer als ein geeignet zu wählender Maximalwert $dist_{max}$ sein darf. Es muß demnach für alle Paare von Nutzern U und V gelten, daß $dist_{user,A}^{(t)}(U,V) < dist_{max}$.

Das Problem ist die Einschränkung, daß die Eigenschaften nur *für die meisten* Nutzer gelten sollen, nicht hingegen für alle Nutzer. Letztere Annahme wäre unter dem Gesichtspunkt der Formalisierung zu bevorzugen, sie würde allerdings dem Konzept des Fokus eine Strenge auferlegen, die wir in der Realität bei so offenen Organisationsformen wie Communities nur sehr selten antreffen würden. Wir hätten dann zwar ein präzises Modell der thematischen Ausrichtung einer Community, aber dieses Modell hätte keine Anwendung in der Realität und wäre somit wertlos.

Wir werden uns damit begnügen müssen, daß beide Annahmen in der Realität nur für einen Bruchteil aller Nutzer zutreffen. Wir können so den Fokus einer Community definieren:

Definition 28 (Fokus einer Community) *Der* Fokus einer Community *zu einem Zeitpunkt t ist eine Menge* $\mathcal{F}^{(t)} \subseteq$ *Items von items A mit folgenden Eigenschaften:*

1. $value_U^{(t)}(A) \geq value_{min}$ für $U \in N \subseteq C_{core}^{(t)}$ und alle items $A \in \mathcal{F}^{(t)}$, wobei $value_{min}$ eine untere Schranke für die subjektive Bedeutung ist und $|N| \geq k \cdot |C_{core}^{(t)}|, k \in [0;1]$.

2. $dist_{user,A}^{(t)}(U,V) \leq dist_{max}$ für $U,V \in N \subseteq C_{core}^{(t)}$ und alle items $A \in \mathcal{F}^{(t)}$, wobei $dist_{max}$ eine obere Schranke für die subjektive Distanz zweier Nutzer ist und $|N| \geq k \cdot |C_{core}^{(t)}|, k \in [0;1]$.

□

Da wir nur Nutzer aus $C_{core}^{(t)}$ betrachten, ist sichergestellt, daß es mehrere Nutzer gibt, die die gleichen items nutzen: $C_{core}^{(t)}$ ist definiert auf einem Interessensnetzwerk (vgl. Definition 26), und Interessensnetzwerke bestimmen sich auf der Grundlage gemeinsam genutzter items (vgl. Definition 22). Es ist allerdings nicht sicher, daß *ausreichend viele* Nutzer die gleichen items nutzen, so daß auf diese items oben genannte Eigenschaften zutreffen.

Die beiden Schranken $value_{min}$ und $dist_{max}$ und der Wert des Faktors k, über den die Größe des zulässigen Nutzerkreises festgelegt wird, haben hier unmittelbaren Einfluß auf die Größe des Fokus $\mathcal{F}^{(t)}$: Je strenger die beiden Schranken gewählt werden oder je größer der Anteil k der Nutzer sein muß, der ein item für bedeutungsvoll hält, um so geringer ist die Wahrscheinlichkeit, daß mindestens $\lfloor k \cdot |C_{core}^{(t)}| \rfloor$ Nutzer den Anforderungen entsprechende items nutzen, und um so kleiner wird $\mathcal{F}^{(t)}$.

Es ist nicht sinnvoll, hier Werte für $value_{min}$, $dist_{max}$ und k vorzuschlagen. Wie diese Werte zu setzen sind, hängt ab von der konkret zu untersuchenden Community und vom Zweck, den man verfolgt. Es scheint sinnvoll, diese Werte für eine gegebene Community mit einer geeigneten Software explorativ zu ermitteln[27].

Auf der Grundlage des Fokus einer Community können wir untersuchen, wie breit die Themen gestreut sind, die für die Community zentral sind. Hierzu sind mehrere Ansätze denkbar, die wir auf die items aus $\mathcal{F}^{(t)}$ anwenden:

- Falls die items textuelle Information beinhalten, können wir deren Inhalt analysieren und anhand der verwendeten Worte eine Kategorisierung der items vornehmen. Hierzu können wir die üblichen Verfahren zur Textkategorisierung einsetzen, wie sie beispielsweise in [1], [19] oder [23] beschrieben sind. Ziel ist es, die items entsprechend ihrer Themen zu klassifizieren.

- Wir stützen uns auf die Kontexte von items (vgl. 3.3.2) und führen eine Kategorisierung entsprechend der Überlappung der Kontexte durch[28]: Die items, deren Kontexte sich mindestens zu einem bestimmten Grad überschneiden, bilden eine Kategorie. Eine Kategorie enthält somit alle die items aus $\mathcal{F}^{(t)}$, die aus Sicht vieler Nutzer miteinander zu tun haben. Beinhalten die items nun textuelle Information, so können wir zusätzlich mittels Inhaltsanalyse zu jeder Kategorie die Menge der charakteristischen Stichworte extrahieren.

---

[27]Das in dieser Arbeit vorgestellte System kann hierzu verwendet werden.
[28]Grundlage hierfür ist die Überlegung, daß die Sichten der Nutzer auf ein item aus $\mathcal{F}^{(t)}$ ähnlich sind, die Kontexte dieses items sich also stark überschneiden. Dies ist sichergestellt, da eine weitgehend einheitliche Sicht auf das item eine Eigenschaft aller items in $\mathcal{F}^{(t)}$ ist.

3.6. MODELLIERUNG VON COMMUNITY-ASPEKTEN

In beiden Ansätzen[29] dient uns die Anzahl disjunkter Kategorien als Maß für die Kohärenz des Fokus: Je mehr Kategorien identifiziert werden, desto breiter ist der Fokus der Community.

Zielgerichtetheit der Kommunikation in einer Community

Wie bereits in 3.2.2 und 3.3.3 beschrieben, können wir bei der Kommunikation der Nutzer (neben anderen Aspekten) zwei Modi unterscheiden: Zielgerichtete Kommunikation und nicht-zielgerichtete Kommunikation. Das Verhältnis von zielgerichteter Kommunikation zu nicht-zielgerichteter Kommunikation spielt eine wichtige Rolle bei der Charakterisierung einer Community, denn je größer der Anteil der zielgerichteten Kommunikation im Vergleich zum Anteil der nicht-zielgerichteten Kommunikation ist, als desto enger können wir das soziale Gefüge in der Community vermuten.

Hierzu müssen wir betrachten, wie viele einzelne Kommunikationen über zielgerichtete Kommunikationsmedien laufen in Verhältnis zu allen stattfindenden Kommunikationen.

Definition 29 (Zielgerichtetheit der Kommunikation) *Die* Zielgerichtetheit der Kommunikation *in einer Community ist eine Abbildung*

$$directed : \mathcal{M}^{(t)} \longrightarrow \mathbb{R}$$

mit

$$directed \stackrel{def}{=} \frac{\sum_{i \in M} c^{(t)}_{comm}(i)}{\sum_{j \in \mathcal{M}^{(t)}} c^{(t)}_{comm}(j)},$$

wobei M eine Hilfsmenge ist mit

$$M \stackrel{def}{=} \left\{ (K_1, K_2, k) \in \mathcal{M}^{(t)} \mid k \in \{(n, \text{„directed"}, m) \in \mathcal{K}\} \right\},$$

$K_1, K_2 \in Users \cup Places$ *zwei Kommunikationspartner sind und* $c^{(t)}_{comm}(i)$ *wie auf S. 92 definiert ist. d ist immer in* $[0; 1]$. □

Das Verhältnis zielgerichteter Kommunikation zu gesamter Kommunikation erlaubt Rückschlüsse, von welcher Qualität die Kommunikation zwischen den Nutzern in einem Kommunikationsnetzwerk ist. Ein hoher Anteil an nicht-zielgerichteter Kommunikation (*directed* klein) läßt darauf schließen, daß sich viele Nutzer nicht so gut kennen, daß sie einander direkt kontaktieren; die persönlichen Bindungen sind nicht stark.

Wir können insbesondere Rückschlüsse auf die Bedeutung der Orte in der Community ziehen. In einer Community mit einem hohen Anteil an zielgerichteter Kommunikation kommt den Orten eine geringere Bedeutung zu als in einer Community mit einem hohen Anteil an nicht-zielgerichteter Kommunikation.

Identifikation zentraler Orte

Wie bereits in 3.3.3 beschrieben, haben Orte wie beispielsweise Web-basierte Diskussionsforen oder Chat-Räume eine besondere Bedeutung für Communities. Sie haben sowohl eine soziale als auch eine informationsverwaltende Funktion. Allerdings sind nicht alle Orte in einer Community gleichermaßen bedeutend. Orte, die in der Community eine wichtige Funktion haben, sind unter anderem durch folgende Eigenschaften gekennzeichnet:

---

[29] Man beachte den Unterschied zwischen den Ansätzen: Während der erste Ansatz eine Kategorisierung anhand von Eigenschaften der items durchführt (*item-zentrierte* Kategorisierung), ist im zweiten Ansatz die Meinung der Nutzer die Grundlage der Kategorisierung (*nutzerzentrierte* Kategorisierung).

- Rege Teilnahme der Nutzer, also hohes Aufkommen an Diskussionsbeiträgen,

- Teilnahme vieler Nutzer und

- qualifizierte Antworten auf Fragen.

Die letzte Eigenschaft betrifft die Relevanz des Inhalts. Diese Eigenschaft können wir mit unserem bisherigen Wissen nicht fassen. Die ersten beiden Eigenschaften hingegen sind greifbar. Sie lassen außerdem Schlüsse auf das Klima zu, das an dem Ort herrscht: Häufige und regelmäßige Teilnahme wird man nur an den Orten finden, die gern von Nutzern besucht werden und die den Nutzern das bieten, was sie suchen. Dies können bestimmte Informationen sein, aber auch einfach nur ein Gespräch. Wir werden uns bei der Identifikation zentraler Orte daher darauf konzentrieren, wie stark die Orte genutzt werden.

Hierbei stützen wir uns auf die Häufigkeit der Kommunikation zwischen zwei Kommunikationspartnern U und V über ein Kommunikationsmedium k, $c_{comm}^{(t)}(U,V,k)$ (vgl. 3.6.1), und auf das Kommunikationsnetzwerk $\mathcal{M}^{(t)}$ (vgl. Definition 24). Wir führen für jeden Ort $P \in Places$ zwei Hilfsvariablen ein:

- Die Anzahl der Zugriffe auf Ort P bis einschließlich Zeitpunkt t, $c_{hits}^{(t)}(P)$:

$$c_{hits}^{(t)}(P) \stackrel{def}{=} \sum_{\substack{U \in Users \\ k \in \mathcal{K}}} \left(c_{comm}^{(t)}(U,P,k) + c_{comm}^{(t)}(P,U,k) \right)$$

- Die Anzahl der Nutzer von Ort P bis einschließlich Zeitpunkt t, $c_{users}^{(t)}(P)$:

$$c_{users}^{(t)}(P) \stackrel{def}{=} \left| \left\{ U \in Users \mid (U,P,k) \in \mathcal{M}^{(t)} \vee (P,U,k) \in \mathcal{M}^{(t)} \right\} \right|$$

Um die $c_{hits}^{(t)}(P)$ und $c_{users}^{(t)}(P)$ besser handhaben zu können, normieren wir sie zu $\hat{c}_{hits}^{(t)}(P)$ und $\hat{c}_{users}^{(t)}(P)$:

$$\hat{c}_{hits}^{(t)}(P) \stackrel{def}{=} \frac{c_{hits}^{(t)}(P)}{\max_{Q \in Places} \left\{ c_{hits}^{(t)}(Q) \right\}}$$

und

$$\hat{c}_{users}^{(t)}(P) \stackrel{def}{=} \frac{c_{users}^{(t)}(P)}{\max_{Q \in Places} \left\{ c_{users}^{(t)}(Q) \right\}}.$$

Wir können nun definieren:

Definition 30 (Bedeutende Orte) *Die Menge der* bedeutenden Orte *ist eine Menge* $importantPlaces \subseteq Places$ *mit*

$$importantPlaces \stackrel{def}{=} \left\{ P \in Places \mid \frac{1}{w_1} \hat{c}_{hits}^{(t)}(P) + \frac{1}{w_2} \hat{c}_{users}^{(t)}(P) \geq d \right\},$$

wobei $w_1 + w_2 = 1$ *und* $d \in [0;1]$. □

Je nachdem, wie stark man die Anzahl der Nutzer, die auf einen Ort zugreifen, gegenüber der Anzahl der Zugriffe auf den Ort gewichten will, kann man nun w_1 und w_2 entsprechend setzen. Mit dem Parameter d können wir dann alle wichtigen Orte ausfiltern.

Wollen wir die bedeutenden Orte einer bereits identifizierten Community ermitteln, so müssen wir für $c_{hits}^{(t)}$ und $c_{users}^{(t)}$ nicht alle $U \in Users$ betrachten, sondern nur die $U \in \mathcal{C}_{core}^{(t)}$.

3.7 Zusammenfassung

In diesem Kapitel haben wir das dieser Arbeit zugrunde liegende Konzept vorgestellt: Ausgehend von den Aspekten, die an einer (realen) Community von Interesse sein könnten, haben wir einen Rahmen hergeleitet, der die Grundlage für alle Analysen ist, die eine formale Beschreibung von Aspekten der Community zum Ziel haben. Dieser Rahmen besteht aus einer Menge von Nutzermodellen, die eine bestimmte Gestalt haben: Sie beinhalten Informationen, welche items für den Nutzer eine große Bedeutung haben und aus welchen Sichtweisen der Nutzer diese items wahrnimmt, und mit welchen anderen Nutzern und Orten er mittels welcher Kommunikationsmedien in Kontakt steht.

Die Nutzermodelle werden aufgebaut und aktualisiert auf der Grundlage von Ereignissen, die der Nutzer durch seine Arbeit am Rechner auslöst. Wir unterscheiden hier grob zwischen Ereignissen, die auf Ge- oder Mißfallen von items schließen lassen, und Ereignissen, die eine Kommunikation andeuten.

Auf der Menge der Nutzermodelle arbeiten die services. Dies sind Verfahren, die die in den Nutzerprofilen verfügbaren Daten analysieren und weiter verarbeiten und so bestimmte Aspekte von Communities modellieren. Die so modellierten Aspekte werden repräsentiert durch views.

Die Nutzermodelle zusammen mit ihrer Nutzung durch views und services bilden den Formalismus, mit dem wir auf flexible Weise verschiedene Aspekte von Communities modellieren können.

Im nächsten Kapitel werden wir ein Software-System vorstellen, das dieses Konzept unter Berücksichtigung wichtiger Nebenbedingungen wie beispielsweise Sicherheit, Vertrauenswürdigkeit des Systems, Skalierbarkeit und Flexibilität umsetzt.

Kapitel 4

Ein System zur Beschreibung virtueller Communities

4.1 Überblick

Im folgenden wollen wir SocialMinds vorstellen, ein prototypisch implementiertes Programmsystem, das den Formalismus, den wir in Kapitel 3 hergeleitet haben, umsetzt und eine Infrastruktur für eine schnelle und effiziente Entwicklung von Community-Unterstützungssystemen bereitstellt. In diesem Kapitel stellen wir die technischen Grundlagen von SocialMinds vor: Wir beschreiben die Architektur von SocialMinds, die einzelnen Teilsysteme und die Beziehungen zwischen ihnen. Dieses System nutzen wir in Kapitel 5, wenn wir einige Dienste vorstellen, die wir zur Unterstützung der Community-Formierung gezielt einsetzen können.

Im folgenden werden wir uns zuerst einen Überblick über den Aufbau von SocialMinds verschaffen (Kapitel 4.2). Um trotz der Komplexität die Übersicht nicht zu verlieren, haben wir SocialMinds in vier Teilsysteme aufgeteilt, die miteinander interagieren. Diese wollen wir anschließend im Detail betrachten und auf Besonderheiten bei der Realisierung eingehen.

Wir beginnen mit dem Teilsystem, auf dem alle weiteren Teilsysteme aufbauen: Der Nutzerprofilverwaltung (Kapitel 4.3). Anschließend betrachten wir, wie die Aktivitäten der Nutzer erfaßt und die Nutzerprofile entsprechend den Aktivitäten angepaßt werden (Kapitel 4.4). Das Teilsystem, das die Nutzerprofile aktuell und konsistent hält und das regelmäßig nicht mehr aktuelle Einträge entfernt, wird als nächstes erläutert (Kapitel 4.5). Diese drei Teilsysteme realisieren den Teil des in Kapitel 3 beschriebenen Formalismus, der mit den Nutzerprofilen den Rahmen $frame^{(t)}$ für die Definition und Realisierung von views schafft.

Als letztes betrachten wir das Teilsystem, mit dem die Nutzer üblicherweise zu tun haben: Die Dienste, die die views liefern (Kapitel 4.6). Hier gehen wir insbesondere auf die den Diensten zugrundeliegende Infrastruktur ein. Beispieldienste und wie sie kombiniert werden können, betrachten wir dann in Kapitel 5.

4.2 Architektur und Ablaufumgebung

4.2.1 Vorstellung der Teilsysteme

Als Grundlage für SocialMinds dient der in Kapitel 3 vorgestellte Formalismus. Um die Architektur von SocialMinds zu verstehen, wiederholen wir noch einmal kurz den Aufbau des Formalismus:

Ausgangspunkt ist eine Menge von Nutzermodellen $frame^{(t)}$. Ein Nutzermodell enthält Informationen, welche items für den jeweiligen Nutzer besonders wichtig sind und aus welchen Sichtweisen er die items betrachtet. Außerdem enthält das Nutzermodell Informationen, mit wem der Nutzer in Kontakt steht, welcher Kommunikationsmedien er sich dabei bedient und wie oft der Nutzer mit seinen Kommunikationspartnern kommuniziert.

Die Nutzermodelle werden auf der Grundlage des Verhaltens der Nutzer erstellt. Während der täglichen Arbeit fordert der Nutzer items an und kommuniziert mit anderen Nutzern, Vorgänge, die als Ereignisse erfaßt und unmittelbar in sein Nutzermodell eingearbeitet werden. Um Änderungen im Verhalten der Nutzer Rechnung zu tragen und um die Nutzermodelle von mittlerweile veralteten Daten zu befreien, werden abhängig vom Verhalten der Nutzer Aufräumarbeiten in den Nutzermodellen durchgeführt: Ältere Daten werden markiert und veraltete Daten schließlich aus den Nutzermodellen entfernt.

Die Nutzer können Dienste von SocialMinds anfordern, um verschiedene Eigenschaften der Menge der Nutzermodelle herauszuarbeiten. Diese Dienste kombinieren die Daten in den Nutzermodellen, sie analysieren und filtern sie und liefern so verschiedene Sichten auf diese Daten, sogenannte *views*. Views können komplexe Datenstrukturen beinhalten, beispielsweise eine Wissenslandkarte eines Unternehmens, in der für jede Abteilung ihre Kompetenzen inklusive der Kompetenzträger ausgewiesen sind, aber auch als einfache Listen, beispielsweise alle Nutzer, die ähnliche Interessen haben. Der zentrale Gedanke hierbei ist, daß die Nutzermodelle nicht für eine bestimmte Anwendung, für einen bestimmten Zweck optimiert sind, sondern so flexibel wie möglich eingesetzt werden können. Außerdem soll es möglich sein, Dienste zu kombinieren, so daß ein view (also das Ergebnis eines Dienstes) selbst wieder als Eingabe für einen Dienst verwendet werden kann. Dies ist notwendig, da Strukturen zwischen Nutzern meist sehr komplex und vielschichtig sind und wir daher für eine gezielte Analyse dieser Strukturen oft zwischen verschiedenen, sich aufeinander beziehenden und sich ergänzenden views wechseln müssen.

Dieses Konzept legt eine Strukturierung von SocialMinds in folgende Teilsysteme nahe:

- Ein Teilsystem zur Verwaltung der Nutzerprofile:

  Dieses Teilsystem verwaltet die Nutzerprofile, die den Rahmen $frame^{(t)}$ aus 3.3 bilden. Es ist verantwortlich für die persistente Speicherung der Nutzerprofile, den effizienten Zugriff auf einzelne Nutzerprofile (sowohl anhand von Nutzeridentifikatoren als auch von item-Identifikatoren) und die Durchsetzung der vom Nutzer festgelegten Sicherheitspolitik.

- **Ein Teilsystem zur Erfassung des Nutzerverhaltens:**

  Dieses Teilsystem erfaßt die Aktivitäten des Nutzers, setzt die üblicherweise stark anwendungsspezifischen Ereignisse in generische, abstrakte Ereignisse um und aktualisiert das jeweilige Nutzerprofil entsprechend, indem es neue Einträge im Nutzerprofil anlegt oder bereits vorhandene Einträge aktualisiert. Die Grundlagen hierfür sind in 3.4.2 zu finden.

- **Ein Teilsystem zur Sicherstellung der Aktualität und Konsistenz der Nutzerprofile:**

  Dieses Teilsystem sorgt dafür, daß die Nutzerprofile zu jedem Zeitpunkt die Interessen und Kommunikationsbeziehungen der Nutzer möglichst akkurat wiedergeben und daß es keine veralteten Daten enthält, die die Nutzerprofile verfälschen und unnötig aufblähen würden. Die Verfahren, nach denen wir hierbei vorgehen, sind in 3.4.3 beschrieben.

- **Ein Teilsystem zur Realisierung der Dienste, mit denen die Nutzer arbeiten:**

  Dieses Teilsystem schließlich stellt die von den Nutzern gewünschte Funktionalität an Analysen, Visualisierungen, Filtern und Empfehlungsdiensten bereit. Neben den Dienstkomponenten selbst, die die in 3.5 eingeführten views realisieren, stellt dieses Teilsystem eine Infrastruktur zur flexiblen Erweiterung, Anpassung und Kombination der Dienstkomponenten bereit.

Abbildung 4.1 verdeutlicht die Struktur von SocialMinds und das Zusammenspiel der einzelnen Teilsysteme. Von besonderer Bedeutung ist hier die Flexibilität insbesondere des Teilsystems, das das Nutzerverhalten erfaßt, und des Teilsystems, das die Dienste realisiert: So verschieden die Nutzer sind, so verschieden sind auch die (Software-)Umgebungen, mit denen sie arbeiten. Das Teilsystem zur Erfassung des Nutzerverhaltens muß so flexibel sein, daß es sich nahtlos in unterschiedlichste Umgebungen integrieren und soviel Informationen über den Nutzer wie nötig abgreifen kann. Dabei darf der Nutzer in seiner Arbeit keinesfalls gestört werden. Trotzdem muß er jederzeit die Kontrolle über dieses Teilsystem haben[1]. Auch das Teilsystem zur Verwaltung der Dienste muß sehr flexibel sein, denn die Dienste müssen beliebig miteinander kombinierbar sein. Dies ist praktisch, denn so kann man bei der Entwicklung neuer Dienste auf bereits realisierte Dienste aufbauen. Viel wichtiger ist diese Flexibilität allerdings, wenn Nutzer potentielle Communities identifizieren oder bestimmte Eigenschaften von Nutzergruppen herausarbeiten wollen, denn hier kann man nicht immer nach „Schema F" vorgehen; jede Menge von Nutzern und jede zu identifizierende Eigenschaft ist einzigartig und erfordert eine individuelle Behandlung. Der Nutzer muß von Fall zu Fall entscheiden, welche Analysen er auf welchen Daten durchführen will, wie die Ergebnisse zu filtern und zu interpretieren sind, etc. Dies macht eine flexible Kombination von Diensten nicht nur wünschenswert, sondern unbedingt erforderlich.

---

[1] Diese Anforderungen gelten für viele Software-Systeme, die überwiegend im Hintergrund arbeiten. Gerade für die Unterstützung von großen, lose gekoppelten Gruppen wie beispielsweise Communities ist die Erfüllung dieser Anforderungen essentiell, denn das System kann nur erfolgreich sein, wenn die Nutzer Vertrauen in das System gewinnen und wenn die Hemmschwelle zum Einsatz dieses Systems extrem niedrig ist. Hemmschwellen werden beispielsweise aufgebaut durch Umstellungen des persönlichen Arbeitsablaufs bedingt durch den Einsatz neuer Software, zusätzlich zu installierende Programme, störende Konfigurations- und Wartungsarbeiten, etc. Bei der Unterstützung von Arbeitsgruppen und Teams mögen diese „Erfordernisse" der Software wegen organisatorischen Zwängen und der nötigen Kohärenz im Team noch toleriert werden, bei sehr lose gekoppelten Gruppen hingegen kaum mehr.

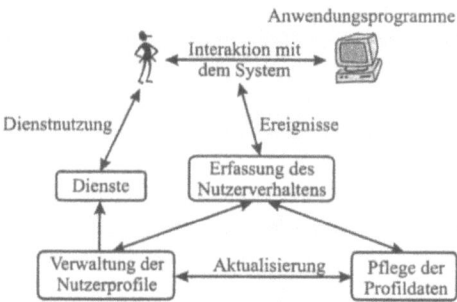

Abbildung 4.1: Teilsysteme und ihre Beziehung zum Nutzer

4.2.2 Wahl der Implementierungsumgebung

So unterschiedlich wie die Menschen sind, die Interessen teilen und die wir mit SocialMinds unterstützen wollen, so unterschiedlich sind auch die Rechner und Betriebssysteme, die sie nutzen. Haben wir bei einem Einsatz von SocialMinds in einem Unternehmen noch relativ präzise Vorgaben bezüglich der verwendeten Rechner und Betriebssysteme, so können wir bei einem Einsatz im Internet keine Aussagen mehr darüber machen, in welchen Umgebungen SocialMinds laufen wird. Hinzu kommt, daß die Qualität der Ergebnisse von SocialMinds steht und fällt mit der Anzahl der Teilnehmer. Wir können es uns gar nicht leisten, Nutzer nur aufgrund ihrer Hard- oder Software von der Nutzung von SocialMinds auszuschließen.

Für den Prototypen von SocialMinds haben wir daher Java als Programmiersprache gewählt. Laufzeitumgebungen für Java sind für alle gängigen Plattformen verfügbar, so daß wir mit umsichtiger Programmierung[2] alle diese Plattformen bedienen können. Für die Kommunikation zwischen verteilten Komponenten des Prototyps nutzen wir Java-RMI[3], eine Art RPC[4] für Java-Objekte. Ein weiterer Vorteil von Java ist, daß es mittlerweile viele qualitativ hochwertige Klassenbibliotheken gibt, die wir für die Implementierung von SocialMinds natürlich dankbar nutzen.

Die Architektur von SocialMinds erlaubt verschiedene Arten von Nutzerschnittstellen. Anwendungen, die auf der Funktionalität von SocialMinds aufbauen, sind ebenso möglich wie Web-Frontends. Für den Prototyp von SocialMinds haben wir uns für eine Web-Schnittstelle entschieden, denn so müssen die Nutzer auf ihrem Rechner keine neue Software installieren; ein Web-Browser ist ausreichend und auf den meisten Rechnern bereits verfügbar. Die Realisierung der Web-Schnittstelle erfolgte mit Java Server Pages (JSP) [59] und Servlets [60].

---

[2] Es ist trotz aller Bemühungen der Java-Erfinder um Plattformunabhängigkeit kein Problem, Software in Java zu schreiben, die nur auf bestimmten Betriebssystemen läuft. „Write once, run anywhere" funktioniert nur, wenn man sich dieser Problematik bewußt ist (was keineswegs selbstverständlich ist) und sich an ein paar Richtlinien hält. Vgl. auch [58].

[3] RMI steht für *Remote Method Invocation*. Für einen Überblick siehe [57].

[4] RPC (*Remote Procedure Call*) ist eine Möglichkeit, eine Funktion einer Komponente, die auf einem entfernten Rechner läuft, aufzurufen als wäre die Funktion lokal verfügbar. Für Details siehe beispielsweise [6].

4.3 Verwaltung von Nutzerprofilen

4.3.1 Überblick

Die Verwaltung der Nutzerprofildaten ist die zentrale Komponente im System. Jeder Dienst baut — direkt oder indirekt — auf den Daten der Nutzerprofile auf. Auch aus Sicht der Nutzer hat die Verwaltung der Nutzerprofildaten eine zentrale Bedeutung, speichert sie doch hoch sensible Daten, von denen einige aus Gründen des Datenschutzes und des Schutzes der Privatsphäre nicht der Allgemeinheit preisgegeben werden dürfen. Damit ergeben sich zwei zentrale Anforderungen:

- Die Nutzerprofile müssen so gestaltet sein, daß sie innerhalb von SocialMinds möglichst flexibel eingesetzt werden können.

- Die Verwaltung der Nutzerprofildaten muß performant und hochverfügbar sein.

- Der Nutzer muß die volle Kontrolle über seine Daten haben. Standardeinstellungen der Zugriffsrechte sind so zu wählen, daß die Privatsphäre eines jeden einzelnen Nutzers auch ohne weitere Konfigurationsarbeiten gewahrt bleibt.

Im folgenden werden wir zuerst betrachten, wie Nutzerprofile in SocialMinds aufgebaut sind. Danach stellen wir Komponenten vor, die eine effiziente Datenhaltung bieten und zugleich dem Nutzer die Sicherheit geben, daß kein unkontrollierter Zugriff auf seine Daten stattfinden kann. Abschließend geben wir einen Überblick über das verwendete Sicherheitsmodell.

4.3.2 Gestalt eines Nutzerprofils

Aufbau

Je nach Anwendung beinhalten Nutzerprofile völlig verschiedene Daten, und es wurden viele Arbeiten darüber geschrieben, welche Daten ein allgemein nutzbares Nutzerprofil enthalten soll, wie die Daten erhoben werden sollen, etc. Siehe hierzu auch [10], [30], [5] oder [22].

Das Nutzerprofil, das wir hier beschreiben, hat nicht den Anspruch, für möglichst viele verschiedene Anwendungen außer SocialMinds nutzbar zu sein. Es dient lediglich als Rahmen für die verschiedenen Daten, die wir benötigen, um die verschiedenen Dienste von SocialMinds anbieten zu können. Ein Nutzerprofil, wie wir es im SocialMinds-Prototypen verwenden, erweitert das Nutzermodell $usermodel_U^{(t)}$ aus Definition 13 aus technischen Gründen. Es besteht aus folgenden Gruppen von Daten:

- Demographische Daten,

- Daten zur Nutzung von items,

- Daten zur Kommunikation mit anderen Nutzern und

- temporäre Daten.

Die demographischen Daten enthalten Daten zum Nutzer selbst, beispielsweise seine Kennung, sein Paßwort sowie — falls angegeben — Name, Wohnort, E-Mailadressen, ICQ-Nummer, etc.

Die Daten zur Nutzung von items orientieren sich an den in 3.3 festgelegten Kriterien. Sie bestehen aus Informationen zu all den items, die SocialMinds als für den Nutzer wichtig identifiziert hat, insbesondere deren Kontexte aus Sicht des Nutzers.

Die Daten zur Kommunikation beschreiben entsprechend Abschnitt 3.3, wie oft der Nutzer mit wem mittels welcher Kommunikationsmedien in Kontakt stand. Diese Daten unterscheiden sich insofern von den Einträgen in einem Adreßbuch, als sie nur die Nutzer enthalten, mit denen der betrachtete Nutzer tatsächlich mindestens einmal kommuniziert hat.

Die temporären Daten werden von den verschiedenen Komponenten von SocialMinds angelegt, um Zwischenergebnisse zu speichern. Die Berechnung der subjektiven Bedeutung eines items nach dem in 3.4 beschriebenen Verfahren beispielsweise benötigt mehrere temporäre Variablen. Die temporären Daten sind nicht Teil der Daten, die über einen Nutzer angelegt werden, und gehören aus Nutzersicht daher nicht zum Kern des Nutzerprofils. Sie werden lediglich aus technischen Gründen im Nutzerprofil abgelegt.

Datenstrukturen

Jeder Nutzer ist eindeutig durch einen Identifikator gekennzeichnet. Der Identifikator kann der reale Name eines Nutzers oder ein Pseudonym sein; einzige Bedingung ist, daß er eindeutig ist. Der Identifikator wird vom Nutzer frei gewählt und erlaubt so — eine geschickte Wahl des Identifikators vorausgesetzt — keine Rückschlüsse auf die reale Person des Nutzers.

Neben dem Identifikator des Nutzers enthält ein Nutzerprofil die oben genannten Daten. Diese Daten teilen wir in zwei Gruppen auf: Daten zur Kommunikation und zur Nutzung von items auf der einen Seite und demographische und temporäre Daten auf der anderen Seite.

Daten zur Nutzung von items und die Daten zur Kommunikation Die Daten zur Nutzung von items und die Daten zur Kommunikation sind durch den in Kapitel 3 beschriebenen Formalismus festgelegt.

Bei der Herleitung des Formalismus in Kapitel 3 sind wir bezüglich der Profildaten sehr allgemein geblieben. So haben wir beispielsweise keinerlei Einschränkung gemacht, was alles ein item sein kann; ein item könnte, um mit Nicholas Negropontes Worten zu sprechen [37], aus Bits bestehen (beispielsweise ein Postscript-Dokument), aber auch aus Atomen (eine Blaupause). Für den Prototypen von SocialMinds haben wir uns hinsichtlich der Gestalt der Nutzerprofile auf folgende Daten beschränkt:

- *Items* sind für uns alle Daten, die wir mittels HTTP[5] anfordern können. Diese Daten können Texte, Videos, Animationen, Bilder, etc. enthalten und umfassen alle Inhalte, die derzeit über das WWW zugänglich sind[6]. Wir repräsentieren ein item mittels seiner URL.

---

[5] HyperText Transfer Protocol, vgl. RFC 2616 [15].
[6] Web-Seiten, die Multimediaelemente enthalten, betrachten wir als *ein* item, auch wenn neben der HTML-Seite weitere Dateien (die in den HTML-Text der Web-Seite eingebundenen Multimediaelemente) mittels HTTP übertragen werden.

4.3. VERWALTUNG VON NUTZERPROFILEN

- *Users* sind alle bei SocialMinds registrierten Nutzer, die bei der Registrierung eine gültige E-Mailadresse angegeben haben. Als Kommunikationsmedium zwischen Nutzern wird derzeit nur E-Mail berücksichtigt[7].

- *Places* sind E-Mailverteiler (Mailing Lists, Diskussionsforen basierend auf E-Mails) und Web-basierte Diskussionsforen.

Wir verwenden für die Speicherung dieser Daten folgende Datenstrukturen:

- Daten zur Nutzung von items:

  Alle items, die SocialMinds als bedeutungsvoll für den Nutzer identifiziert hat, werden in einer Liste gespeichert. Um den Zugriff auf einzelne items zu beschleunigen, ist diese Liste als assoziatives Array[8] mit dem Identifikator des items (der URL) als Schlüssel und den item-Daten als Wert realisiert.

  Jedes item A enthält einen Identifikator (die URL von A), seinen aktuellen Kontext, $C^{(t)}(A)$, sowie eine Menge von Attribut-Wert-Paaren. Tabelle 4.1 führt die bereits vorgegebenen Attribute sowie deren Bedeutung auf.

Attributname	Bedeutung
VALUE	Gegenwärtige subjektive Bedeutung des items A für Nutzer U, $value_U^{(t)}(A)$.
HITCOUNT	Gegenwärtige Anzahl der Nutzungen von item A durch Nutzer U, $c_{item,U}^{(t)}(A)$.
LAST_ACCESS	Letzter Zugriff von Nutzer U auf item A.

Tabelle 4.1: Vorgegebene Attribute von items

Neben den in Tabelle 4.1 genannten Daten enthält item A auch einige temporäre Daten, mit denen die Regelmäßigkeit der Nutzung von A, $s_{item,U}^{2,(t)}(A)$, berechnet werden kann. Diese Daten werden ausschließlich für interne Berechnungen verwendet und sollen daher nicht weiter betrachtet werden.

Der Kontext $C^{(t)}(A)$ ist als eine Menge von Tupeln $(B, dist_{item}^{(t)}(A,B))$ realisiert, wobei B der Identifikator eines items im Kontext von item A ist.

- Daten zur Kommunikation:

  Für jeden Kommunikationspartner eines Nutzers speichern wir ein Feld mit acht Zahlen — für jede der 2^3 möglichen Kommunikationsklassen die Zahl der Kommunikationen mittels eines Kommunikationsmediums der entsprechenden Kommunikationsklasse (vgl. S. 53). Auch diese Datenstruktur realisieren wir als ein assoziatives Array; die Schlüssel sind die Identifikatoren der Kommunikationspartner und die Werte sind die Felder mit den jeweils acht Zahlen.

---

[7]Hier ist eine gültige E-Mailadresse im Nutzerprofil nötig: Sie erlaubt bei einer gesendeten bzw. empfangenen E-Mail die Zuordnung von der E-Mailadresse des Senders bzw. Empfängers zu dessen Identifikator.

[8]Ein assoziatives Array ist einer Tabelle von Schlüsseln und Werten vergleichbar, wird aber ähnlich einem Array geschrieben. Um in einem assoziativen Array a auf ein Element zuzugreifen, das dem Schlüssel „Name" zugewiesen ist, würde man a["Name"] schreiben. Assoziative Arrays werden oft als Hash-Tabellen implementiert.

Demographische Daten und temporäre Daten Im Gegensatz zu den Daten zur Kommunikation und zur Nutzung von items sind die temporären Daten sowie die demographischen Daten in ihrer Nutzung offen: Von den demographischen Daten sind nur eine gültige E-Mailadresse sowie eine beliebig wählbare, aber eindeutige Kennung bei der Registrierung von den Nutzern anzugeben; weitere Daten können angegeben werden, müssen aber nicht. Des weiteren ist die Verwendung der demographischen Daten durch Dienste nicht festgelegt. Werden neue Dienste implementiert, die auf bisher noch nicht definierte demographische Daten zugreifen, so steht es den Diensten frei, diese Daten selbst zu setzen. Da wir zukünftige Anwendungen nicht voraussehen können, haben wir im Prototypen von SocialMinds nicht festgelegt, welche demographischen Daten in das Nutzerprofil aufgenommen werden sollen und welche nicht.

Ähnlich sieht es bei den temporären Daten aus. Diese werden von verschiedenen Diensten zur persistenten Speicherung von Zwischenergebnissen verwendet. Auch hier können wir nicht sagen, welche Daten das Nutzerprofil enthalten soll und welche nicht, da wir weder wissen, welche Dienste in der Zukunft in SocialMinds eingebunden werden, noch welche Werte diese Dienste persistent speichern müssen.

Um für zukünftige Erweiterungen offen und flexibel bezüglich der Speicherung der Profildaten zu sein, legen wir die demographischen Daten und die temporären Daten in Attribut-Wert-Paaren ab[9]. Die Attributnamen sind Zeichenketten, die Attributwerte beliebige Objekte, die allerdings serialisierbar[10] sein müssen.

Die eindeutige Benamung der Attribute kann leicht zu Problemen führen, denn man versucht natürlich, für Attribute möglichst treffende Namen zu finden. Bei zwei ähnlichen Attributen kann es leicht dazu kommen, daß zwei Entwickler zwei verschiedenen Attributen den selben Namen geben. Die Folgen wären katastrophal.

Wir führen daher einen zweistufigen Namensraum auf den Attributnamen ein: Eine Stufe, um demographische Daten von temporären Daten unterscheiden zu können, und eine Stufe, um gleich benamte Attribute verschiedener Komponenten auseinanderhalten zu können. Beide Datenmengen sind so leicht erweiterbar und die Gefahr des gegenseitigen Überschreibens von Daten durch gleich benamte Attribute ist gebannt. In SocialMinds werden folgende Namen für die erste Stufe des Namensraums verwendet:

- Für die demographischen Daten des Nutzers: user.

- Für temporäre Daten: temp.

Die zweite Stufe der Namensräume user und temp wird durch die Identifikatoren der Komponenten definiert, die die Attribute einführen. „Standardattribute", die von SocialMinds selbst verwaltet werden, verwenden hier den Namen common.

Beispiele für Attributnamen:

- Standardattribute:
    - user.common.login,
    - user.common.password,

---

[9]Wir müssen die Attribut-Wert-Paare, die Teil des Nutzerprofils sind, streng unterscheiden von den Attribut-Wert-Paaren, die Eigenschaften von items beinhalten. Beide Mengen von Attribut-Wert-Paaren nehmen verschiedene Informationen auf.

[10]Diese Forderung ist nötig, damit die Nutzerprofile persistent gespeichert werden können.

4.3. VERWALTUNG VON NUTZERPROFILEN

- user.common.email.

- Anwendungsabhängige Attribute, hier beispielsweise für das Login beim Netscape Netcenter[11], das von einer Komponente netcenter-sensor erfaßt und verwaltet wird:

  - user.netcenter-sensor.screenname,
  - user.netcenter-sensor.password[12].

- Systemattribute, die temporäre Werte speichern und die für die Funktion verschiedener interner Komponenten von SocialMinds von Bedeutung sind, werden unterhalb von temp.system gespeichert.

4.3.3 Komponenten und Architektur zur Verwaltung von Nutzerprofilen

Anforderungen

Wie eingangs in diesem Kapitel angesprochen, muß die Nutzerprofilverwaltung folgenden Anforderungen genügen:

- Sie muß sich flexibel in unterschiedlichste Organisationsformen von Rechnernetzen einpassen lassen:

  SocialMinds ist nicht für den Einsatz in einem bestimmten Unternehmen oder einer bestimmten Organisationsform gedacht. Über das Internet verstreute, öffentlich nutzbare SocialMinds-Servicezentren sollen ebenso möglich sein wie der Einsatz im Intranet eines Unternehmens.

  Dies betrifft auch die Speicherung der Nutzerprofile: Mehrere, miteinander kommunizierende Profildatenbanken, beispielsweise organisiert nach Abteilungen eines Unternehmens, müssen ebenso möglich sein wie eine dezentrale, hochgradig verteilte Speicherung der Profildaten unmittelbar beim jeweiligen Nutzer.

- Sie muß einen performanten Zugriff auf beliebige Nutzerprofile ermöglichen:

  Wie viele Community-Unterstützungssysteme kann auch SocialMinds seine Stärke nur dann entfalten, wenn möglichst viele Nutzer SocialMinds verwenden. Dies bedeutet aber auch, daß die Nutzerprofilverwaltung in der Lage sein muß, eine große Zahl von Nutzerprofilen zu verwalten. Viele Nutzer bedeuten üblicherweise auch eine große Zahl von Dienstanfragen, und da jede einzelne Dienstanfrage Zugriffe auf alle Nutzerprofile nach sich ziehen kann, muß die Nutzerprofilverwaltung darüber hinaus in der Lage sein, viele Anfragen ohne größere Verzögerung bedienen zu können.

---

[11] Der Netscape Netcenter (http://www.netscape.com) ist ein Internet-Portal, über das neben Nachrichten, Wetterberichten, Börseninformationen, etc. auch verschiedene Dienste wie Web-Mail oder ein Webbasierter Kalender angeboten werden. Andere bekannte Internet-Portale, die vergleichbare Dienste bieten, sind beispielsweise web.de (http://www.web.de) oder das Microsoft Network msn (http://www.msn.com). Die Liste der Internet-Portale könnte beliebig fortgesetzt werden.

[12] Man beachte: Hätten wir keinen zweistufigen Namensraum, so hätten wir jetzt bereits einen Konflikt: Ein Attribut user.password wäre dann sowohl für die SocialMinds-Basisfunktionalität als auch für das Login beim Netscape Netcenter definiert.

- Sie muß vertrauenswürdig für den Nutzer sein:

  Die Nutzerprofile enthalten hoch sensible Daten, denn sie sind — salopp gesprochen — ein Konzentrat des Verhaltens der Nutzer. Wenn die Nutzer das Gefühl haben, daß sie die Kontrolle über ihre Profildaten verlieren und daß Andere Einblick in ihre Profildaten und damit in ihr Verhalten nehmen können, werden sie SocialMinds nicht nutzen.

Basiskomponenten der Nutzerprofilverwaltung

Eine auf zentraler Datenspeicherung ausgelegte Nutzerprofilverwaltung, wie sie in Abbildung 4.2 skizziert wird, kann den oben genannten Anforderungen nicht gerecht werden: Wird SocialMinds beispielsweise in einem größeren Unternehmen eingesetzt, so müssen wir von vielen Zugriffen auf die Profildaten pro Minute ausgehen — abhängig davon, welche Ereignisse bei der Arbeit der Mitarbeiter erfaßt werden. Noch strenger sind die Anforderungen, wenn SocialMinds als öffentlich zugänglicher Dienst im Internet angeboten wird. Eine zentrale Profildatenbank wäre der Flaschenhals des Systems, bei großem Anfrageaufkommen ein massiver Bremsklotz. Auch müßten die Nutzer jegliche Kontrolle einer zentralen Profildatenbank übertragen; sobald ihre Profildaten in der Profildatenbank abgelegt wären, hätten sie keine Kontrolle mehr darüber, was mit ihren Daten geschieht und an wen sie weitergeleitet werden.

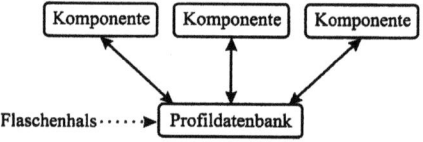

Abbildung 4.2: Nutzerprofilverwaltung mit zentraler Profilspeicherung

Es ist daher sinnvoll, die Nutzerprofilverwaltung verteilt zu organisieren. Eine Verteilung der Nutzerprofilverwaltung auf verschiedene dedizierte Server im Internet ist ebenso möglich wie eine Integration in ein unternehmensinternes Intranet. Und auch auf Sicherheitsbedenken der Nutzer kann besser eingegangen werden, wie wir in 4.3.4 noch sehen werden.

Im Prototypen von SocialMinds ist die Nutzerprofilverwaltung aufgeteilt in Datenhaltungskomponenten, in denen die Profildaten abgelegt sind, und Komponenten, über die auf die Datenhaltungskomponenten zugegriffen wird. Die Nutzerprofile selbst werden nicht geteilt, sondern als Ganzes in einer Datenhaltungskomponente gespeichert. Jedes Nutzerprofil hat somit „seine" Datenhaltungskomponente, in der es abgelegt ist, was die Kontrolle bei Zugriffen auf die Profildaten deutlich erleichtert.

Für SocialMinds können wir zwei verschiedene Arten von Anfragen auf Profildaten unterscheiden:

- Zugriff auf die Profildaten eines Nutzers, dessen Identifikator explizit angegeben ist, und

- Zugriff auf die Profildaten einer Menge von Nutzern, die alle ein bestimmtes item genutzt haben.

4.3. VERWALTUNG VON NUTZERPROFILEN

Um einen performanten und ortstransparenten Zugriff auf die Profildaten zu ermöglichen, führen wir neben den Datenhaltungskomponenten, in denen die Profildaten abgelegt sind, zwei Verwaltungskomponenten ein. Den ProfileCatalog und den ItemCatalog.

Der ProfileCatalog Der *ProfileCatalog* ist die Komponente in SocialMinds, die bei Zugriffen auf die Profildaten eines gegebenen Nutzers für Ortstransparenz sorgt. Die einzelnen Datenhaltungskomponenten, die die Profildaten gespeichert haben, registrieren sich beim ProfileCatalog und teilen diesem mit, welche Nutzerprofile bei ihnen abgelegt sind. Der ProfileCatalog führt selbst keine Zugriffe auf die Profildaten aus; er führt lediglich eine Liste, welche Datenhaltungskomponente welches Nutzerprofil verwaltet. Diese Liste ist als ein assoziatives Array realisiert; die Identifikatoren der Nutzer sind die Schlüssel, die Adressen der Datenhaltungskomponenten, in denen die jeweiligen Nutzerprofile abgelegt sind, sind die Werte. So kann über den ProfileCatalog auf effiziente Weise eine Zuordnung „Nutzeridentifikator $\longrightarrow$ Datenhaltungskomponente" realisiert werden.

Der Zugriff einer Komponente auf die Profildaten eines Nutzers geschieht in zwei Schritten (Abbildung 4.3):

1. Die Komponente fragt beim ProfileCatalog nach, welche Datenhaltungskomponente die gewünschten Profildaten vorhält. Der ProfileCatalog liefert die Adresse der Datenhaltungskomponente oder einen Fehlercode, falls die Profildaten nicht verfügbar sind.

2. Die Komponente kontaktiert die Datenhaltungskomponente und fordert die Profildaten an. Die Datenhaltungskomponente liefert dann die gewünschten Daten oder einen Fehlercode.

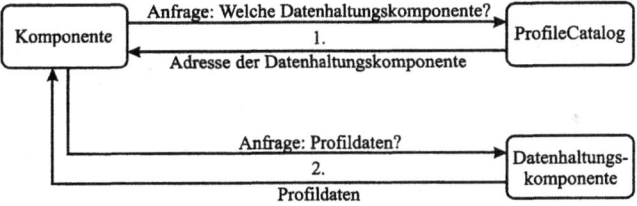

Abbildung 4.3: Anfrage einer Komponente nach Profildaten eines gegebenen Nutzers

Der ItemCatalog Für die Implementierung vieler Dienste ist ein Zugriff auf die Profildaten eines gegebenen Nutzers allein nicht ausreichend. Wir benötigen häufig eine Möglichkeit, auf die Profildaten all der Nutzer zuzugreifen, die ein bestimmtes item genutzt haben. Wenn wir beispielsweise Nutzer suchen, die eine ähnliche Sicht auf ein bestimmtes item haben, müssen wir von dieser Möglichkeit Gebrauch machen. Ein effizienter Zugriff auf die Profildaten dieser Nutzer ist aber mit dem ProfileCatalog allein nicht möglich, denn um die Menge der Nutzer zu bestimmen, die ein gegebenes item nutzen, müßten wir *alle* Nutzerprofile durchsehen. Um dies zu umgehen, haben wir eine Komponente implementiert, die für jedes item die Identifikatoren aller Nutzer vermerkt, die dieses item in ihrem Nutzerprofil gespeichert haben. Diese Komponente nennen wir *ItemCatalog*. Der ItemCatalog realisiert eine Zuordnung „item-Identifikator ⟶ Nutzeridentifikatoren". Ebenso wie der ProfileCatalog hat der ItemCatalog ausschließlich verwaltende Aufgaben; er führt selbst keine Zugriffe auf die Nutzerprofile durch.

Der Zugriff einer Komponente auf die Profildaten aller der Nutzer, die ein bestimmtes item in ihrem Nutzerprofil aufgeführt haben, geschieht in folgenden Schritten (Abbildung 4.4):

1. Die Komponente fragt beim ItemCatalog nach den Identifikatoren der Nutzer, die das gegebene item in ihrem Nutzerprofil vermerkt haben. Der ItemCatalog schickt als Antwort eine (evtl. leere) Menge von Nutzeridentifikatoren oder einen Fehlercode.

2. Für jeden Nutzeridentifikator der zurückgelieferten Menge führen wir nun folgende Schritte durch:

    (a) Die Komponente fragt beim ProfileCatalog nach, welche Datenhaltungskomponente die entsprechenden Profildaten vorhält. Der ProfileCatalog liefert die Adresse der Datenhaltungskomponente oder einen Fehlercode, falls die angeforderten Profildaten nicht verfügbar sind.

    (b) Die Komponente kontaktiert die Datenhaltungskomponente und fordert die Profildaten an. Die Datenhaltungskomponente liefert dann die gewünschten Daten oder einen Fehlercode.

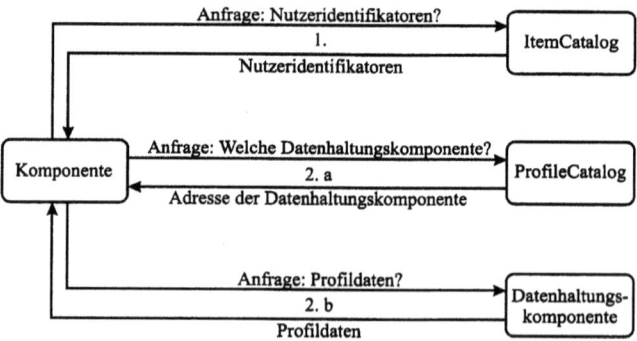

Abbildung 4.4: Anfrage einer Komponente nach Profildaten auf der Grundlage genutzter items

Kapselung des Zugriffs auf Profildaten

Um Anfragen nach Profildaten für die Komponenten einfacher zu gestalten, stellt der SocialMinds-Prototyp den *ProfileStub* bereit, eine Klasse, die die gesamte Kommunikation zwischen anfragender Komponente, dem ProfileCatalog, dem ItemCatalog und den betreffenden Datenhaltungskomponenten übernimmt. Die Komponenten von SocialMinds haben nun keinen unmittelbaren Kontakt mehr zum ProfileCatalog, dem ItemCatalog und

4.3. VERWALTUNG VON NUTZERPROFILEN

den Datenhaltungskomponenten, sondern arbeiten nur noch mit dem ProfileStub. Wir erhalten somit für die Nutzerprofilverwaltung einen Aufbau wie in Abbildung 4.5.

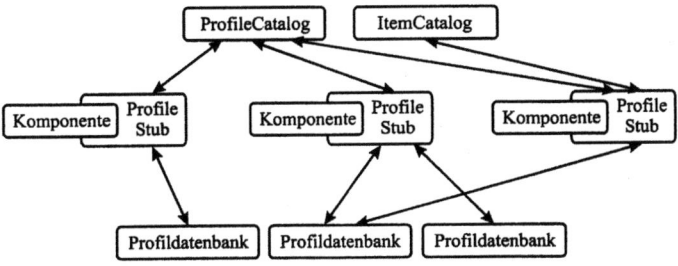

Abbildung 4.5: Nutzerprofilverwaltung mit verteilter Profilspeicherung und Verwaltungskomponenten

Der ProfileStub stellt den Komponenten folgende Funktionen zur Verwaltung der Nutzerprofile zur Verfügung:

- `void createUserProfile(String issuerID, String userID)`

  Mit dieser Funktion wird für den Nutzer `userID` ein neues, leeres Nutzerprofil angelegt. `IssuerID` ist der Identifikator des Nutzers oder der Komponente, die das Nutzerprofil erstellen möchte. Anhand von `issuerID` wird entschieden, ob das Nutzerprofil erstellt werden darf oder ob der Zugriff mit einer Fehlermeldung abgewiesen werden soll.

- `void deleteUserProfile(String issuerID, String userID)`

  Diese Funktion löscht das Nutzerprofil von Nutzer `userID`. Auch hier ist `issuerID` der Identifikator des Nutzers oder der Komponente, die das Profil löschen will.

- `void setUserProfile(String issuerID, String userID, UserProfile prof)`

  Mit dieser Funktion wird das bestehende Nutzerprofil von Nutzer `userID` mit dem neuen Nutzerprofil `prof` überschrieben. Das alte Nutzerprofil geht hierbei verloren. `IssuerID` ist der Identifikator des Nutzers oder der Komponente, die das Profil setzen will.

- `UserProfile getUserProfile(String issuerID, String userID)`

  Diese Funktion liefert das Nutzerprofil von Nutzer `userID`. `IssuerID` ist der Identifikator des Nutzers oder der Komponente, die das Profil anfordern will.

Der ProfileStub ist so gestaltet, daß nur die nötigsten Netzzugriffe gemacht werden. Hierzu unterhält der ProfileStub einen Cache von Nutzerprofilen. Wird ein Nutzerprofil angefordert, so wird lediglich geprüft, ob die Version im Cache noch gültig ist. Nur falls diese bereits veraltet ist, wird das aktuelle Nutzerprofil von der Datenbank angefordert. Ändert eine Komponente mit dem ProfileStub ein Nutzerprofil, so wird zuerst der Cache des ProfileStub aktualisiert und dann wird das geänderte Nutzerprofil in die Datenbank geschrieben.

Das in diesem Abschnitt beschriebene Vorgehen erfüllt alle eingangs genannten Anforderungen: Die Datenhaltung ist skalierbar und durch ihre Verteilbarkeit es ist möglich, daß die Nutzer ihre Profildaten in Datenhaltungskomponenten auf ihrem Rechner auf Diskette ablegen und dann sogar „mit nach Hause nehmen" können, wenn sie nicht wünschen, daß mit ihnen gearbeitet wird. Andererseits haben wir nun als zentrale Komponenten nur noch den ProfileCatalog und den ItemCatalog, die allerdings beide nur sehr einfache und schnell zu erledigende Anfragen zu bearbeiten haben. Eine Replikation dieser Komponenten ist kein Problem und mittels Gruppenkommunikation kann deren Verfügbarkeit zusätzlich erhöht werden.

Speicherung von Nutzerprofilen

Je nachdem, wie stark verteilt die Profilspeicherung erfolgen soll und wie viele Nutzerprofile in einer Datenhaltungskomponente abgelegt werden sollen, kann man die Speicherung der Nutzerprofile unterschiedlich gestalten. Grundsätzlich bieten sich folgende Arten der Speicherung an: Speicherung des Nutzerprofils in einer Datenbank und Speicherung einer serialisierten Form des Nutzerprofils in einer Datei.

Plant man eine zentralisierte Profilspeicherung mit vielen zu speichernden Nutzerprofilen pro Speicherort, so bietet sich der Einsatz einer Datenbank an. Diese Lösung ist im allgemeinen deutlich performanter als die Speicherung der Nutzerprofile in vielen kleinen Dateien.

Plant man hingegen eine dezentrale Profilspeicherung, möglicherweise sogar so dezentral, daß jedes Profil auf dem Rechner „seines" Nutzers abgelegt wird, so sind Datenbanken völlig überdimensioniert; der Aufwand für Installation und Wartung der Datenbank wäre für die meisten Nutzer zu groß.

Je nach Szenario wird man verschiedene Formen der Profilspeicherung wählen; auch eine Kombination beider Speicherformen (Datenbank oder lokale Datei) ist denkbar.

Beispiel:

> In einem Unternehmen wird SocialMinds eingesetzt. Um einen performanten Zugriff auf die Profildaten der Mitarbeiter zu gewährleisten, werden in jeder Abteilung Datenbanken unterhalten, die für die Speicherung der Nutzerprofile zuständig sind.
>
> Das Unternehmen bietet guten Kunden als Extra-Service verschiedene Dienste von SocialMinds an, etwa einen möglichst gut passenden Ansprechpartner für Probleme zu bestimmten Produkten des Unternehmens zu finden und zu kontaktieren. Da die Kunden wohl nicht bereit wären, ihre Nutzerprofile in Datenbanken des Unternehmens zu speichern, werden die Kundenprofile jeweils auf Rechnern der Kunden abgelegt.

Wir müssen eine Zwischenschicht schaffen, die Zugriffe auf die Nutzerprofile kapselt und — je nach lokaler Installation — mit einer Datenbank arbeitet oder mit lokalen Dateien. Diese Zwischenschicht ist in SocialMinds durch die Definition einer Schnittstelle realisiert, die alle konkreten Implementierungen von Datenhaltungskomponenten realisieren müssen, wie in Abbildung 4.6 zu sehen: Das *Profildaten-API*. Die Kommunikation

4.3. VERWALTUNG VON NUTZERPROFILEN

des ProfileStub mit den Datenhaltungskomponenten läuft dann ausschließlich über Funktionen, die im Profildaten-API definiert sind. Für den ProfileStub macht es dann keinen Unterschied, ob er mit einer Datenbank kommuniziert oder mit einer Komponente, die Profildaten lokal in Dateien verwaltet.

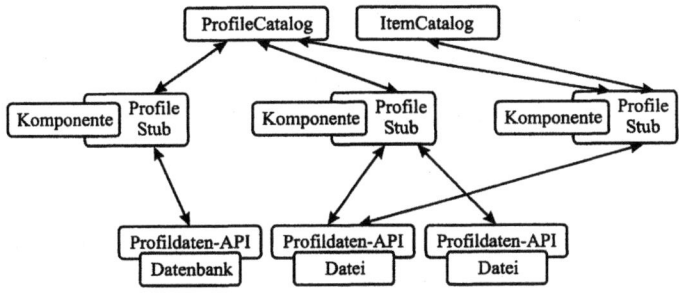

Abbildung 4.6: Struktur der Nutzerprofilverwaltung

Das Profildaten-API stellt folgende Funktionen bereit:

- `UserProfile getUserProfile(String issuerID, String userID)`

  Diese Funktion liefert das Nutzerprofil des Nutzers mit dem Identifikator `userID` zurück. `IssuerID` ist der Identifikator des Nutzers oder der Komponente, die das Nutzerprofil anfordert. Anhand von `issuerID` wird, entsprechend den Vorgaben der Nutzers `userID`, entschieden, ob das Nutzerprofil zurückgeliefert werden soll oder ob der Zugriff mit einer Fehlermeldung abgewiesen werden soll.

- `void setUserProfile(String issuerID, String userID, UserProfile prof)`

  Mit dieser Funktion kann das Nutzerprofil für den Nutzer mit dem Identifikator `userID` gesetzt werden. Existiert bereits ein Profil für Nutzer `userID`, so wird das existierende Nutzerprofil überschrieben. Existiert so ein Nutzerprofil noch nicht, so wird ein neues, leeres Nutzerprofil für Nutzer `userID` erzeugt. `IssuerID` ist der Identifikator des Nutzers oder der Komponente, die das Nutzerprofil setzen möchte. Anhand von `issuerID` wird wieder entschieden, ob das Nutzerprofil gesetzt werden soll oder ob der Zugriff mit einer Fehlermeldung abgewiesen werden soll.

- `void deleteUserProfile(String issuerID, String userID)`

  Diese Funktion löscht das Nutzerprofil des Nutzers mit dem Identifikator `userID`. Existiert kein Nutzerprofil für Nutzer `userID`, so wird keine Aktion durchgeführt. Auch hier ist `issuerID` der Identifikator des Nutzers oder der Komponente, die das Profil löschen will.

- `Vector`[13] `getUserIDs()`

  Diese Funktion liefert eine Liste der Identifikatoren all der Nutzer, deren Nutzerprofile in der lokalen Datenhaltungskomponente gespeichert sind. Sind noch keine

---

[13] Ein Vector (java.util.Vector) ist ein in seiner Größe dynamisch anpaßbares Feld.

Nutzerprofile gespeichert, so ist die Liste leer. Da diese Funktion keinen Zugriff auf Nutzerprofildaten selbst liefert und die Identifikatoren der Nutzer keine Rückschlüsse auf die realen Personen zulassen, sind hier keine Sicherheitsbeschränkungen nötig.

4.3.4 Sicherheitsaspekte: Zugriffskontrolle für Profildaten

Das Thema „Sicherheit" — gerade im Zusammenhang mit Nutzerprofilen — könnte Bücher füllen und bietet Stoff für viele Arbeiten, und auch diese Arbeit kommt nicht ohne ein entsprechendes Kapitel aus. Allerdings ist Sicherheit nicht der Kern dieser Arbeit, so daß wir dieses Thema nur sehr kurz behandeln werden.

Rollen, Rechte und Objekte

Das Sicherheitskonzept, das im Prototypen von SocialMinds implementiert ist, ist klassisch auf Rollen, Rechten und Gruppen von Objekten[14] aufgebaut.

Rollen Rollen dienen dazu, eine Menge von Nutzern zusammenzufassen und ihnen als Gesamtheit Rechte zum Zugriff auf das eigene Nutzerprofil zuzuweisen. Jeder Nutzer U kann beliebige Rollen definieren und anderen Nutzern diese Rolle zuweisen, wobei allerdings beachtet werden muß, daß ein Nutzer immer nur eine Rolle haben kann[15]. Die Definition einer Rolle ist lokal bezüglich des Nutzers, der die Rolle definiert; die Zuweisung einer Rolle R an einen Nutzer V durch einen Nutzer U ist lediglich für U von Bedeutung. Für Nutzer V hat diese Zuweisung keine Auswirkungen, eben bis auf die Tatsache, daß für ihn aufgrund seiner Rolle der Zugriff auf Teile des Nutzerprofils von U eingeschränkt oder freigeschaltet ist.

Beispiel:

Gehen wir von folgender Rollenzuteilung aus:

- Nutzer U weist einem Nutzer W eine Rolle R_1 zu, die W Vollzugriff auf das gesamte Nutzerprofil von U erlaubt.

- Nutzer V weist Nutzer W eine Rolle R_2 zu, die W lediglich Zugriff auf Vs demographische Daten erlaubt, nicht aber Zugriff auf die verwendeten items oder die Kommunikationsdaten.

Will W nun auf die Profildaten von U zugreifen, so wird zuerst geprüft, welche Rolle U dem W zugewiesen hat. W hat Rolle R_1, und diese Rolle erlaubt jedem Mitglied dieser Rolle Vollzugriff auf das gesamte Nutzerprofil. W darf damit auf die Profildaten von U zugreifen.

---

[14] In der Literatur zur Sicherheit von Rechnersystemen findet man die Begriffe Subjekte und Objekte in folgender Bedeutung: *Subjekte* sind die Nutzer oder Systemkomponenten, die Aktionen auf Objekten ausführen. *Objekte* sind die Nutzer oder Systemkomponenten, die Gegenstand oder Ziel dieser Aktionen sind.

[15] Diese Einschränkung wurde aus praktischen Erwägungen gemacht. Kann ein Nutzer mehrere Rollen haben, so besteht die Gefahr, daß Konflikte in den Rechten der einzelnen Rollen auftreten. Selbstverständlich könnte man sich auch hier ein ausgefeiltes System überlegen, wie mit solchen Konflikten umgegangen werden kann, aber dies würde für diese Arbeit zu weit führen.

4.3. VERWALTUNG VON NUTZERPROFILEN

W will nun auch auf die Profildaten von V zugreifen. Es wird zuerst wieder geprüft, welche Rolle V dem W zugewiesen hat. Dies ist R_2. R_2 erlaubt aber nur Zugriff auf die demographischen Daten. Daher darf W nur diese abrufen; alle anderen Daten, die in Vs Nutzerprofil gespeichert sind, werden ausgeblendet.

Um nicht jedem Nutzer in Handarbeit eine Rolle zuweisen zu müssen, gibt es eine Standardrolle, die jeder Nutzer einnimmt, sofern er nicht bereits einer Rolle zugewiesen ist.

Objekte Objekte sind alle Elemente eines Nutzerprofils, auf die ein Nutzer oder eine Systemkomponente zugreifen kann, also

- demographische und temporäre Attribute,
- items (Web-Seiten) sowie deren Kontexte und Attribute und
- Identifikatoren der Nutzer, mit denen der Eigentümer des Nutzerprofils in Kontakt steht.

Objekte können zu Gruppen zusammengefaßt werden, um so den Zugriff auf sie einfacher regeln zu können. So kann ein Nutzer beispielsweise die Nutzeridentifikatoren von privaten und dienstlichen Kontakten zu zwei verschiedenen Gruppen zusammenfassen und seinen Kollegen nur Zugriff auf die dienstlichen Kontakte erlauben. Die Gruppe „System" ist bereits vordefiniert. Sie umfaßt alle Komponenten von SocialMinds, die auf das Nutzerprofil zugreifen müssen, um es aktuell und konsistent zu halten.

Rechte Rechtesysteme kann man beliebig komplex und in nahezu beliebiger Granularität definieren. (Für Beispiele sei auf die Dateirechte von Unix oder die Nutzerrechte von Microsoft Windows NT/2000 verwiesen.) Wir haben uns beim Prototypen von Social-Minds auf ein einfaches Rechtesystem beschränkt und nur folgende drei Rechte für den Zugriff auf ein Objekt (bzw. eine Menge von Objekten) definiert:

- Lesen und schreiben (Vollzugriff),
- nur lesen und
- Objekt ist unsichtbar.

Ist ein Objekt als unsichtbar markiert, so wird dieses aus dem Nutzerprofil ausgeblendet. Fordert ein Nutzer beispielsweise ein Nutzerprofil an, in dem einige Elemente als unsichtbar markiert sind, so erscheinen diese Elemente im Nutzerprofil nicht. Versucht der Nutzer trotzdem, auf sie zuzugreifen oder sie explizit anzufordern, so erhält er die gleiche Fehlermeldung wie wenn die Elemente nicht existieren würden. Das gleiche gilt, wenn das gesamte Nutzerprofil als unsichtbar deklariert wurde: Die Datenhaltung liefert einen Fehlercode „Nutzerprofil existiert nicht", wenn der Anforderer das entsprechende Recht nicht hat.

Zugriffskontrollmechanismen

Für jeden Nutzer können wir nun die definierten Rollen und Gruppen von Objekten zu einer Rechtematrix R kombinieren[16]. Die Zeilen i von R enthalten die Rollen, die Spalten j enthalten die Gruppen von Objekten. Jedes Element $r_{ij} \in R$ legt dann fest, welches Recht die Nutzer und Systemkomponenten mit Rolle i bezüglich des Zugriffs auf Objekte der Gruppe j haben. Jedesmal, wenn ein Nutzer oder eine Komponente auf ein Nutzerprofil oder auf Teile eines Nutzerprofils zugreifen will, wird verglichen, ob die Rolle, der der Nutzer bzw. die Komponente zugeordnet ist, das erforderliche Recht besitzt. Falls ja, wird die angeforderte Aktion durchgeführt, falls nein, wird die Aktion abgebrochen und ein Fehlercode zurückgeliefert.

Anmerkung:

> Die temporären Daten werden von verschiedenen Komponenten von SocialMinds genutzt, um das Nutzerprofil aktuell und konsistent zu halten. Diese Komponenten müssen daher sowohl schreibend als auch lesend auf die temporären Daten zugreifen können. Daher haben im Prototypen von SocialMinds alle Komponenten, die Mitglied der Gruppe „System" sind, Vollzugriff (lesend und schreibend) auf die temporären Daten des Namensraums „temp.system.*".

Sicherheit durch Wahl des Speicherorts

Zusätzliche Sicherheit erhalten wir, indem wir Nutzerprofile nicht zentral speichern, sondern beim jeweiligen Nutzer ablegen. So hat jeder Nutzer Kontrolle über seine Daten. Weist der Nutzer zusätzlich die auf seinem Rechner installierte Profilverwaltungskomponente an, daß sein Nutzerprofil auf einem austauschbaren Datenträger wie beispielsweise einer Diskette, einer ZIP-Disk oder einer Magnetkarte abgelegt wird, so kann man seine Profildaten jederzeit auch physisch aus dem System entfernen und so eine möglicherweise ungewollte Nutzung verhindern.

Gecachte Nutzerprofile sind hier unproblematisch: Aus dem System entfernte Nutzerprofile werden bei Tests, ob die gecachten Daten noch aktuell sind, stets als neuer als die gecachten Daten gekennzeichnet. Bei dem folgenden Cache-Update kommt es zu einem Fehler („Nutzerprofil existiert nicht") und das Nutzerprofil wird aus dem Cache entfernt, so daß es dem System nicht mehr zur Verfügung steht.

4.4 Ermittlung der Profildaten

4.4.1 Überblick

In diesem Abschnitt wollen wir uns mit dem Teilsystem von SocialMinds beschäftigen, das das Verhalten des Nutzers erfaßt, verarbeitet und in das Nutzerprofil integriert. Dieses Teilsystem arbeitet eng mit der in 4.3 beschriebenen Nutzerprofilverwaltung zusammen,

---

[16] Wie bereits erwähnt, ist die Definition der Rollen lokal für jeden Nutzer. Daher müssen wir auch für jeden Nutzer U eine eigene Rechtematrix R anlegen. Diese wird wieder im Nutzerprofil von U abgelegt. Aus Sicherheitsgründen müssen wir für R selbst wieder den Zugriff definieren: Nur U hat das Recht, R zu ändern, und nur Nutzer bzw. Komponenten der Rolle „System" dürfen R lesen.

denn erst durch das im folgenden beschriebene Teilsystem werden die Daten ermittelt, die die Nutzerprofile ausmachen. Gerade im Hinblick auf die Unterstützung von lose gekoppelten Gruppen von Nutzern muß das Teilsystem einigen strengen Anforderungen genügen:

- Es muß mit den verschiedensten Anwendungen zusammenarbeiten können, die die Nutzer während ihrer Arbeiten nutzen. Die Nutzer akzeptieren kein System, das von ihnen den Verzicht auf bekannte und möglicherweise liebgewonnene Software fordert und nur bei Einsatz ganz bestimmter Programme funktioniert. Für große, lose gekoppelte Gruppen von Nutzern trifft dies noch viel eher zu als für Teams und Arbeitsgruppen, denn ihnen fehlt der integrierende organisatorische Rahmen, auf dem Teams und Arbeitsgruppen aufbauen können. Gerade die Vielfalt der Software-Umgebungen, in denen SocialMinds einsetzbar sein muß, macht Flexibilität bei der Datenerfassung unumgänglich.

- Das Teilsystem, das das Verhalten der Nutzer erfaßt, soll im Hintergrund arbeiten. Trotzdem muß seine Funktionsweise für die Nutzer zu jedem Zeitpunkt einfach nachvollziehbar und steuerbar sein. Die Nutzer müssen jederzeit das Gefühl haben, die Kontrolle über SocialMinds zu haben, denn nur so kann Mißtrauen auf Seiten der Nutzer vermieden werden. Dies gilt in besonderem Maße für das Teilsystem von SocialMinds, das das Verhalten der Nutzer beobachtet und interpretiert.

4.4.2 Nutzung von Ereignissen zur Ermittlung der Profildaten

Wie bereits in 3.4.2 beschrieben, wollen wir das Verhalten des Nutzers mittels Ereignissen erfassen. Wir müssen nun diskutieren, welche Ereignisse wir abgreifen wollen und wo im vom Nutzer verwendeten System dies geschehen soll.

Art der abzugreifenden Ereignisse

Die abzugreifenden Ereignisse sind durch die Realisierung des Nutzerprofils festgelegt (vgl. S. 105). Für uns sind alle die Ereignisse interessant, die Rückschlüsse auf die Kommunikation und auf die Nutzung von items erlauben. Aufgrund der Beschränkung, im Prototypen nur E-Mailkontakte (via SMTP und POP3/IMAP) zu berücksichtigen und als items nur über HTTP abrufbare Daten zu betrachten, genügt es, folgende Ereignisse zu erfassen:

- Anforderungen von Web-Seiten mit dem Browser (mittels HTTP bei Verwendung der Methoden GET oder POST),

- Daten-Upload mit dem Browser an einen Web-Server (mittels HTTP bei Verwendung der Methode POST),

- Empfangen bzw. Abrufen von E-Mail (mittels POP3 bzw. IMAP) und

- Senden von E-Mail (mittels SMTP).

Man beachte, daß es uns ohne zusätzliche Informationen nicht möglich ist zu entscheiden, ob eines dieser Ereignisse durch eine Kommunikation über einen Ort ausgelöst wird. Eine angeforderte Web-Seite kann ein Teil des Web-Auftritts eines Unternehmens sein, aber auch ein Forenbeitrag. Ebenso kann eine E-Mail an einen Menschen gerichtet sein, aber ebenso an einen E-Mailverteiler. Wir werden auf diese Problematik später in diesem Kapitel eingehen.

Ort der Ereigniserkennung

Wir haben drei Möglichkeiten, oben genannte Ereignisse zu erfassen: Durch Beobachtung des Dienstanfragers (Web-Browser[17] oder E-Mailprogramm), durch Beobachtung der Diensterbringer (HTTP-Server, SMTP-Server, POP3- oder IMAP-Server) oder durch Beobachtung des Datenflusses zwischen Dienstanfrager und Diensterbringer. Im folgenden werden wir die drei Möglichkeiten diskutieren.

Möglichkeit 1: Ermittlung der Ereignisse durch Beobachtung des Dienstanfragers Wollen wir die Ereignisse direkt aus den Programmen ermitteln, die der Nutzer für seine Arbeit verwendet, so kommen wir um eine Modifikation der Programme nicht umhin. Dies würde zwar sehr präzise Aussagen über das Nutzerverhalten (bezogen auf diese Programme) liefern, ist aber meist nicht praktikabel:

- Die meisten Programme sind nicht darauf ausgelegt, detaillierte Informationen an externe Programme weiterzugeben; im besten Fall erlauben sie Skripten, bestimmte Informationen auszulesen. Ob diese Informationen ausreichend sind, um auf das Verhalten des Nutzers zu schließen, hängt vom jeweiligen Programm ab.

  Im schlimmsten Fall, falls das Programm keinerlei Möglichkeit bietet, Informationen an externe Programme weiterzugeben, wären Änderungen am Quellcode der Programme nötig, um die benötigten Informationen zu exportieren. Dies ist nur bei Open Source-Software möglich, nicht hingegen bei kommerzieller Software.

- Die Vielfalt an Programmen, die alle den gleichen oder einen sehr ähnlichen Zweck erfüllen, ist enorm. So positiv dies für die Nutzer ist, so problematisch ist dies für unsere Zwecke. Gerade in großen, lose gekoppelten Gruppen ist die Annahme, die meisten Nutzer würden für eine bestimmte Aufgabe ausschließlich ein Programm verwenden, das wir beobachten, unrealistisch. Wollten wir beispielsweise eine Erweiterung für E-Mailprogramme schreiben, die für jede abgerufene oder gesendete E-Mail ein Ereignis erzeugt, so können wir aufgrund der Vielfalt der Programme und Programmversionen nur scheitern.

Möglichkeit 2: Ermittlung der Ereignisse durch Beobachtung des Diensterbringers Die Situation ist ähnlich, wenn wir die Ereignisse durch Beobachtung des Diensterbringers (HTTP-Server, SMTP-Server, POP3/IMAP-Server, etc.) ermitteln wollen. Auch hier stehen wir letztlich vor dem Problem, eine große Zahl verschiedener Server-Programme erweitern zu müssen. Dies ist nicht so problematisch wie bei den meist geschlossenen Client-Programmen, da viele der heute eingesetzten Server-Programme, insbesondere HTTP-Server wie der Apache HTTP-Server, Microsofts IIS, etc., über ausgefeilte Modulkonzepte für Erweiterungen verfügen.

Schwerer wiegt ein organisatorisches Problem: Um möglichst umfassende Nutzerprofile zu erhalten, müßten so viele Website- und E-Mail-Accountbetreiber wie möglich entsprechende Server-Erweiterungen installieren. Dies würde nur geschehen, wenn die Betreiber

---

[17]Wir sprechen hier von Web-Browsern und nicht von HTTP-Clients, um zu betonen, daß diese Programme meist mehrere Protokolle wie beispielsweise FTP oder GOPHER nutzen können, nicht nur HTTP. Dies unterscheidet sie von den Programmen, die man gemeinhin als Web-Server bezeichnet: Diese werden über HTTP angesprochen. Für FTP, aber auch wenn man HTTP über SSL betreiben will (oft als HTTPS bezeichnet), sind eigene Server nötig.

von der Qualität, der Wartbarkeit und der Sicherheit der Erweiterungen überzeugt sind und ihnen der Einsatz der Erweiterungen durch die Aussicht auf zusätzlichen Nutzen schmackhaft gemacht würde.

Möglichkeit 3: Ermittlung der Ereignisse durch Beobachtung des Datenflusses zwischen Dienstanfrager und Diensterbringer Analysieren wir den Datenfluß zwischen Dienstanforderern und Diensterbringern, so müssen wir uns um die verwendete Client- und Server-Software keine Gedanken machen; sowohl die Nutzer als auch die Diensterbringer können beliebige Programme verwenden. Wir müssen also Komponenten entwickeln, die *zwischen* den Client- und Server-Programmen liegen und über die alle Daten fließen, die zwischen den Client- und Server-Programmen ausgetauscht werden.

Wir realisieren diese Komponenten als Proxies für die jeweiligen Protokolle. Da wir uns für items auf Web-Inhalte und für die Kommunikation auf E-Mail beschränkt haben, genügt je ein Proxy für HTTP, SMTP, POP3 und IMAP; der Implementierungsaufwand bleibt überschaubar.

Proxies haben den Vorteil, daß sie an keinen festen Ort im Netz gebunden sind. Erweiterungen der Client-Software hingegen sind an den Ausführungsort der Client-Software, meist der Rechner des Nutzers, gebunden, Erweiterungen der Server-Software analog an den Ausführungsort der Server-Software.

Proxies sind außerdem interessant, da sie, einmal konfiguriert, für die Nutzer weitgehend unsichtbar agieren können. Die Nutzer können weiterhin mit ihren gewohnten Programmen arbeiten und sie müssen kaum zusätzlichen Konfigurationsaufwand treiben: Sie erscheinen für die jeweilige, vom Nutzer verwendete Client-Software wie ein entsprechender Server und müssen vom Nutzer nur einmal eingestellt werden. Weitere Arbeiten sind nicht nötig.

4.4.3 Flexibilität in der Ereigniserfassung und -auswertung: Sensoren und Aktoren

Bei der Erfassung der Ereignisse müssen wir in zwei Richtungen flexibel sein: Zum einen müssen wir die Möglichkeit haben, neu hinzukommende Ereignisquellen zu nutzen (Flexibilität in der Ereigniserfassung), und zum anderen müssen wir es erlauben, Ereignistypen, die bereits abgegriffen werden, auf neuartige Weise zu nutzen (Flexibilität in der Ereignisnutzung). Diese Flexibilität ist nötig, um SocialMinds in möglichst vielen Konfigurationen einsetzen zu können, ohne daß die Umgebungen angepaßt werden müssen. Um diese Flexibilität zu erreichen, haben wir im SocialMinds-Prototyp folgende Maßnahmen durchgeführt:

- Trennung der Komponenten, die die Ereignisse erfassen, die bei der Interaktion des Nutzers mit dem System erzeugt werden, von den Komponenten, die diese Ereignisse auswerten.

- Umsetzung von anwendungsspezifischen Ereignissen, die durch die konkrete Nutzung ausgelöst werden, in generische Ereignisse.

Beide Maßnahmen gehen Hand in Hand und bringen in Kombination genügend Flexibilität, um den eingangs erwähnten Anforderungen zu genügen.

Trennung von ereigniserfassenden und ereignisverarbeitenden Komponenten

Um die Erfassung der anwendungsspezifischen Ereignisse von deren Verarbeitung zu entkoppeln, trennen wir die Komponenten, die Ereignisse erfassen, von den Komponenten, die diese Ereignisse nutzen. Die Komponenten, die die Ereignisse erfassen, wollen wir im folgenden als *Sensoren* bezeichnen. Sensoren beobachten den Nutzer und erzeugen Ereignisse, wenn der Nutzer eine bestimmte, vom Sensor erkannte Tätigkeit ausführt. Die Komponenten, die auf die erfaßten Ereignisse reagieren und sie nutzen, nennen wir *Aktoren*[18]. Aktoren empfangen die Ereignisse, die die Sensoren aussenden, und verarbeiten sie auf die eine oder andere Weise. Die Aktualisierung der Nutzerprofile beispielsweise wird durch Aktoren durchgeführt, die eng mit der Nutzerprofilverwaltung zusammenarbeiten.

Zwischen Sensoren und Aktoren besteht ein Netz von Abhängigkeiten, das definiert ist durch die Typen von Ereignissen, die die Sensoren liefern und auf die die Aktoren reagieren. Ein solcherart definiertes Netz von Komponenten erlaubt es uns, auf flexible Weise neue Ereignistypen zu integrieren und Verarbeitungsschritte neu hinzuzunehmen oder zu ändern, und erfüllt so die eingangs genannte Forderung nach Flexibilität. Dies illustrieren wir in den folgenden Abschnitten, indem wir drei Szenarien betrachten. Wir gehen im folgenden davon aus, daß wir bereits eine Menge von Sensoren und Aktoren gegeben haben.

Szenario 1: Neue Ereignisquelle mit bekanntem Ereignistyp In diesem Fall müssen wir unterscheiden, ob bereits ein verfügbarer Sensor die Ereignisse der Ereignisquelle abgreifen kann oder nicht. Ist bereits ein passender Sensor realisiert, so müssen wir — je nach Implementierung und Konfiguration des Sensors — entweder gar nichts tun oder eine weitere Instanz des Sensors hinzunehmen und für die neue Ereignisquelle konfigurieren. Siehe hierzu Abbildung 4.7.

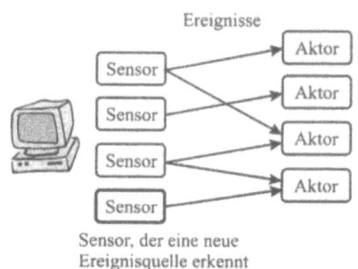

Abbildung 4.7: Neuer Sensor für eine neue Ereignisquelle

Da der Sensor, der auf die neue Ereignisquelle reagiert, einen bereits bekannten Ereignistyp liefert, ist eine Erweiterung der Menge der Aktoren nicht nötig.

Szenario 2: Neue Art der Nutzung eines bekannten Ereignistyps In diesem Fall ist die Menge der Aktoren um einen Aktor zu erweitern, der die neue Art der Nutzung

---

[18] Die Benennung der Komponenten orientiert sich an der in der agentenbasierten Software-Entwicklung üblichen Begriffswelt.

implementiert, siehe Abbildung 4.8.

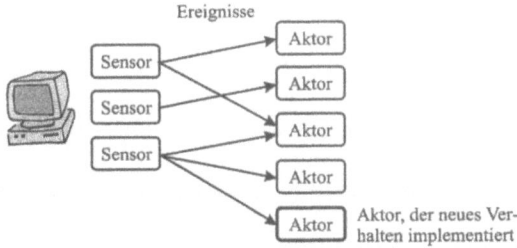

Abbildung 4.8: Neuer Aktor zur Implementierung neuen Verhaltens

Im Gegensatz zum vorher genannten Szenario werden wir hier um die Implementierung eines neuen Aktors nicht umhinkommen. Die Menge der Sensoren muß allerdings nicht erweitert werden, denn weder die Typen der Ereignisse noch die Ereignisquellen haben sich geändert.

Szenario 3: Neuer Ereignistyp Ein neuer Ereignistyp wird üblicherweise dann eingeführt, wenn man ein Verhalten des Nutzers erfassen will, das bisher noch nicht von SocialMinds berücksichtigt wird. Hierfür ist es nötig, einen neuen Sensor zu implementieren, der alle Ereignisquellen beobachtet, die Ereignisse des neuen Typs erzeugen. Unterscheiden sich die Ereignisquellen stark, so kann es nötig sein, mehrere neue Sensoren zu entwickeln, von denen jeder auf eine bestimmte Art von Ereignisquellen spezialisiert ist.

Abhängig von der Komplexität der Aktion, die als Reaktion auf das Ereignis durchgeführt werden soll, gestaltet sich die Implementierung der neuen Aktoren mehr oder weniger aufwendig:

- Ist bereits ein Teil der gewünschten Funktionalität in anderen Aktoren realisiert, so genügt es, nur noch den Teil der Funktionalität zu implementieren, der zusätzlich erbracht werden muß.

  Erhält der Aktor ein Ereignis, so werden neue Ereignisse geeignet generiert und an die Aktoren weitergeleitet, die die gewünschte Funktionalität erbringen. Im Aktor selbst werden nur die Aufgaben ausgeführt, die durch die von anderen Aktoren bereits implementierte Funktionalität nicht abgedeckt werden. Für ein Beispiel siehe Abbildung 4.9.

- Ist hingegen die gewünschte Funktionalität nicht verfügbar, so muß ein neuer Aktor implementiert werden. Man erhält dann einen Aufbau wie in Abbildung 4.10.

Umsetzung von anwendungsspezifischen Ereignissen in generische Ereignisse

Mit der Trennung der Erfassung und Verarbeitung anwendungsspezifischer Ereignisse haben wir bereits eine gewisse Flexibilität erreicht. Darüber hinaus ist es sinnvoll, von anwendungsspezifischen Ereignissen zu abstrahieren und eine Zuordnung der anwendungsspezifischen Ereignisse zu mehr generischen, das Nutzerverhalten auf höherer Ebene beschreiben-

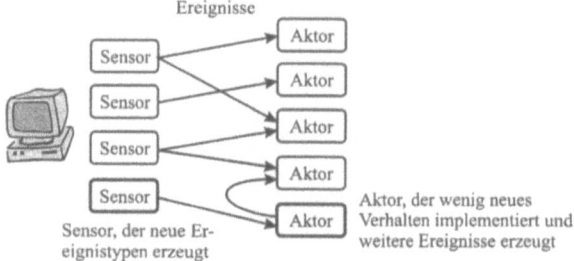

Abbildung 4.9: Neuer Sensor und Nutzung bereits implementierter Aktoren

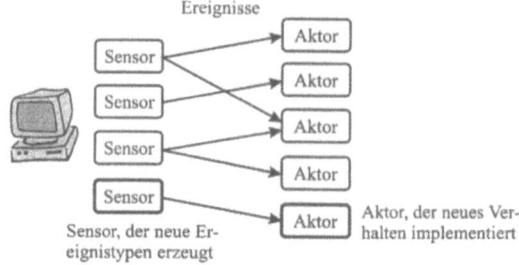

Abbildung 4.10: Neuer Sensor und neuer Aktor

den Ereignissen vorzunehmen. Dies hat den Vorteil, daß wir nicht für jedes Anwendungsprogramm eigene Aktoren benötigen und so mit wesentlich weniger Aktoren auskommen. Auch sind generische Ereignisse in ihrer Semantik oft klarer als anwendungsspezifische Ereignisse, was die Entwicklung der Aktoren vereinfacht.

Um die generischen Ereignisse von den anwendungsspezifischen Ereignissen zu unterscheiden, wollen wir sie von nun an *SocialMinds-Ereignisse* nennen. Welche SocialMinds-Ereignisse wir für die Erfassung des Nutzerverhaltens behandeln müssen, haben wir bereits auf S. 67 beschrieben. Dies sind im einzelnen:

- Item-bezogene Ereignisse:

  – Anforderung zur Nutzung[19],

  – Exportieren für Nutzung außerhalb des Systems, beispielsweise Ablegen in einer Datei oder Drucken,

- Kommunikationsbezogene Ereignisse:

---

[19]Wir machen hier keine Aussage über die zeitliche Nähe der Anforderung des items zu dessen Nutzung.

4.4. ERMITTLUNG DER PROFILDATEN

- Ereignisse, die die Kommunikation selbst ausmachen (Senden und Empfangen von Nachrichten) und

- Ereignisse, die bei der Vor- oder Nachbereitung der Kommunikation entstehen (Betreten oder Verlassen von Chat-Räumen).

Die Zuordnung von anwendungsspezifischen Ereignissen zu SocialMinds-Ereignissen wird von den Sensoren vorgenommen. Die Erfassung anwendungsspezifischer Ereignisse erfordert es, daß sich die Entwickler der entsprechenden Sensoren mit der Semantik der jeweiligen anwendungsspezifischen Ereignisse auskennen und eine sinnvolle Interpretation („Welche Nutzeraktion führt zu welchen Ereignissen in der Anwendung?") vornehmen können — die Grundvoraussetzung für eine semantisch korrekte Zuordnung von anwendungsspezifischen zu generischen, auf Nutzerverhalten abgestimmten Ereignissen wie den SocialMinds-Ereignissen. Die Sensoren liefern dann die entsprechenden Social-Minds-Ereignisse an die Aktoren (Abbildung 4.11).

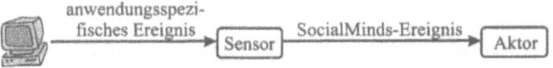

Abbildung 4.11: Umsetzung von Ereignissen

Beispiel:

Denken wir uns einen Nutzer U, der E-Mail und den Yahoo Messenger[20] nutzt. Um die Kommunikation von U zu erfassen, benötigen wir für jedes dieser Systeme einen Sensor. Betrachten wir nun, welche anwendungsspezifischen Ereignisse bei der Nutzung dieser Programme entstehen und in welche SocialMinds-Ereignisse die Ereignisse umgewandelt werden:

- Wenn Nutzer U eine E-Mail verschickt, baut das E-Mailprogramm eine SMTP-Verbindung zum Mail-Server von Us Provider auf. Dieses anwendungsspezifische Ereignis („Aufbau einer SMTP-Verbindung") wird vom SMTP-Sensor erfaßt und er erzeugt ein SocialMinds-Ereignis „Nachricht gesendet".
  Um zu erkennen, ob U neue E-Mail erhalten hat, prüft der POP3-Sensor regelmäßig Us E-Mail-Account bei dessen Provider. Ist neue E-Mail vorhanden (ein anwendungsspezifisches Ereignis), so erzeugt der POP3-Sensor ein SocialMinds-Ereignis „Nachricht erhalten".

- Für den Yahoo Messenger muß ein Sensor implementiert sein, der als Proxy für den Yahoo Messenger dient. Jede Instant Message, die U an andere Nutzer des Yahoo Messengers schickt, läuft durch diesen Sensor (anwendungsspezifisches Ereignis), der daraufhin ein SocialMinds-Ereignis

---

[20]Der Yahoo Messenger (vgl. http://www.yahoo.com) ist ein Instant Messenger-Programm wie ICQ oder der AOL Instant Messenger.

„Nachricht gesendet" erzeugt[21].
Ebenso läuft jede Instant Message von anderen Nutzern an U durch diesen Sensor. Jede Instant Message, die U erhält, wird als anwendungsspezifisches Ereignis behandelt, woraufhin der Sensor ein SocialMinds-Ereignis „Nachricht erhalten" erzeugt.

Gestalt eines SocialMinds-Ereignisses SocialMinds-Ereignisse sind sehr einfach aufgebaut. Im SocialMinds-Prototyp enthält jedes SocialMinds-Ereignis folgende Daten:

- Identifikator des Nutzers, der das Ereignis ausgelöst hat,
- Zeitpunkt der Erzeugung des Ereignisses und
- Typ des Ereignisses.

Daneben können auch temporäre oder vom Ereignistyp abhängige Daten in das Ereignis mit aufgenommen werden. Diese werden als Attribut-Wertpaare abgelegt.

Anwendungsspezifische Ereignisse und das Konzept des Orts Die Umsetzung von anwendungsspezifischen Ereignissen zu SocialMinds-Ereignissen ist nicht unproblematisch, denn nur wenige Dienste (und damit die ihnen zugrundeliegenden Protokolle), die auf dem Internet aufsetzen, sehen ein Konzept vor, das unserem Verständnis eines Orts ähnlich ist. Beispiele für Dienste, die auf natürliche Weise so etwas wie Orte realisieren, sind etwa das Usenet mit seinen Newsgroups oder Internet Relay Chat (IRC). Im Usenet können wir die einzelnen Newsgroups als Orte betrachten, im IRC die channels. Daher ist auch die Umsetzung entsprechender NNTP[22]- oder IRC-Nachrichten in SocialMinds-Ereignisse problemlos möglich. Orte, die über andere Dienste realisiert werden, sind nicht so einfach zu identifizieren, insbesondere dann, wenn die Ortsfunktionalität auf Diensten aufgebaut wird, deren ursprünglicher Zweck nichts mit Orten oder ähnlichen Konzepten zu tun hat. Web-basierte Diskussionsforen fallen beispielsweise in diese Kategorie. Hier müssen wir deutlich mehr Aufwand treiben, um Orte zu identifizieren und so eine korrekte Umsetzung der anwendungsspezifischen Ereignisse in SocialMinds-Ereignisse zu gewährleisten.

Im folgenden beschreiben wir die Heuristiken, die wir im SocialMinds-Prototypen einsetzen, um Orte zu identifizieren, die auf verschiedenen, derzeit gebräuchlichen Diensten aufbauen. Diese Heuristiken sind in den Sensoren implementiert, so daß sie eine korrekte Umsetzung der anwendungsspezifischen Ereignisse in SocialMinds-Ereignisse durchführen können.

Orte im World-Wide Web Das World-Wide Web (WWW) war ursprünglich als ein Netz von einander mittels Hyperlinks referenzierender Dokumente gedacht, eine Art virtuelles Netz von Dokumenten basierend auf dem Internet. Das WWW sollte ein verteiltes Dokumenten-Repository sein, kein Kommunikationsmedium.

---

[21]Instant Messages entsprechen in ihrem Charakter eher E-Mails als einem Chat — mit dem Unterschied, daß sie eben sofort („instantly") zugestellt werden. Daher ist es sinnvoll, nicht mehrere Instant Messages zu einer Sitzung zusammenzufassen, sondern, wie in 3.4.2 beschrieben, jede Instant Message als eigenen Kommunikationsvorgang zu betrachten.

[22]NetNews Transfer Protocol ist das Protokoll, das für Usenet News verwendet wird.

4.4. ERMITTLUNG DER PROFILDATEN

Mit zunehmender Popularität des WWW wurden für immer mehr Dienste Frontends im WWW bereitgestellt. E-Mail-Frontends, oft Web-Mail genannt, oder Web-Frontends für Chat- und Diskussionsräume wurden entwickelt und werden wegen der weltweiten Verfügbarkeit des WWW und der unproblematischen Zugangssoftware (ein Web-Browser genügt) gern genutzt.

Die Kommunikation zwischen einem Web-Browser und einem Web-Server geschieht mittels HTTP. Dokumente werden bei diesem Protokoll mit den Methoden GET bzw. POST angefordert — egal, welche Daten die Dokumente beinhalten oder welchen Verwendungszweck sie haben. Eine Anforderung mit HTTP gestattet uns keinerlei Hinweis darauf, ob ein Nutzer einen Diskussionsbeitrag eines Web-basierten Chat-Raums lesen will und sich so an der Diskussion an einem Ort beteiligt oder ob der Nutzer ein „normales" Dokument, beispielsweise einen Nachrichtentext oder eine Produktbeschreibung, anfordert. Wie können wir also Web-basierte Orte identifizieren?

Die Anforderung von „normalen" Dokumenten ist identisch zur Anforderung von Diskussionsbeiträgen in einem Web-basierten Forum. Anhand des *Anforderns* einer URL können wir somit keine Aussage machen, ob sich hinter einer URL ein Dokument oder ein Diskussionsbeitrag verbirgt. Schicken die Nutzer hingegen auch Daten an einen Server, so könnte es sich bei diesem Server um die Realisierung eines Orts handeln.

Daten können mit HTTP auf zwei verschiedene Weisen an den Web-Server geschickt werden[23]:

- Bei Verwendung der GET-Methode werden die Daten kodiert und an die URL des Programms angehängt, das auf dem Web-Server die Daten entgegennimmt. Aufgrund von Beschränkungen in der Implementierung mancher Betriebssysteme ist die Länge der URL inklusive aller zu übertragender Daten auf ca. 255 Zeichen begrenzt[24].

- Wird die POST-Methode verwendet, so werden die Daten, die an den Web-Server geschickt werden sollen, an den HTTP-Request angehängt. Die Länge der Daten ist bei der POST-Methode nicht begrenzt.

Aufgrund der Beschränkung der Größe der Daten wird die GET-Methode nur selten zur Übertragung größerer Datenmengen vom Web-Browser zum Web-Server eingesetzt; für den Upload von Diskussionsbeiträgen ist sie ungeeignet. Statt dessen wird hierfür die POST-Methode eingesetzt.

Zur Unterscheidung von Suchanfragen bei Suchmaschinen wie Altavista oder Google, Gästebucheinträgen bei (privaten) Homepages und Diskussionsbeiträgen, die alle mittels der POST-Methode geschickt werden, betrachten wir nun die Häufigkeit von Uploads sowie die durchschnittliche Länge der Nachrichten:

- Bei Suchmaschinen ist die Anzahl der Uploads (Anzahl der Suchanfragen) sehr hoch, die durchschnittliche Länge der Nachrichten ist aber — abhängig vom Suchbegriff und der Art der Suche (einfache Suche oder „Profisuche") — relativ klein.

---

[23] Das genaue Verfahren hierzu ist im Common Gateway Interface, CGI, festgelegt. Siehe hierzu beispielsweise [36].

[24] CGI sieht vor, daß bei Verwendung der GET-Methode die Daten beim Web-Server in der Umgebungsvariablen QUERY_STRING abgelegt werden. Manche Betriebssysteme erlauben für Umgebungsvariablen nur eine begrenzte Länge.

- Bei Gästebüchern ist die Anzahl der Uploads (Einträgen ins Gästebuch) in den meisten Fällen gut überschaubar, um nicht zu sagen vernachlässigbar gering im Vergleich zu beispielsweise dem Anfrageaufkommen bei Suchmaschinen. Die durchschnittliche Länge ist schwer einzuschätzen, denn sie hängt stark von der Zielgruppe ab, an die sich die Website richtet, und von den Themen und der Gestaltung der Website.

- Bei (etablierten) Diskussionsforen wird man eine recht große Zahl von Uploads (Diskussionsbeiträgen) beobachten, die deutlich über der Zahl der Einträge in ein Gästebuch liegt, aber auch deutlich unter der Zahl der Anfragen an eine Suchmaschine. Die einzelnen Beiträge sind üblicherweise nicht sehr lang, überschreiten aber meist eine bestimmte Mindestlänge. Tabelle 4.2 gibt einen Überblick über die durchschnittlichen Nachrichtenlängen einiger ausgewählter Diskussionsforen. Für Details zu den ausgewählten Foren siehe Tabelle 4.3.

Name	Zeitraum	Beiträge[25]	Zeichen
Spiegel Online[26]	15.8. - 28.8.2001	72	658
Help4PC, Windows NT/2000-Forum[27]	22.2. - 21.5.2001	100	368
Heise Newsticker[28]	25.8. - 31.8.2001	100	906
Kicker Forum[29]	19.8. - 31.8.2001	100	429

Tabelle 4.2: Durchschnittliche Nachrichtenlängen ausgewählter Foren

Um eine Website als Ort zu identifizieren, haben wir damit folgende Kriterien: Eine bestimmte kleinste durchschnittliche Nachrichtenlänge sowie eine bestimmte Mindestzahl von Uploads mittels der POST-Methode. Treffen auf eine Website beide Kriterien zu, so ist die Wahrscheinlichkeit groß, daß diese Website die Funktionalität eines Ortes aufweist.

E-Mailverteiler als Orte E-Mailverteiler sind trotz technisch ausgefeilter Chat- und Talk-Clients immer noch eine gebräuchliche Form, Diskussionen in Gruppen zu führen. Gegenüber modernen Chat- oder Talk-Clients wie beispielsweise ICQ, AOL Instant Messenger, etc. haben E-Mailverteiler wesentliche Vorteile:

- Sie können asynchron benutzt werden.

- Auch längere Nachrichten sind für die Nutzer komfortabel zu bearbeiten.

- Sie können aufgrund der allgegenwärtig vorhandenen E-Mailserver und -Clients auch in stark heterogenen Rechnerumgebungen problemlos eingesetzt werden.

---

[25] Die Beiträge der ausgewählten Diskussionsforen konnten nicht automatisch ausgewertet werden, sondern mußten einzeln „per Hand" angefordert und bearbeitet werden. Dies war nötig, da die Beiträge als HTML-Seiten an den Web-Browser geliefert werden, die neben HTML-Tags weitere Daten (Werbung, Navigationselemente, Verweise auf weitere Web-Seiten, etc.) beinhalten, die wir allerdings nicht berücksichtigen dürfen. Um den Aufwand in erträglichen Grenzen zu halten, haben wir uns auf maximal 100 Beiträge bzw. einen Beobachtungszeitraum von zwei Wochen beschränkt.
[26] http://www.spiegel.de/forum
[27] http://www.help4pc.de
[28] http://www.heise.de
[29] http://www.kicker.de

4.4. ERMITTLUNG DER PROFILDATEN

Name	Themen	Fokus
Spiegel Online	Politik, Kultur, Sport, aktuelle Themen, Vermischtes	weit
Help4PC, Windows NT/2000-Forum	Installation und Betrieb eines Infrarot-Treibers für Windows 2000	sehr eng
Heise Newsticker	Verschiedenes aus den Bereichen Forschung, New Economy und Politik mit Schwerpunkt Informationstechnologie	mittel
Kicker Forum	Sportthemen, hauptsächlich Fußball	eng

Tabelle 4.3: Informationen zu ausgewählten Foren

- Die Diskussionsbeiträge lassen sich leicht für spätere Recherchen archivieren.

E-Mailverteiler sind Programme, die E-Mails an eine bestimmte E-Mailadresse entgegennehmen und eine Kopie jeder eingehenden E-Mail an alle Nutzer senden, die beim E-Mailverteiler in einer Liste eingetragen sind. Nach außen hin ist die E-Mailadresse eines E-Mailverteilers nicht von der einer realen Person unterscheidbar[30]. Auch können wir uns nicht darauf verlassen, daß E-Mailverteiler bestimmte Felder im header aller von ihnen versandten E-Mails setzen, denn dies ist nicht zwingend erforderlich und wird oft nur aus verwaltungstechnischen Gründen gemacht. Wir können uns demnach bei der Frage, ob eine E-Mail von einem E-Mailverteiler oder von einer realen Person geschickt wurde, nicht auf die E-Mail selbst (header-Informationen und Nachrichtentext) verlassen.

Wir können allerdings die Struktur der E-Mailkommunikation zwischen einem E-Mailsender sowie aller seiner Adressaten betrachten. Folgende zwei Kriterien geben Hinweise, ob ein Sender einer E-Mail ein E-Mailverteiler, also ein Ort ist oder eine reale Person: Die Struktur der Kommunikation der Adressaten des E-Mailsenders sowie das Verhältnis der Anzahl der eingehenden E-Mails zur Anzahl der ausgehenden E-Mails:

- Jede E-Mail, die an einen E-Mailverteiler geschickt wird, wird von diesem an alle Nutzer weitergeschickt, die bei ihm registriert sind. Bei n registrierten Nutzern hat damit der E-Mailverteiler Verbindung zu n Nutzern. Der E-Mailverteiler liegt im Zentrum einer Sternstruktur mit n Strahlen[31]. Abbildung 4.12 (hier: $n = 7$) illustriert diesen Gedanken.

Im allgemeinen wird n recht groß sein. Die Anzahl der Kontakte einer realen Person zu ihren Kommunikationspartnern ist hingegen meist recht überschaubar — allein schon aus Zeitgründen. Beobachten wir also einen E-Mailsender, der E-Mails an eine überdurchschnittlich große Zahl von Empfängern schickt, so liegt der Verdacht nahe, daß der Sender der E-Mails keine reale Person, sondern ein E-Mailverteiler und damit ein Ort ist.

---

[30] E-Mailverteiler haben meist E-Mailadressen, die auf das Thema bezug nehmen, das über den E-Mailverteiler diskutiert wird. Dies muß allerdings nicht für alle E-Mailverteiler zutreffen.

[31] In dieser Struktur liegt die Multiplikatorwirkung eines jeden Orts begründet.

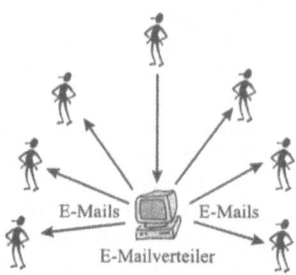

Abbildung 4.12: Sternstruktur eines E-Mailverteilers

- Nehmen wir an, bei einem E-Mailverteiler sind n Nutzer registriert. Schickt ein Nutzer nun eine E-Mail an den E-Mailverteiler, so werden — je nach Konfiguration des E-Mailverteilers — $(n-1)$ oder n E-Mails weitergeschickt. Das Verhältnis empfangener zu gesendeter E-Mails wird also ungefähr $\frac{1}{n-1}$ sein[32].

Von außen betrachtet, wissen wir bei einem gegebenen E-Mailverteiler im allgemeinen nicht, wie viele Nutzer bei ihm registriert sind; wir kennen n nicht und damit auch nicht $\frac{1}{n-1}$. Wir können allerdings beobachten, daß das Verhältnis der Anzahl der ausgehenden E-Mails zur Anzahl der eingehenden E-Mails ungefähr konstant ist und sich (bei etablierten E-Mailverteilern mit größerer Teilnehmerzahl) nur recht langsam ändert. Das genaue Verhältnis ist nicht von Bedeutung. Allein die Tatsache, daß das Verhältnis eingehender zu ausgehender E-Mail relativ stabil ist und sich nur langsam ändert, ist ein starker Hinweis darauf, daß der Sender dieser E-Mails ein E-Mailverteiler ist und so die Rolle eines Orts einnimmt.

Damit haben wir folgende Kriterien, ob der Sender von E-Mails eine Person oder ein E-Mailverteiler ist: Beobachten wir, daß eine große Zahl von E-Mails gesendet wird und daß das Verhältnis der Zahlen von gesendeter zu empfangener E-Mail ungefähr konstant ist und sich höchstens langsam ändert, so liegt der Verdacht nahe, daß es sich bei dem Sender der E-Mails um einen E-Mailverteiler handelt.

4.4.4 Komponenten zur Ereigniserfassung und -verarbeitung

Überblick

Es bietet sich an, Sensoren und Aktoren als eigenständige Komponenten zu realisieren. Dies ist eine natürliche Umsetzung des auf S. 122 angesprochenen Netzes von Sensoren und Aktoren. Wir realisieren dies zweckmäßigerweise unter Verwendung des Observer-Musters (vgl. [17]): Jeder Sensor unterhält eine Liste aller der Aktoren, die er bei einem Ereignis benachrichtigen soll. Im folgenden betrachten wir, wie die Sensoren und Aktoren im SocialMinds-Prototypen realisiert sind und wie sie interagieren. Beginnen wir mit den Aktoren.

---

[32] Aufgrund von Netzausfällen, verlorengegangenen E-Mails, etc. ist es nicht sinnvoll, hier mit exakten Zahlen zu arbeiten.

Infrastruktur zur Verwaltung von Aktoren

Jeder Aktor besteht aus zwei Teilen: Der Teil, der SocialMinds-Ereignisse von den Sensoren entgegennimmt, und der Teil, der diese Ereignisse verarbeitet.

Der Teil, der SocialMinds-Ereignisse von den Sensoren entgegennimmt, ist Bestandteil aller Aktoren und unabhängig von der Art des Ereignisses. Seine Aufgabe ist, die Kommunikation mit den Sensoren durchzuführen und die empfangenen Ereignisse für die weitere Bearbeitung vorzubereiten. Wir nennen diesen Teil eines Aktors *EventScheduler*. Eine Verarbeitung der Ereignisse findet im EventScheduler nicht statt.

Je nach Art des Ereignisses sind die einen oder anderen Arbeiten zu verrichten. Dies wird vom ereignisabhängigen Teil des Aktors geleistet, dem *EventHandler*.

Wenn mehrere Aktoren auf einem Rechner laufen, so können wir Netzverkehr vermeiden, indem sich mehrere EventHandler einen EventScheduler teilen, wie in Abbildung 4.13 gezeigt. Der gemeinsame EventScheduler tritt gegenüber den Sensoren als ein Aktor auf — unabhängig von der Zahl der EventHandler, die durch ihn mit Ereignissen versorgt werden. Der Aktor kann dann mehrere Ereignistypen verarbeiten.

Gerade wenn für einen Ereignistyp mehrere EventHandler existieren, können wir so die Netzlast deutlich reduzieren: Statt n Netzverbindungen zwischen einem Sensor und den n bei ihm registrierten Aktoren ist dann nur eine Netzverbindung zum EventScheduler nötig. Dieser übernimmt dann intern die Verteilung an die n EventHandler.

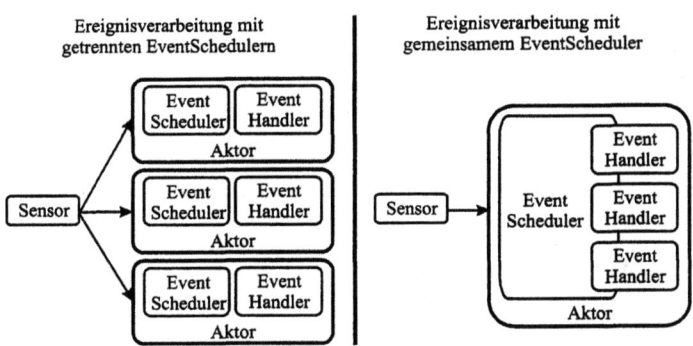

Abbildung 4.13: Vergleich der Ereignisverarbeitung

Im folgenden betrachten wir den Aufbau von EventScheduler und EventHandler genauer.

EventScheduler Der EventScheduler nimmt SocialMinds-Ereignisse, die in XML (für die DTD siehe B.1) kodiert sind, entgegen, identifiziert deren Typ und reicht sie an die EventHandler weiter, die Ereignisse des entsprechenden Typs verarbeiten können. Eine Auswertung oder Verarbeitung der Ereignisse wird nicht durchgeführt.

Es ist vorgesehen, daß ein EventScheduler für einen Ereignistyp mehrere EventHandler verwalten kann. In diesem Fall leitet der EventScheduler ein Ereignis an alle EventHandler weiter, die mit dem Typ des Ereignisses umgehen können. Dies hat den Vorteil, daß wir mehrere EventHandler realisieren können, die auf die gleichen Ereignisse reagieren, aber jeweils exakt abgegrenzte Aufgaben erfüllen. Dies erlaubt eine stärkere Modularisierung der Ereignisverarbeitung; die Aktoren bleiben so leichter wartbar. Beim Start führt der EventScheduler folgende Arbeiten aus:

- Einbinden und Initialisieren der EventHandler.

- Öffnen eines Sockets, über den die Sensoren mit dem EventScheduler in Verbindung treten können, um Ereignisse zu übermitteln.

EventHandler Ein EventHandler ist eine Komponente, die SocialMinds-Ereignisse eines bestimmten, vorgegebenen Typs entgegennimmt und als Reaktion auf das Ereignis bestimmte Aktionen durchführt. Ein EventHandler reagiert nur auf Ereignisse eines bestimmten Typs, der durch die Implementierung bzw. Konfiguration des EventHandlers festgelegt ist. Bezüglich der durchzuführenden Aktionen gibt es keine Einschränkungen.

Um eine reibungslose Zusammenarbeit zwischen EventScheduler und EventHandler sicherzustellen, muß jeder EventHandler folgende Methode implementieren:

```
void handleEvent(ProfileStub profileStub,Event evt)
```

Abgesehen davon gibt es keine weiteren Vorschriften, nach der ein EventHandler realisiert werden muß.

Will der EventScheduler ein Ereignis an den EventHandler weiterleiten, so ruft er `handleEvent()` mit dem Ereignis als Argument auf. `Evt` ist das SocialMinds-Ereignis, auf das der EventHandler reagieren soll, und `profileStub` ist das ProfileStub-Objekt, über das der EventHandler auf die Profilverwaltung zugreifen kann (vgl. hierzu S. 112). Das ProfileStub-Objekt wird vom EventScheduler bereitgestellt und kann von allen EventHandlern genutzt werden.

Die Aktualisierung der Nutzerprofile auf der Grundlage der vom EventScheduler empfangenen SocialMinds-Ereignisse ist mit EventHandlern realisiert. Hierzu haben wir für jeden der auf S. 67 und S. 71 genannten Ereignistypen einen EventHandler implementiert, der mit Hilfe des ProfileStub-Objekts auf den Nutzerprofilen arbeitet. Die Aktionen, die ein EventHandler auf ein empfangenes SocialMinds-Ereignis hin durchführen soll, werden unmittelbar ausgeführt; eine temporäre Speicherung der Ereignisse ist nicht nötig[33]. Für die Ereignisse sowie die ihnen zugeordneten Aktionen siehe Tabellen 4.4 und 4.5.

Möglichkeiten der Verteilung Die Aufteilung von Aktoren in EventScheduler und EventHandler erlaubt es uns, eine Verteilung der Ereignisverarbeitung in zwei Ebenen durchzuführen:

- Aufteilung der Verarbeitung eines SocialMinds-Ereignisses auf mehrere, voneinander getrennte und in sich abgeschlossene Schritte:

---

[33]Beim Prototypen von SocialMinds haben wir vorgesehen, daß die Sensorkomponenten SocialMinds-Ereignisse nicht sofort an die bei ihnen registrierten Aktoren weiterleiten, sondern erst dann, wenn eine bestimmte, konfigurierbare Anzahl von Ereignissen erfaßt wurde, die dann in einem Block übermittelt werden. Ebenso kann beim EventScheduler konfiguriert werden, ob jedes SocialMinds-Ereignis unmittelbar an die zuständigen EventHandler weitergeleitet werden soll oder ob dies ebenfalls blockweise geschieht. Diese Maßnahmen sollen eine ständige Netzlast zwischen Sensorkomponenten und Aktoren einerseits und zwischen Aktoren und Datenhaltungskomponenten andererseits verhindern.

Ereignis	Aktion
Anforderung eines items	Falls das item noch nicht im Nutzerprofil enthalten ist: Aufnehmen des items ins Nutzerprofil. Setzen der korrekten Werte des items für Zugriffszahl, Zeitpunkt des letzten Zugriffs und einigen temporären Attributen. Aktualisieren der Kontexte.
Exportieren eines items	Falls das item noch nicht im Nutzerprofil enthalten ist: Aufnehmen des items ins Nutzerprofil. Setzen der korrekten Werte des items für Zugriffszahl, Zeitpunkt des letzten Zugriffs und einigen temporären Attributen. Aktualisieren der Kontexte. Markieren des items als bedeutend.

Tabelle 4.4: Ereignisse bzgl. der item-Nutzung und die ihnen zugeordneten Aktionen

Dadurch, daß ein EventScheduler für einen Ereignistyp mehrere EventHandler verwalten kann, können wir auf ressourcenschonende Weise die einzelnen Schritte, die für die Ereignisverarbeitung nötig sind, in mehreren EventHandlern realisieren und sie so sauber nach ihrer Semantik trennen. Dies ermöglicht eine Modularisierung der Ereignisverarbeitung.

- Verteilung der Verarbeitung eines SocialMinds-Ereignisses auf mehrere Rechner:

  Wir können die einzelnen Schritte, die für die Verarbeitung eines Ereignistyps durchzuführen sind, als einzelne EventHandler realisieren und diese verschiedenen Aktoren zuweisen, die auf mehreren Rechnern verteilt ablaufen. So können wir die Verarbeitung eines Ereignistyps auf mehrere Rechner verteilen. Dies erlaubt beispielsweise, rechenintensivere Verarbeitungsschritte auf entsprechend leistungsstarken Rechnern durchzuführen.

Bei beiden Arten der Verteilung müssen wir Aspekte der Nebenläufigkeit wie kausale Abhängigkeiten der einzelnen Schritte, gemeinsamer Zugriff auf die selben Nutzerprofile, etc. beachten. Dies ist bei der Aufteilung der Ereignisverarbeitung in einzelne, in sich abgeschlossene Schritte noch relativ einfach, erfordert aber bei der Verteilung dieser Schritte auf mehrere Rechner sehr viel Sorgfalt.

Realisierung von Sensoren

Sensoren können auf verschiedenste Weise implementiert werden, je nachdem, welche anwendungsspezifischen Ereignisse sie erfassen sollen und in welcher Umgebung (Software-Umgebung wie Betriebssystem, installierte Programme, etc., aber ebenso organisatorisches Umfeld wie Organisation des Netzes, etc.) sie laufen sollen. Für Ereignisse auf der Grundlage übertragener Daten (beispielsweise E-Mailkommunikation oder Anfragen nach Web-Seiten) bieten sich Proxy-basierte Ansätze an, wie wir auf S. 121 diskutiert haben,

Ereignis	Aktion
Nachricht gesendet	Falls der Empfänger der Nachricht noch nicht im Nutzerprofil vermerkt ist: Aufnehmen des Identifikators des Empfängers ins Nutzerprofil. Setzen der korrekten Werte des verwendeten Kommunikationsmediums: Zahl der Kommunikationen über dieses Kommunikationsmedium, Zeitpunkt der letzten Nutzung und einigen temporären Attributen.
Ort betreten	Falls der Ort noch nicht im Nutzerprofil vermerkt ist: Aufnehmen des Identifikators des Orts ins Nutzerprofil. Setzen der korrekten Werte des verwendeten Kommunikationsmediums: Zahl der Kommunikationen über dieses Kommunikationsmedium, Zeitpunkt der letzten Nutzung und einigen temporären Attributen.
Ort verlassen	Keine Aktion.

Tabelle 4.5: Ereignisse bzgl. der Kommunikation und die ihnen zugeordneten Aktionen

für rein lokal auftretende Ereignisse (beispielsweise das Exportieren oder Löschen eines lokal vorliegenden items) sind andere Implementierungen nötig. Vor allem die Mechanismen und technischen Notwendigkeiten zur Erfassung der Ereignisse sind von Ereignisquelle zu Ereignisquelle, von Ereignisart zu Ereignisart verschieden. Daher ist es nicht sinnvoll, enge Vorgaben zur Implementierung von Sensoren zu machen. Statt dessen stellt SocialMinds eine Helferklasse bereit, die die Sensoren bei der Ereignis*weitergabe* (nicht bei der Ereignis*erfassung*) unterstützt.

Allen Sensoren gemeinsam ist, daß sie wissen müssen, auf welchen Rechnern zu benachrichtigende EventScheduler laufen und an welchen Ports sie Verbindungen entgegennehmen. Erfaßt ein Sensor ein anwendungsspezifisches Ereignis, so wandelt er es in ein SocialMinds-Ereignis um, baut Netzverbindungen zu den EventSchedulern auf und übermittelt die XML-Repräsentation des Ereignisses. Die EventScheduler sorgen dann für die weitere Verarbeitung.

Um die Kommunikation der Sensoren mit den EventSchedulern zu vereinfachen, haben wir eine Hilfsklasse `EventSender` implementiert, die folgende Methoden bereitstellt:

- void initScheduler(String hostname, int port)

    Diese Methode wird für jeden EventScheduler, der zu benachrichtigen ist, aufgerufen. Sie legt die für die Kommunikation mit dem EventScheduler nötigen Parameter fest.

- void sendEvent(Event evt)

    Mit dieser Methode werden anhand der in `initScheduler()` übergebenen Verbindungsparameter Socket-Verbindungen zu den EventSchedulern aufgebaut und die

XML-Repräsentation des SocialMinds-Ereignisses evt an die EventScheduler geschickt. Die Umwandlung des Ereignisobjekts evt in seine XML-Repräsentation wird von sendEvent() geleistet.

4.4.5 Sicherheitsaspekte: Kontrolle der Ereigniserfassung

Ein wesentlicher Aspekt zur Schaffung von Vertrauen in ein System ist eine wirksame Kontrolle durch den Nutzer. Der Nutzer muß wissen, welche seiner Tätigkeiten das System mit Hilfe der Sensoren beobachtet, und der Nutzer muß auch die Freiheit haben das System anzuweisen, die Ereigniserfassung einzustellen oder wieder aufzunehmen. Dies müssen wir für SocialMinds umsetzen.

Ort der Unterbrechung der Ereigniserfassung und -verarbeitung

Betrachten wir die im letzten Abschnitt vorgestellte Architektur aus Sensoren und Aktoren, so haben wir folgende Alternativen, die Ereigniserfassung und -verarbeitung auf Wunsch des Nutzers zu unterbrechen (Abbildung 4.14):

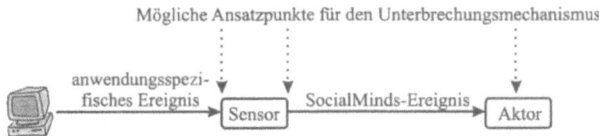

Abbildung 4.14: Stellen möglicher Unterbrechungen der Ereigniserfassung und Ereignisverarbeitung

- Unterbrechung bereits bei der Erfassung der anwendungsspezifischen Ereignisse:

  Je nach Realisierung des Sensors muß die Ereigniserfassung an unterschiedlichen Stellen unterbrochen werden: Die jeweiligen Anwendungsprogramme werden nicht weiter beobachtet, Sensoren, die als Proxy arbeiten, lassen die Daten uninterpretiert hindurch, etc.

  Da die Erfassung der anwendungsspezifischen Ereignisse stark vom zu beobachtenden Anwendungsprogramm abhängt, können wir die Unterbrechungsmechanismen nicht in Basisklassen unterbringen, die von allen Sensoren verwendet werden, sondern wir müssen beim Entwurf eines jeden Sensors geeignete Unterbrechungsmechanismen vorsehen.

- Unterbrechung der Weiterleitung der SocialMinds-Ereignisse vom Sensor zum Aktor:

  Bei diesem Ansatz werden anwendungsspezifische Ereignisse grundsätzlich erfaßt — unabhängig von den Wünschen des Nutzers. Allerdings werden nach der Umsetzung der anwendungsspezifischen Ereignisse in SocialMinds-Ereignisse diese nicht an die verarbeitenden Aktoren weitergeleitet.

Das Verschicken von SocialMinds-Ereignissen wird, wie wir auf Seite 134 gesehen haben, von der Hilfsklasse `EventSender` erledigt. Diese Klasse wird von allen Sensoren verwendet, um SocialMinds-Ereignisse vom Sensor zu den Aktoren zu übertragen, und ist somit der ideale Ort, einen Unterbrechungsmechanismus zu implementieren.

- Unterbrechung der Verarbeitung von SocialMinds-Ereignissen in den Aktoren:

  Ebenso wie der vorherige Ansatz bietet dieser Ansatz die Möglichkeit, den Unterbrechungsmechanismus in einer Klasse zu implementieren, die von allen Aktoren genutzt wird. Zweckmäßigerweise würden wir den Unterbrechungsmechanismus im EventScheduler realisieren, denn dieser ist für alle Aktoren gleich[34].

  Der Nachteil dieses Ansatzes ist, daß hier SocialMinds-Ereignisse möglicherweise unnötig über eine potentiell langsame Internet-Verbindung vom Sensor zu einem oder mehreren Aktoren gesendet werden. Abgesehen davon, daß dieser unnötige Datenverkehr abgehört werden kann und so bereits ein Sicherheitsrisiko darstellt, wird unnötig Netzlast erzeugt.

Für den Prototyp von SocialMinds haben wir den zweiten Ansatz gewählt: Falls der Nutzer unbeobachtet arbeiten will, unterbrechen wir die Weiterleitung der SocialMinds-Ereignisse unmittelbar vor dem Senden an die Aktoren. Dies erlaubt eine einfache Implementierung und vermeidet unnötige Netzlast.

Filterung der SocialMinds-Ereignisse

Ein Sensor kann so entworfen sein, daß er anwendungsspezifische Ereignisse mehrerer Nutzer erfaßt, in SocialMinds-Ereignisse umsetzt und weiterleitet. Bei Sensoren, die als Proxy arbeiten, bietet sich dies an, beispielsweise bei Sensoren, die auf HTTP-Anfragen reagieren. Dies müssen wir bei der Implementierung des Unterbrechungsmechanismus berücksichtigen.

Im Prototypen von SocialMinds unterhalten wir in der Hilfsklasse `EventSender` eine Tabelle, in der für jeden Nutzer vermerkt ist, ob von ihm erzeugte Ereignisse an die Aktoren weitergeleitet werden sollen oder nicht. Ist für ein SocialMinds-Ereignis entsprechend dieser Tabelle eine Weiterleitung erlaubt, so wird die Weiterleitung durchgeführt, andernfalls wird das SocialMinds-Ereignis verworfen.

Die Werte der Tabelle werden mittels Befehlen gesetzt, die an eine besondere Schnittstelle des Sensors geschickt werden. Aus technischen Gründen hat jeder Sensor so eine Schnittstelle, die für die Kontrolle des Sensors durch externe Programme vorgesehen ist. Beispielsweise kann er durch entsprechende Befehle beendet oder neu gestartet werden. Diese Schnittstelle wird nun genutzt, wenn der Nutzer mittels eines Programms oder einer Web-Schnittstelle einen Sensor aktiviert oder deaktiviert. Abbildung 4.15 zeigt die Web-Schnittstelle des SocialMinds-Prototypen, mit der der Nutzer Sensoren aktivieren bzw. deaktivieren kann.

In dem in Abbildung 4.15 gezeigten Beispiel sind zwei Sensoren beim System registriert: Ein Sensor, der Web-Zugriffe registriert (HTTP-Sensor), und ein Sensor, der die E-Mailkommunikation überwacht (POP3-/IMAP-Sensor). Der Nutzer, in diesem Beispiel

---

[34] Wir erinnern uns: Ein Aktor besteht aus einem EventScheduler und einem oder mehreren EventHandler. Der EventScheduler nimmt SocialMinds-Ereignisse entgegen und leitet sie ohne eine Verarbeitung an die passenden EventHandler weiter. Siehe hierzu S. 131

4.5. PFLEGE DER NUTZERPROFILE 137

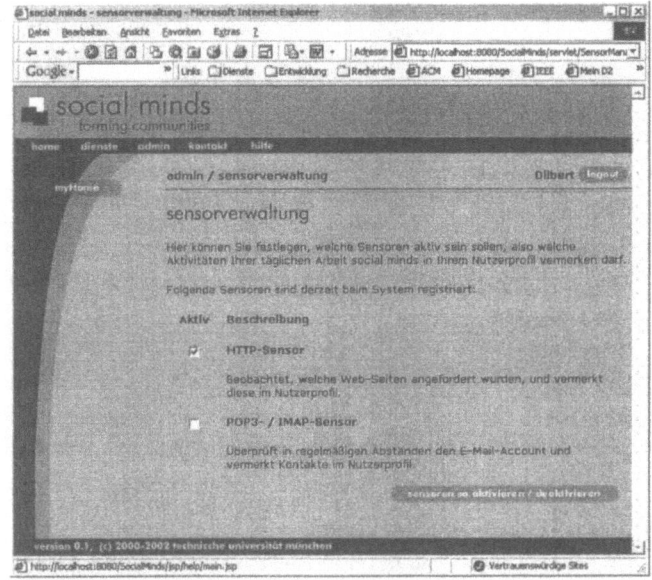

Abbildung 4.15: Web-Schnittstelle zur Sensorsteuerung (Screenshot)

Dilbert, kann nun ankreuzen, welche Sensoren seine Aktivitäten überwachen sollen und welche nicht. Man beachte, daß Dilbert die Sensoren nicht generell aktivieren oder deaktivieren kann; er kann nur festlegen, welche *seiner* Aktivitäten überwacht werden sollen. Auf die Überwachungsfunktion der Sensoren bezüglich anderer Nutzer hat Dilbert keinen Einfluß.

4.5 Pflege der Nutzerprofile

4.5.1 Überblick

Im letzten Abschnitt haben wir das Teilsystem von SocialMinds vorgestellt, das die für die Nutzerprofile nötigen Daten ermittelt und in die Nutzerprofile integriert. Diese Daten sind allerdings nur für kurze Zeit aktuell, denn die Interessen und Aufgaben der Nutzer ändern sich im Laufe der Zeit. Wir müssen daher dafür sorgen, daß die Daten in den Nutzerprofilen konsistent bleiben und die momentanen Interessen der Nutzer möglichst gut wiederspiegeln. Das Teilsystem, das wir nun besprechen wollen, leistet dies.

Wir haben bereits in 3.4.3 beschrieben, wie wir dies erreichen wollen: Bei der ersten Nutzung eines items berechnen wir dessen subjektive Bedeutung und passen diesen Wert in bestimmten, von der Häufigkeit und Regelmäßigkeit der Nutzung abhängigen Zeitintervallen an. Das im folgenden beschriebene Teilsystem führt diese Anpassungen durch.

4.5.2 Kopplung mit der Profilverwaltung

Das Teilsystem zur Pflege der Nutzerprofile arbeitet eng mit dem Teilsystem zur Verwaltung der Profildaten zusammen: Die regelmäßige Pflege der Profildaten darf nur dann erfolgen, wenn dadurch der Zugriff auf die Profildaten nicht zu sehr behindert wird. Der Zeitpunkt der Pflege der Profildaten muß daher mit der Nutzerprofilverwaltung koordiniert werden.

Es ist sinnvoll, die Komponenten zur Pflege der Profildaten eng an die Datenhaltungskomponenten zu binden, die für die Speicherung der jeweiligen Profildaten verantwortlich sind. So kann die Pflege dann stattfinden, wenn das lokale System gerade nur schwach genutzt wird (beispielsweise nach Feierabend oder in der Nacht) und so die Datenhaltungskomponenten nicht einer Dauerbelastung durch Anfragen und zu verarbeitende Ereignisse ausgesetzt sind.

Im Prototyp von SocialMinds erhält jede Datenhaltungskomponente eine Komponente für Pflege und Anpassung der Daten. Diese Pflegekomponente wird in der gleichen organisatorischen Einheit wie die Datenhaltungskomponente angesiedelt — idealerweise auf dem selben Rechner, um den mit der Pflege verbundenen Netzverkehr zu minimieren. Diese Komponente wird nun regelmäßig, beispielsweise einmal pro Tag, aufgerufen, um die nötigen Arbeiten an den Profildaten durchzuführen.

4.5.3 Durchführung der Profilpflege

Um nicht alle Nutzerprofile einer Datenhaltungskomponente einzeln anfordern und auf die Notwendigkeit von Pflegearbeiten testen zu müssen, unterhalten alle Datenhaltungskomponenten eine Liste von Identifikatoren der Nutzer, deren Profile bei ihnen gespeichert sind und die *keine* Pflege benötigen. Diese Liste wird beim Anfordern der Profildaten dynamisch erzeugt: Wenn ein Nutzerprofil angefordert wird, prüft die Datenhaltungskomponente, ob zum nächsten Lauf der Pflegekomponente Arbeiten am Nutzerprofil nötig sind. Falls nein, wird der Identifikator des Nutzers, zu dem das Nutzerprofil gehört, in der Liste abgelegt. Nach den Pflegearbeiten werden alle Einträge aus dieser Liste entfernt. Die Profilpflege wird folgendermaßen durchgeführt:

1. Die Pflegekomponente erfragt bei der Datenhaltungskomponente die Liste L_1 aller Identifikatoren der bei ihr gespeicherten Nutzer.

2. Die Pflegekomponente erfragt bei der Datenhaltungskomponente die Liste L_2 der Identifikatoren der Nutzer, deren Nutzerprofil keine Pflege benötigen.

3. Für jedes Profil von Nutzern in $L_1 \setminus L_2$ wird nun der Pflegealgorithmus durchgeführt:

    (a) Für jedes item im Nutzerprofil:

    i. Der neue Wert für die subjektive Bedeutung wird berechnet.

    ii. Alle items, deren Wert für die subjektive Bedeutung unterhalb einer gegebenen Schranke liegt, werden aus dem Nutzerprofil entfernt („Aufräumen" der item-Liste).

    iii. Verweise auf nun nicht mehr existierende items werden aus den Kontexten der verbleibenden items entfernt („Aufräumen" der Kontexte).

(b) Der Termin für die nächsten Pflegearbeiten am Nutzerprofil wird berechnet, ebenso einige temporäre Daten, die hierfür nötig sind. Der Termin für die nächsten Pflegearbeiten wird im Nutzerprofil in einem temporären Attribut abgelegt.

Zum Zugriff auf die Datenhaltungskomponente nutzt die Pflegekomponente ein ProfileStub-Objekt (vgl. S. 112).

4.6 Realisierung von views: Dienste und ihr Zusammenspiel

4.6.1 Überblick

Aus Sicht der Nutzer sind die Dienste das Herzstück von SocialMinds: Sie implementieren views in Software-Komponenten und gestatten es den Nutzern so, die Daten der Nutzerprofile nach bestimmten Kriterien zu durchsuchen, zu kombinieren, zu filtern und die so gewonnenen Daten als Grundlage für Arbeiten mit weiteren Diensten zu nutzen.

In diesem Abschnitt betrachten wir, wie Dienste im Prototypen von SocialMinds realisiert sind. Wir stellen eine Infrastruktur vor, die eine beliebige, durch den Nutzer wie durch Software gesteuerte Kombination von Diensten ermöglicht. Wir beschreiben insbesondere, wie die verfügbaren Dienste verwaltet werden, wie ein Dienst gestaltet sein muß, um diese Infrastruktur nutzen zu können, und wie Dienste angefordert werden.

4.6.2 Implementierung von Diensten durch Komponenten

Vorteile einer komponentenbasierten Implementierung

Flexibilität wird heute oft als Selbstverständlichkeit beim Entwurf von Software angesehen. Gerade aber im Umfeld von lose gekoppelten Gruppen und der Unterstützung der Community-Formierung und -Analyse ist Flexibilität der verwendeten Software-Systeme nicht nur wünschenswert, sondern unerläßlich. Eine Möglichkeit, die nötige Flexibilität zu erreichen, bietet ein komponentenbasierter Ansatz:

> Jede Software-Komponente, die einen vollständigen und in sich abgeschlossenen Dienst anbietet, bildet eine geschlossene Einheit und ist für sich allein lauffähig. Die Dienste, die eine Komponente den Nutzern sowie anderen Komponenten anbietet, werden einer zentralen, allgemein bekannten Komponente mitgeteilt. Diese zentrale Komponente verwaltet alle angebotenen Dienste und vermittelt zwischen Komponenten, die Dienste nachfragen, und Komponenten, die Dienste anbieten.

Mit Hinblick auf die Umsetzung des in 3.5 vorgestellten Konzepts aufeinander aufbauender views bietet dieses Vorgehen folgende Vorteile:

- Dadurch, daß die Dienste von eigenständigen, miteinander kommunizierenden Software-Einheiten angeboten werden, ist eine beliebige Verteilung der einzelnen Komponenten über verschiedene Rechner eines Rechnernetzes kein Problem; Dienste mit hohen Anforderungen an Rechenleistung können transparent auf entsprechend leistungsfähigen Rechnern laufen.

- Mehrere Instanzen einer Komponente können gleichzeitig laufen, wodurch Lastverteilung, Skalierbarkeit und Verfügbarkeit des Systems auf natürliche Weise mittels Redundanz sichergestellt sind.

- Das Konzept der aufeinander aufbauenden views und services läßt sich unmittelbar auf Komponenten abbilden: Die views werden abgebildet auf die Ergebnisse der exportierten Dienste der Komponenten, die services werden abgebildet auf die Dienste, die die Komponenten erbringen, also auf die Berechnung der Ergebnisse.

Systemdienste, Nutzerdienste und Visualisierungsdienste

Um die Struktur von SocialMinds klar darstellen zu können, müssen wir drei Arten von Diensten unterscheiden, die Komponenten anbieten (vgl. Abbildung 4.16):

- *Systemdienste*:

  Dies sind Dienste, die für die Funktionsweise von SocialMinds von Bedeutung sind, die aber dem Nutzer verborgen bleiben.

- *Nutzerdienste*:

  Nutzerdienste sind Dienste, die von Nutzern und/oder Komponenten angefordert werden können und die eine wie auch immer geartete Verarbeitung von Daten vornehmen. Nutzerdienste entsprechen den services; sie implementieren die views. Die Grenze zwischen Nutzerdiensten und Systemdiensten ist fließend.

- *Visualisierungsdienste*:

  Diese Dienste sorgen für eine Präsentation der Ergebnisse (der views), die von den Nutzerdiensten erbracht wurden, und über sie können die Nutzer weitere Dienste anfordern. Visualisierungsdienste bilden die Schnittstelle von SocialMinds zum Nutzer. Für einen view kann es mehrere Visualisierungsdienste geben.

Die Dienste, die von den Komponenten bereitgestellt werden, die direkt auf der Nutzerprofilverwaltung aufbauen, sind Systemdienste. Ohne die Funktionalität, die sie bereitstellen, kann SocialMinds nicht arbeiten. Andererseits ist es meist nicht sinnvoll, den Nutzern unaufbereitete, quasi rohe Nutzerprofile als Ergebnis einer Anfrage zu präsentieren. Daher werden sie den Nutzern nicht zur Ausführung angeboten.

Nutzerdienste bauen auf den Systemdiensten auf oder nutzen die Ergebnisse anderer Dienste, um Ergebnisse zu liefern, die direkt (oder indirekt als Zwischenergebnis für andere Dienste) an den Nutzer weitergeleitet werden.

Die Visualisierungsdienste stehen unmittelbar zwischen den Nutzerdiensten und dem Nutzer. Der Nutzer interagiert mit den Nutzerdiensten mittels der Visualisierungsdienste.

Wollen wir nicht zwischen verschiedenen Diensten unterscheiden, so sprechen wir nur von *Diensten*.

Des weiteren wollen wir unterscheiden zwischen den Komponenten, die Dienste anbieten, und den Komponenten, die Dienste in Anspruch nehmen. Entsprechend der heute üblichen Terminologie wollen wir erstere von nun an als *Server-Komponenten* bezeichnen, letztere als *Client-Komponenten*. Viele Komponenten in SocialMinds sind sowohl Server- als auch Client-Komponenten.

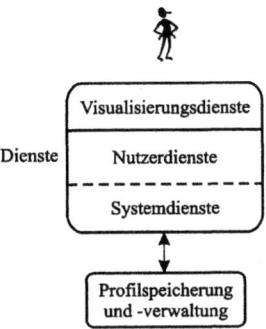

Abbildung 4.16: Arten von Diensten

4.6.3 Vorstellung einer Infrastruktur zur Verwaltung und Nutzung der Dienste

Dienstverwaltung

Damit Client-Komponenten die Dienste der Server-Komponenten nutzen können, müssen die Client-Komponenten zwei Dinge wissen:

- Welche Dienste sind verfügbar?

- Welche Server-Komponente bietet welchen Dienst an?

Folgende zwei Abschnitte beleuchten, wie diese Probleme im SocialMinds-Prototypen gelöst wurden.

Beschreibung der exportierten Funktionalität Ein Dienst wird definiert durch Angabe der Funktionalität, durch die verwendete Begriffswelt, die durch die Struktur und Bedeutung der Typen und views festgelegt wird, und durch Metainformationen, über die wir Eigenschaften des Dienstes erfragen können. Betrachten wir dies im den folgenden Abschnitten nun genauer.

Beschreibung der Funktionalität eines Dienstes Die Funktionalität eines Dienstes *service* ist allgemein festgelegt durch eine Funktion

$$f_{service} : arg_1, arg_2, \ldots, arg_n \longrightarrow res.$$

Syntaktisch können wir den Dienst damit durch die Angabe folgender Daten definieren:

- Name der Funktion $f_{service}$,

- Typen der Argumente $arg_1, \ldots, arg_n$ und

- Typ des Ergebnisses res.

Dies entspricht genau Definition 18, der Definition eines service, und letztlich ist dies nichts anderes als die Angabe einer Schnittstelle in CORBA-IDL oder einer Schnittstelle für Java-RMI.

Diese Informationen würden bereits ausreichen, um syntaktisch korrekte Anfragen an eine Server-Komponente stellen zu können. Um allerdings auch semantisch sinnvolle Anfragen formulieren zu können, ist es nötig, daß wir uns noch einmal auf die Unterscheidung zwischen views und Typen ins Gedächtnis zurückrufen:

> Ein view ist eine Modellierung eines Aspekts einer Community. Typen definieren die Repräsentation von views; sie beschreiben damit die Realisierung eines views, nicht aber dessen Bedeutung. (Für Details siehe Abschnitt 3.5.2.)

Typen sind lediglich eine Art der Repräsentation, sie machen keine Aussage über die Semantik der Aspekte, die sie beschreiben. Es ist daher nicht ausreichend, nur die Typen der Argumente bzw. des Ergebnisses anzugeben. Geben wir zur Beschreibung der Argumente und des Ergebnisses hingegen die geforderten views an, so haben wir, der „Gleichung" auf S. 82 folgend, neben der Syntax auch die Semantik der Ein- und Ausgabe von $f_{service}$ beschrieben. Grundlage hierfür ist allerdings, daß alle Komponenten von SocialMinds ein gemeinsames Verständnis bezüglich der Bedeutung der views und ihrer Repräsentationen haben.

Um die Semantik von Diensten in SocialMinds so klar wie möglich zu beschreiben, ziehen wir views für die Beschreibung der Argumente und Ergebnisse den Typen vor, wo immer dies sinnvoll ist. Ausnahmen hiervon sind Dienste, die für mehrere verschiedene views eingesetzt werden können, beispielsweise Filter. Für solche Dienste ist es sinnvoll, die Funktionalität bewußt allgemein zu beschreiben und die Argumente und Ergebnisse statt mit views mit den entsprechenden Typen anzugeben. Dies ermöglicht es uns, den Dienst für alle views mit entsprechenden Repräsentationen (Typen) zu verwenden.

Definition der Hierarchie der Typen und views Grundlage für die Nutzung von Diensten ist ein gemeinsames Verständnis von Server-Komponenten und Client-Komponenten bezüglich der verwendeten Typen und views. Liefert beispielsweise eine Server-Komponente einen view *Context* als eine Menge von Namen von Anwendungsprogrammen (Interpretation von *Context* als Situationskontext, also als Menge aller gerade aktiven Anwendungen), betrachtet aber eine Client-Komponente einen *Context* als Menge von items (Interpretation von *Context* als die Menge aller items, die der Nutzer mit einem bestimmten item in Verbindung sieht), so sind ernste Schwierigkeiten abzusehen. Es ist daher von großer Bedeutung, eine Begriffswelt für alle an SocialMinds beteiligten Komponenten festzulegen, um Mißverständnisse wie das oben genannte auszuschließen.

Dies realisieren wir, indem wir die auf S. 82 beschriebene Struktur von Typen und views als Grundlage nutzen und fordern, daß alle Dienste, die für SocialMinds implementiert werden, views und Typen entsprechend dieser Struktur verwenden. So ist sichergestellt, daß alle Komponenten die gleiche Begriffswelt verwenden.

Im Prototypen von SocialMinds beschreiben wir die Typen und views in XML. Hierzu weisen wir jedem Typ, den wir in 3.5.2 definiert haben, ein Tag zu. Für Beispiele siehe Tabellen 4.6 und 4.7.

Views sind Namen für Typen, denen wir eine bestimmte Semantik zuordnen. Betrachten wir nun näher, wie Typen aussehen: Abschnitt 3.5.2 folgend, können Typen Container-

4.6. REALISIERUNG VON VIEWS: DIENSTE UND IHR ZUSAMMENSPIEL

Typname	Tag	Art
user	<SocialMinds:User/>	Grundtyp
place	<SocialMinds:Place/>	Grundtyp
item	<SocialMinds:Item/>	Grundtyp
identifier	<SocialMinds:Identifier/>	Grundtyp
number	<SocialMinds:Number/>	Grundtyp
set	<SocialMinds:Set> ... </SocialMinds:Set>	Container
list	<SocialMinds:List> ... </SocialMinds:List>	Container
tuple	<SocialMinds:Tuple> ... </SocialMinds:Tuple>	Container

Tabelle 4.6: Zuordnung von XML-Tags zu Typen

View-Name	Tag	Definition
distance	<SocialMinds:Distance/>	<SocialMinds:Number/>
count	<SocialMinds:Count/>	<SocialMinds:Number/>
value	<SocialMinds:Value/>	<SocialMinds:Number/>
userId	<SocialMinds:UserId/>	<SocialMinds:Identifier/>
placeId	<SocialMinds:PlaceId/>	<SocialMinds:Identifier/>
itemId	<SocialMinds:ItemId/>	<SocialMinds:Identifier/>
context	<SocialMinds:Context/>	<SocialMinds:Set> <SocialMinds:Item/> </SocialMinds:Set>

Tabelle 4.7: Zuordnung von views zu Typen

oder Grundtypen sein. Container-Typen, beispielsweise *set* oder *tuple*, müssen weitere Typen enthalten — egal ob Grundtypen oder wiederum Container. Grundtypen stehen für sich alleine. Eine korrekte Typdefinition folgt damit der DTD in Anhang B.2.1.

Die Beschreibung eines Typs oder eines views besteht ausschließlich aus attributlosen Tags; Inhalte sind nicht erlaubt. Diese sind auch gar nicht nötig, denn bei der Beschreibung von Typen und views geht es uns nur darum, deren innere Struktur zu beschreiben, so daß ein Objekt einer Programmiersprache, von dem bekannt ist, daß es einen bestimmten Typ hat, anhand seiner Typbeschreibung verarbeitet werden kann.

Welche Typen und views es gibt, wie diese Typen und views heißen und aus welchen Typen ein view definiert ist, legen wir in einer Konfigurationsdatei fest. Diese Konfigurationsdatei besteht aus zwei Teilen: Ein Teil, in dem die Typen sowie die Typenhierarchie definiert werden, und ein Teil, in dem den view-Namen ihre Definitionen durch Typen zugewiesen werden. Die DTD in Anhang B.2.2 beschreibt den Aufbau dieser Datei.

Metainformationen Die Metainformationen liefern zusätzliche Angaben zu einem Dienst, beispielsweise Angaben zum Autor des Dienstes oder Dienstgüteparameter wie Verfügbarkeit, voraussichtliche Dauer der Diensterfüllung, Kosten, etc. Für den Social-Minds-Prototypen unterscheiden wir zwei Arten von Metainformationen:

- Metainformationen, die vom SocialMinds-System festgelegt werden und für alle

Dienste vorgeschrieben sind, und

- Metainformationen, die je nach Dienst unterschiedlich sind.

Die Metainformationen, die von SocialMinds verpflichtend vorgeschrieben sind, können wir wiederum in vier Gruppen unterteilen: Die erste Gruppe beinhaltet einen eindeutigen Identifikator für den Dienst. Mit diesem Identifikator kann man jederzeit von der Dienstverwaltung eine komplette Dienstbeschreibung anfordern.

Die zweite Gruppe betrifft Informationen, auf welchem Rechner die Komponente zu erreichen ist, von der der Dienst angeboten wird. Dies ist wichtig, damit andere Dienste die Server-Komponente kontaktieren können. Im SocialMinds-Prototypen geben wir hier die RMI-URL des Dienstes an.

Die dritte Gruppe legt den Namen der Hierarchie der Typen und views fest. Es ist essentiell, daß die einzelnen Komponenten ein gemeinsames Verständnis der views und Typen haben, die in den Argumenten und Ergebnissen verwendet werden, denn sonst ist eine korrekte Nutzung der Dienste nicht möglich. Die explizite Angabe der vom Dienst verwendeten Typen- und view-Hierarchie hat einige Vorteile: Sie ermöglicht die parallele Existenz von Diensten mit unterschiedlichen, möglicherweise aufeinander aufbauenden Begriffswelten in einer gemeinsamen Infrastruktur. So kann die Dienstinfrastruktur von mehreren Programmsystemen parallel genutzt werden. Client-Komponenten können gezielt die Dienste auswählen, deren Begriffswelt sie beherrschen. Außerdem ist eine einfache Evolution der Dienstbeschreibungen möglich.

Die vierte Gruppe von Metainformationen schließlich umfaßt Informationen, um dem Nutzer den Dienst beschreiben zu können, beispielsweise in Nutzeroberflächen von Programmen, die dem Nutzer mehrere Dienste anbieten. In dieser Gruppe finden wir beispielsweise den Namen des Dienstes sowie eine natürlichsprachige Beschreibung seiner Funktionalität.

Alle anderen Metainformationen sind je nach Dienst unterschiedlich. Ein einheitliches Format für Inhalt und Semantik dieser Metainformationen ist nicht vorgesehen. Um in der Speicherung möglichst flexibel zu sein, legen wir sie als Attribut-Wertpaare ab. Die Attributnamen sind Zeichenketten, die Werte beliebige Objekte.

Klassen zur Beschreibung von Diensten Der Prototyp von SocialMinds stellt für die Beschreibung von Diensten die Klasse `ServiceDescription` bereit. Instanzen dieser Klasse bilden die Basis, auf der die Dienstverwaltung aufbaut:

- Server-Komponenten registrieren die von ihnen angebotenen Dienste mit Instanzen der Klasse `ServiceDescription`.

- Client-Komponenten beschreiben die von ihnen benötigten Dienste mit Instanzen von `ServiceDescription`.

`ServiceDescription` faßt alle Daten, die einen Dienst beschreiben, zusammen. Dies betrifft einerseits Daten, die den Dienst selbst beschreiben, beispielsweise Typen bzw. views von Argumenten und Ergebnissen, und andererseits Metainformationen zum Dienst. `ServiceDescription` stellt folgende Methoden bereit:

```
class ServiceDescription
{
```

4.6. REALISIERUNG VON VIEWS: DIENSTE UND IHR ZUSAMMENSPIEL

```
    // ---- Identifikator
    public void setServiceId(String sid);
    public String getServiceId();

    // ---- wo die den Dienst bereitstellende Server-Komponente
    //      zu finden ist
    public void setServerAddress(String addr);
    public String getServerAddress();

    // ---- Beschreibung des Diensts im Klartext
    public void setServiceName(String name);
    public String getServiceName();
    public void setDescription(String descr);
    public String getDescription();

    // ---- Name der Typ/view-Struktur; definiert
    //      gemeinsame Begriffswelt
    public void setOntology(String name);
    public String getOntology();

    // ---- definiert Dienst
    public void setCommandSpec(CommandSpec cmdSpec);
    public CommandSpec getCommandSpec();

    // ---- Attibute, um Metainformationen aufzunehmen
    public void setServiceProperty(String key,Object value);
    public Object getServiceProperty(String key);
    public void setServiceProperties(Hashtable props);
    public Hashtable getServiceProperties();

    // ---- Ausgabe
    public String toXML();
}
```

Die zentralen Teile von ServiceDescription definieren den anzubietenden bzw. anzufragenden Dienst (Methoden setCommandSpec() und getCommandSpec()) und bieten Möglichkeiten zur Definition von Attributen für Metainformationen (Methoden setServiceProperty(), getServiceProperty(), setServiceProperties() und getServiceProperties()).

Die Beschreibung der Funktionalität des Dienstes erfolgt mittels einer Instanz der Klasse CommandSpec. Diese Klasse kapselt alle Informationen zur Signatur des Dienstes. Die Argumente, die bei einer Dienstanforderung übergeben werden sollen, werden mit Instanzen der Klasse ArgumentSpec beschrieben (Abbildung 4.17):

```
    public class CommandSpec
    {

        // ---- Befehl
        public void setAction(String action);
        public String getAction();
```

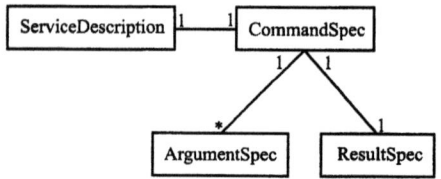

Abbildung 4.17: Aufbau der Klasse `ServiceDescription`

```
    // ---- Spezifikationen der Argumente
    public void setArgumentSpecList(Vector argSpecs);
    public void addArgumentSpec(ArgumentSpec argSpec);
    public Vector getArgumentSpecList();

    // ---- Spezifikation des Ergebnisses
    public void setResultSpec(ResultSpec resSpec);
    public ResultSpec getResultSpec();

    // ---- Ausgabe
    public String toXML();
}
```

Die Spezifikationen von Argumenten und Ergebnis sind sich sehr ähnlich. Der einzige Unterschied besteht darin, daß Argumente (und damit auch deren Spezifikation in `CommandSpec`) verpflichtend vorgeschrieben oder optional sein können, Ergebnisse aber immer geliefert werden müssen. Argumente und Ergebnisse werden durch folgende Klassen beschrieben:

```
    public class ArgumentSpec
    {
        // ---- Benennung des Arguments ("Rolle")
        public void setRole(String role);
        public String getRole();

        // ---- Typ des Arguments
        public void setDatatype(String t);
        public String getDatatype();

        // ---- Argument optional oder zwingend vorge-
        //      schrieben? (Werte vgl. Konstanten unten)
        public void setControl(int ctrl);
        public int getControl();

        // ---- Ausgabe
        public String toXML();

        // ---- Konstanten
```

```
            public final static int OPTIONAL=0;
            public final static int MANDATORY=1;
    }

    public class ResultSpec
    {

            // ---- Typ des Ergebnisses
            public void setDatatype(String t);
            public String getDatatype();

            // ---- Ausgabe
            public String toXML();
    }
```

Für die Entwickler von Diensten ist es zugegebenermaßen mühsam, für jeden Dienst ein neues `ServiceDescription`-Objekt zu erstellen und alle Attribute sowie CommandSpecs, ArgumentSpecs und ResultSpecs aufs Neue korrekt setzen zu müssen. Daher stellt Social-Minds für die gebräuchlichen Klassen von Diensten Unterklassen von `ServiceDescription` bereit, in denen die wichtigsten Attribute bereits korrekt gesetzt sind. Beispiele hierfür sind `ConstructorDescription` für Komponenten, die grundlegende Dienste anbieten und dazu unmittelbar auf den Profildaten arbeiten, oder `FilterDescription` für Komponenten, die aus einer Menge von Objekten bestimmte Objekte ausfiltern.

Verwaltung der Dienstbeschreibungen: Die ServiceRegistry Damit Client-Komponenten die benötigten Dienste auswählen und nutzen können, benötigen wir eine zentrale, wohlbekannte Stelle im System, bei der alle Server-Komponenten die exportierten Dienste registrieren. Diese Stelle kann dann von den Client-Komponenten als eine Art „Dienstkatalog" genutzt werden.

In SocialMinds übernimmt diese Aufgabe die *ServiceRegistry*. Die ServiceRegistry hält `ServiceDescription`-Objekte zu allen Diensten vor, die von Server-Komponenten angeboten werden. Client-Komponenten können bei der ServiceRegistry auf zweierlei Weise Informationen zu einem Dienst anfordern:

- Die Client-Komponente liefert den Identifikator des gesuchten Dienstes und erhält das zu diesem Dienst gehörige `ServiceDescription`-Objekt.

- Die Client-Komponente liefert ein `ServiceDescription`-Objekt, das beschreibt, welche Anforderungen der gesuchte Dienst mindestens erfüllen muß, und erhält eine Liste von `ServiceDescription`-Objekten aller Dienste, die diese Anforderungen erfüllen.

Die ServiceRegistry implementiert somit eine Kombination von Yellow Pages- und White Pages-Funktionalität[35] innerhalb von SocialMinds. Im folgenden beschreiben wir, wie diese Funktionalität im SocialMinds-Prototyp realisiert wird.

---

[35] White Pages-Funktionalität folgt dem gleichen Prinzip wie ein Telefonbuch: Man sucht anhand des Namens nach einer Adresse oder einer Telefonnummer. Yellow Pages-Funktionalität ist den Gelben Seiten, einem Branchenbuch, vergleichbar: Man sucht nach jemandem, der einen bestimmten Dienst anbietet, und findet in den Gelben Seiten Name und Anschrift der Anbieter.

Auswahl von Diensten anhand eines Dienstidentifikators: White Pages

Die Auswahl von Diensten anhand ihres Identifikators ist einfach: Die ServiceRegistry hält eine Liste aller `ServiceDescription`-Objekte, die exportierte Dienste beschreiben, und jedes `ServiceDescription`-Objekt enthält ein Feld, in dem der Identifikator des Dienstes gespeichert ist. Siehe hierzu auch S. 144, Methoden `ServiceDescription.setServiceId()` und `ServiceDescription.getServiceId()`.

Bei einer Anfrage nach einem Dienst mit dem Dienstidentifikator `serviceId` nutzt die Client-Komponente die Methode

```
ServiceDescription getService(String serviceId)
```

die die ServiceRegistry bereitstellt. Als Ergebnis erhält die Client-Komponente das `ServiceDescription`-Objekt des Dienstes mit dem entsprechenden Identifikator oder `null`, falls der Dienst mit dem gegebenen Dienstidentifikator nicht (mehr) registriert ist.

Auswahl von Diensten anhand einer Dienstbeschreibung: Yellow Pages

Bei der Auswahl von Diensten anhand einer Dienstbeschreibung gehen wir von einem gegebenen `ServiceDescription`-Objekt aus, das als eine Art „Schablone" dienen soll. Um dieses `ServiceDescription`-Objekt von den `ServiceDescription`-Objekten der registrierten Dienste zu unterscheiden, nennen wir es ab jetzt *Referenz-ServiceDescription*. Die Referenz-ServiceDescription wird von einer Client-Komponente geliefert, die eine bestimmte Funktionalität benötigt, und enthält die Beschreibung der benötigten Funktionalität.

Sucht eine Client-Komponente einen Dienst anhand einer Referenz-ServiceDescription `descr`, so nutzt sie die Methode

```
Vector getService(ServiceDescription descr),
```

die von der ServiceRegistry bereitgestellt wird. Als Ergebnis erhält sie in einem Vector[36] alle ServiceDescriptions von Diensten, die den Anforderungen der Referenz-ServiceDescription genügen. Falls keine passende ServiceDescription gefunden wurde, ist der Vector leer. Welchen Dienst die Client-Komponente aus der Menge der ServiceDescriptions auswählt und nutzt, ist von SocialMinds nicht vorgegeben. Als Entscheidungsgrundlage kann die Client-Komponente beispielsweise Dienstgüteparameter heranziehen, die in den Attribut-Wertpaaren der `ServiceDescription`-Objekte abgelegt sind.

Um alle registrierten Dienste zu identifizieren, die zur Referenz-ServiceDescription passen, vergleicht die ServiceRegistry bestimmte Felder der Referenz-ServiceDescription mit denen der `ServiceDescription`-Objekte der bei ihr registrierten Dienste. Für jeden registrierten Dienst sind folgende Schritte durchzuführen:

> In ersten Schritt prüfen wir, ob der registrierte Dienst die gleiche Begriffswelt benutzt wie der Referenzdienst. Hierzu vergleichen wir die Ergebnisse der Methode `ServiceDescription.getOntology()` bei der Referenz-ServiceDescription und dem `ServiceDescription`-Objekt des zu prüfenden Diensts. Nur wenn die Ergebnisse bei beiden `ServiceDescription`-Objekten übereinstimmen, benutzen beide Dienste die selbe Begriffswelt — die Voraussetzung dafür, daß Dienstanforderer und Diensterbringer nicht syntaktisch korrekt „aneinander vorbeireden".

---

[36] Ein Vector (`java.util.Vector`) ist ein Feld, das in seiner Größe variabel ist.

4.6. REALISIERUNG VON VIEWS: DIENSTE UND IHR ZUSAMMENSPIEL

Im nächsten Schritt vergleichen wir die Befehlsspezifikationen, siehe Methode `ServiceDescription.getCommandSpec()`. Damit ein Dienst der Befehlsspezifikation aus der Referenz-ServiceDescription entspricht, müssen folgende Bedingungen erfüllt sein:

- Die Aktionen müssen gleich sein.

- Der Typ des Ergebnisses der Befehlsspezifikation des zu prüfenden Dienstes muß gleich dem Typ des Ergebnisses der Befehlsspezifikation in der Referenz-ServiceDescription sein.

- Der Typ jedes Arguments des zu prüfenden Dienstes muß übereinstimmen mit dem Typ des entsprechenden Arguments der Befehlsspezifikation in der Referenz-ServiceDescription oder eine Verallgemeinerung davon sein gemäß der auf S. 83 definierten Spezialisierungshierarchie.

Sind diese Bedingungen erfüllt, so genügt der geprüfte Dienst den von der Referenz-ServiceDescription gestellten Anforderungen.

Die Bedingung, daß die Typen der Argumente nicht exakt übereinstimmen müssen, erlaubt eine größere Flexibilität bei der Auswahl der Dienste: So können auch Dienste ausgewählt werden, die weniger strenge Anforderungen an die Argumente stellen als in der Referenz-ServiceDescription gefordert. Die Typen der Ergebnisse müssen allerdings übereinstimmen[37].

Der Vergleich der Argumente geschieht dabei in drei Stufen. Ist ein Vergleich erfolgreich, so wird der jeweilige Dienst als geeignet markiert und die verbleibenden Stufen werden nicht mehr ausgeführt. Für jedes Argument führen wir folgende Schritte durch:

1. Zuerst wird geprüft, ob die Typen bzw. views des Arguments des ausgewählten Dienstes und des Referenzdienstes übereinstimmen. Dies ist der Idealfall.

2. Ist der Typ des Arguments ein view, so wird der view entsprechend der auf S. 83 vorgestellten Komponentenhierarchie zu seiner Definition durch Typen aufgelöst (Auflösung der *instance_of*-Relation). Dann wird die Typdefinition des views des Arguments des ausgewählten Dienstes mit dem Typ des Arguments des Referenzdienstes verglichen.

   In diesem Schritt geht die Semantik verloren, die den view von dem ihn definierenden Typ unterscheidet; die Struktur des Typs bleibt aber erhalten.

3. Gemäß der Spezialisierungshierarchie auf S. 83 werden Verallgemeinerungen des Typs des Arguments des ausgewählten Dienstes ermittelt. Jeder allgemeinere Typ wird verglichen mit dem Typ des Arguments des Referenzdienstes.

   In diesem Schritt wird die Struktur des Typs vereinfacht (geordnete Listen werden durch ungeordnete Mengen ersetzt, etc.). Ziel ist, mit jeder Vereinfachung die

---

[37] Es wäre denkbar, daß man für das Ergebnis auch speziellere Typen als den eigentlich in der Referenz-ServiceDescription geforderten Typ zuläßt. Die syntaktische Korrektheit wäre gesichert und die Client-Komponente könnte mit dem gelieferten (aber eben spezielleren) Ergebnis weiterarbeiten. Allerdings wäre — je nach Typ und Implementierung des jeweiligen Dienstes — die Gefahr groß, daß aufgrund einer möglicherweise *zu speziellen* Funktionalität des Dienstes nur ein Teil des gewünschten Ergebnisses geliefert würde; das Ergebnis wäre aus Sicht der Server-Komponente, die den Dienst implementiert, korrekt, aus Sicht der Client-Komponente aber unvollständig.

Menge potentiell passender registrierter Dienste zu erhöhen und so die Chance zu vergrößern, einen Dienst zu finden, der den Anforderungen der Client-Komponente gerecht wird.

Die Vereinfachung der Typen um eine Stufe wird folgendermaßen durchgeführt. Wir gehen hierbei von außen nach innen vor:

- Der Typ von a ist atomar. Dann wird a vereinfacht:
  - super(a).

- Der Typ ist von der Gestalt $< a > b < /a >$, wobei a ein Container-Typ mit Elementen b identischen Typs ist. a ist beispielsweise eine Menge oder eine geordnete Liste. Dann wird im ersten Schritt a vereinfacht, im zweiten die enthaltenen b, dann im dritten sowohl a als auch b. $< a > b < /a >$ wird demnach vereinfacht zu folgenden Typen:
  - <super(a)> b </super(a)>,
  - $< a >$super(b)$< /a >$ und
  - <super(a)>super(b)</super(a)>.

- Der Typ ist von der Gestalt <tuple> $b_1, \ldots, b_n$ </tuple> mit Elementen der Typen $b_1, \ldots, b_n$. Im ersten Schritt wird zuerst jeweils ein b_i, $i = 1, \ldots, n$, vereinfacht, im zweiten Schritt jeweils zwei b_i, im dritten Schritt dann drei b_i, etc., bis schließlich alle b_i vereinfacht wurden. <tuple> $b_1, \ldots, b_n$ </tuple> wird somit zu folgenden Typen vereinfacht:
  - <tuple>super(b_1), $b_2, \ldots, b_n$ </tuple>,
  - <tuple> b_1, super(b_2), $b_3, \ldots, b_n$ </tuple>,
  - $\ldots$,
  - <tuple> $b_1, \ldots, b_{n-1}$, super(b_n)</tuple>,
  - <tuple>super(b_1), super(b_2), $b_3, \ldots, b_n$ </tuple>,
  - <tuple>super(b_1),b_2, super(b_3), $b_4, \ldots, b_n$ </tuple>,
  - $\ldots$,
  - <tuple> $b_1, \ldots, b_{n-2}$, super(b_{n-1}), super(b_n)</tuple>,
  - $\ldots$,
  - <tuple>super(b_1), super(b_2), $\ldots$, super(b_n)</tuple>.

Entspricht in einer Vereinfachungsstufe kein Dienst den Anforderungen der Referenz-ServiceDescription, so wird für jeden der in dieser Stufe ermittelten vereinfachten Typen das gleiche Schema rekursiv angewendet — so lange, bis entweder die Dienst-ServiceDescriptions soweit vereinfacht sind, daß sie zur Referenz-ServiceDescription konform sind oder keine weitere Vereinfachung mehr möglich ist.

Beispiel:

Wir suchen einen Dienst, der als Argument die Buddylist eines Nutzers entgegennimmt. Bei der Auswahl geeigneter Dienste geht die ServiceRegistry nun davon aus, daß der anfordernde Dienst eine Buddylist als Argument liefern kann. Die ServiceRegistry geht nun folgendermaßen vor:

4.6. REALISIERUNG VON VIEWS: DIENSTE UND IHR ZUSAMMENSPIEL

1. Zuerst werden alle Dienste gesucht, die als Argument eine Buddylist <SocialMinds:Buddylist/> akzeptieren.
2. Werden keine entsprechenden Dienste gefunden, so wird der view Buddylist durch seine Typdefinition ersetzt. Eine Buddylist ist folgendermaßen definiert:

   <SocialMinds:Set>
     <SocialMinds:Tuple>
       <SocialMinds:UserId/>
       <SocialMinds:Distance/>
     </SocialMinds:Tuple>
   </SocialMinds:Set>

   Also sucht die ServiceRegistry nach Diensten, die diesen Typ als Argument benötigen.

3. Findet die ServiceRegistry keinen passenden Dienst, so muß sie als nächstes den nächst allgemeineren Typ entsprechend der Spezialisierungshierarchie suchen. Hier haben wir folgende Typen:

   - Auflösen von <SocialMinds:UserId/> zu <SocialMinds:Identifier/>:

     <SocialMinds:Set>
       <SocialMinds:Tuple>
         <SocialMinds:Identifier/>
         <SocialMinds:Distance/>
       </SocialMinds:Tuple>
     </SocialMinds:Set>

   - Auflösen von <SocialMinds:Distance/> zu <SocialMinds:Number/>:

     <SocialMinds:Set>
       <SocialMinds:Tuple>
         <SocialMinds:UserId/>
         <SocialMinds:Number/>
       </SocialMinds:Tuple>
     </SocialMinds:Set>

   - Auflösen von <SocialMinds:UserId/> zu <SocialMinds:Identifier/> und <SocialMinds:Distance/> zu <SocialMinds:Number/>:

     <SocialMinds:Set>
       <SocialMinds:Tuple>
         <SocialMinds:Identifier/>
         <SocialMinds:Number/>
       </SocialMinds:Tuple>
     </SocialMinds:Set>

Registrieren von Diensten Damit eine Server-Komponente einen Dienst bei der ServiceRegistry anmelden kann, bietet die ServiceRegistry folgende Methode an:

```
void registerService(ServiceDescription descr).
```

Diese Methode nimmt als Argument das `ServiceDescription`-Objekt entgegen, das den zu registrierenden Dienst beschreibt. Bietet eine Server-Komponente mehrere Dienste an, so ist `registerService()` für jeden angebotenen Dienst aufzurufen.

Sobald die ServiceRegistry das `ServiceDescription`-Objekt `descr` registriert hat, können andere Dienste dieses `ServiceDescription`-Objekt abrufen und dann den Dienst, den sie beschreibt, nutzen. Es ist daher wichtig, daß die Server-Komponente die Registrierung ihrer Dienste bei der ServiceRegistry erst dann durchführt, wenn alle Initialisierungsarbeiten erledigt sind und der exportierte Dienst tatsächlich erbracht werden kann.

Abmelden von Diensten Die ServiceRegistry bietet zwei Möglichkeiten, Dienste abzumelden und so aus dem System zu entfernen: Das gezielte Abmelden eines Dienstes und das Abmelden einer Server-Komponente inklusive aller Dienste, die sie bereitstellt. Hierzu stellt die ServiceRegistry folgende Methoden bereit:

- Zum gezielten Abmelden eines Dienstes mit dem Identifikator `serviceId`:

  ```
  void unregisterService(String serviceID).
  ```

- Zum Abmelden aller Dienste einer Server-Komponente, die über eine RMI-URL `serverAddress` angesprochen werden kann:

  ```
  void unregisterServer(String serverAddress).
  ```

Beide Methoden entfernen so bald wie möglich, also unmittelbar nach der Beendigung eventuell noch laufender Suchanfragen, die `ServiceDescription`-Objekte aus der Liste der registrierten Dienste. Diese Dienste sind dann für neue Suchanfragen[38] bei der ServiceRegistry nicht mehr verfügbar.

Die Methoden `unregisterServer()` bzw. `unregisterService()` müssen von der Server-Komponente aufgerufen werden, bevor die Server-Komponente selbst Aufräumarbeiten wie beispielsweise die Freigabe allokierter Ressourcen vornimmt.

Aufbau eines Dienstes

Nachdem wir im letzten Abschnitt beschrieben haben, wie die Dienste verwaltet werden, wollen wir uns nun ansehen, wie die Server-Komponenten, die die Dienste umsetzen, in SocialMinds implementiert werden.

---

[38] Es ist möglich, daß Client-Komponenten die RMI-URL einer Server-Komponente in einer Variablen ablegen. In diesem Fall ist die Client-Komponente für die Kontrolle der Aktualität der Variablen verantwortlich. Tests auf Fehler aufgrund nicht mehr erreichbarer Dienste sind im Fall zwischengespeicherter RMI-URLs von Server-Komponenten unerläßlich.

4.6. REALISIERUNG VON VIEWS: DIENSTE UND IHR ZUSAMMENSPIEL 153

Lebenszyklus Wir unterscheiden grob drei Phasen, in der sich eine Server-Komponente befinden kann:

1. Die Vorbereitungsphase:

   In dieser Phase allokiert die Server-Komponente benötigte Ressourcen, erledigt verschiedene Vorbereitungen und registriert die Dienste, die sie exportiert, bei der ServiceRegistry.

2. Die Diensterbringungsphase:

   Während dieser Phase steht die Server-Komponente den Client-Komponenten für Dienstanfragen zur Verfügung. Dienstanfragen werden entgegengenommen, bearbeitet und die Ergebnisse werden an die Client-Komponenten zurückgeliefert.

3. Die Nachbearbeitungsphase:

   In dieser Phase werden die registrierten Dienste abgemeldet, Aufräumarbeiten erledigt und allokierte Ressourcen freigegeben. Eine Bearbeitung von Dienstanfragen findet nicht mehr statt.

Abbildung 4.18 liefert einen Überblick über den Lebenszyklus einer Server-Komponente und welche Zustände sie während der einzelnen Phasen annimmt.

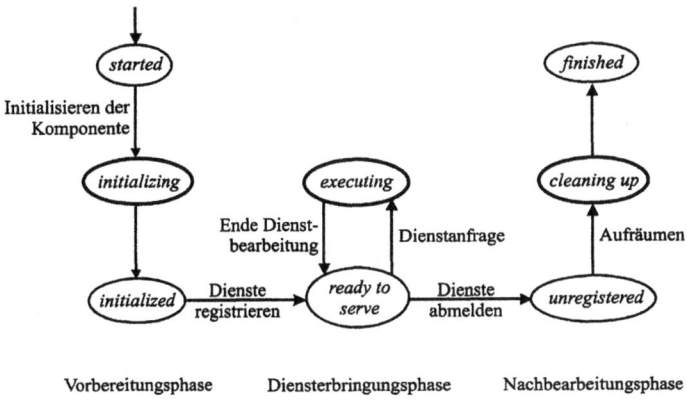

Abbildung 4.18: Phasen während des Ablaufs einer Server-Komponente

Trennung von Basisfunktionalität und Dienstfunktionalität Die meisten Schritte im Lebenszyklus einer Server-Komponente sind bei allen Server-Komponenten identisch. Unterschiede finden wir lediglich bei der Initialisierung der Server-Komponente im Zustand *initializing*, der Abarbeitung von Dienstanfragen im Zustand *executing*, bei Aufräumarbeiten im Zustand *cleaning up* (alle drei Zustände in Abbildung 4.18 mit dickerem Rand) und bei den konkreten ServiceDescription-Objekten der exportierten Dienste, die beim Übergang von *initialized* zu *ready to serve* bei der ServiceRegistry hinterlegt werden.

Es bietet sich an, die Grundfunktionalität einer jeden Server-Komponente (Initialisierung, Registrierung der Dienste, Entgegennehmen von Dienstanfragen, etc.) von der eigentlichen Dienstfunktionalität zu trennen, denn die Dienstfunktionalität ist das Einzige, worin sich die Server-Komponenten effektiv unterscheiden. Diese Trennung realisieren wir folgendermaßen:

- Wir fassen die gesamte Dienstfunktionalität einer Server-Komponente in einem *ServiceHandler* zusammen, einer Klasse, die eine bestimmte Schnittstelle implementiert. Jeder ServiceHandler muß diese Schnittstelle implementieren:

    ```
    void initialize();
    ServiceDescription getServiceDescription();
    Result handleCommand(String issuer,Hashtable argsHash);
    void cleanup();
    ```

    Die Methoden `initialize()` und `cleanup()` dienen der Initialisierung des ServiceHandlers beim Start der Server-Komponente und der Freigabe eventuell in `initialize()` angeforderter Ressourcen beim Beenden der Server-Komponente. Die Methode `getServiceDescription()` liefert ein `ServiceDescription`-Objekt, das den Dienst beschreibt, den der ServiceHandler erbringen kann, und `handleCommand()` realisiert die Dienstfunktionalität. `Issuer` ist hierbei der Identifikator des Nutzers, der den Dienst anfordert, und `argsHash` ist eine Hash-Tabelle, in der die Argumente des Dienstes als Attribut-Wertpaare abgelegt sind: Die Attributnamen sind die Namen der Argumente, die Attributwerte die Werte der Argumente. Das Ergebnis des Dienstes wird in einer Instanz der Klasse `Result` an die Client-Komponente zurückgeliefert.

    Für jeden Dienst, der von einer Server-Komponente angeboten wird, muß ein ServiceHandler implementiert werden. Eine Server-Komponente kann mehrere ServiceHandler beinhalten.

- Der oder die ServiceHandler einer Server-Komponente werden von einer Basisklasse `BaseService` verwaltet, die die Aufgaben erledigt, die für alle Server-Komponenten gleich sind. Die ServiceHandler, die die Basisklasse verwaltet, werden in der Konfigurationsdatei der Basisklasse angegeben.

    Die Basisklasse sorgt für die Initialisierung der ServiceHandler, erfragt von ihnen mittels `ServiceHandler.getServiceDescription()`, welche Dienste sie anbieten, und sorgt für die Registrierung der `ServiceDescription`-Objekte bei der ServiceRegistry. Außerdem stellt sie eine Schnittstelle bereit, über die die Client-Komponenten Dienste anfragen können. Diese Schnittstelle enthält nur eine Methode:

    ```
    Result doCommand(Command cmd).
    ```

    Erfolgt eine Dienstanfrage von einer Client-Komponente mittels eines Aufrufs von `BaseService.doCommand()`, so ermittelt die Basisklasse anhand des als Argument übergebenen `Command`-Objekts `cmd` den passenden ServiceHandler, extrahiert die in `cmd` übergebenen Argumente in die bereits genannte Hash-Tabelle `argsHash` und leitet die Dienstanfrage mittels eines Aufrufs von `ServiceHandler.handleCommand()` an den ServiceHandler weiter. Das Ergebnis, das der ServiceHandler

4.6. REALISIERUNG VON VIEWS: DIENSTE UND IHR ZUSAMMENSPIEL

in einem Result-Objekt gekapselt zurückliefert, gibt die Basisklasse an die Client-Komponente zurück.

Ausgangspunkt einer Diensterbringung ist immer eine Dienstanfrage einer Client-Komponente mittels eines Aufrufs von `BaseService.doCommand()` beim `BaseService`-Objekt. Abbildung 4.19 zeigt schematisch den Ablauf einer Diensterbringung, wie er im Prototyp von SocialMinds realisiert ist.

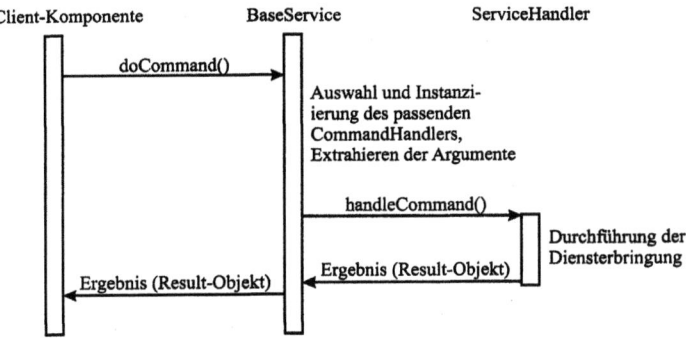

Abbildung 4.19: Ablauf einer Diensterbringung

Ein ausführlich kommentiertes Beispielprogramm für eine Server-Komponente finden Sie im Anhang in C.1. Die Server-Komponente ist bewußt einfach gehalten und besteht nur aus einem ServiceHandler sowie der Konfigurationsdatei für die Basisklasse.

Nutzung von Diensten

Damit eine Client-Komponente einen Dienst nutzen kann, muß sie folgende drei Schritte durchführen: Zuerst muß sie eine passende Server-Komponente ausfindig machen und gegebenenfalls aus mehreren Server-Komponenten, die Dienste der gesuchten Funktionalität anbieten, eine auswählen. (Wir gehen hierbei davon aus, daß die Client-Komponente Zugriff auf die ServiceRegistry hat, die eine Auswahl passender Server-Komponenten bereitstellt.) Die Auswahl einer passenden Server-Komponente ist Sache der Client-Komponente. An diese Server-Komponente muß die Client-Komponente dann die Anfrage richten. Als Ergebnis erhält die Client-Komponente ein `Result`-Objekt, das das Ergebnis kapselt. Die Client-Komponente muß den Wert des Ergebnisses aus dem `Result`-Objekt extrahieren, erst dann kann sie mit dem Ergebnis arbeiten. Diese Schritte wollen wir im folgenden näher betrachten. Eine einfache Client-Komponente ist in Anhang C.2 zu finden.

Identifikation einer passenden Server-Komponente Der erste Schritt für die Client-Komponente besteht darin, die Adresse (eine RMI-URL) einer Server-Komponente zu ermitteln, die den gewünschten Dienst erbringen kann. Hierzu kontaktiert die Client-Komponente die ServiceRegistry, bei der die `ServiceDescription`-Objekte aller verfügbaren Dienste registriert sind. Je nachdem, ob die Client-Komponente bereits den Identifikator des gewünschten Dienstes kennt oder nicht, sind verschiedene Vorarbeiten nötig:

- Die Client-Komponente kennt den Identifikator `serviceId` des Dienstes:

    In diesem Fall können wir die White Pages-Funktionalität der ServiceRegistry nutzen:

    ```
    // ---- ServiceDescription des Dienstes bei
    //      ServiceRegistry anfordern

    serviceDescr = ServiceRegistry.getService(serviceId);

    // ---- RMI-URL der Server-Komponente aus
    //      ServiceDescription extrahieren

    serverURL=serviceDescr.getServerAddress();

    // ---- Referenz auf Server-Komponente von RMI-Naming-
    //      Service anfordern

    serverObject = Naming.lookup(serverURL);
    ```

    Wir nutzen hier den Naming-Service, den die Klasse java.rmi.Naming implementiert, um eine Referenz auf die Server-Komponente zu erhalten. Dieser Naming-Service ist sehr einfach, aber für unsere Zwecke ausreichend.

- Die Client-Komponente kennt den Identifikator des Dienstes nicht:

    Hier müssen wir ein `ServiceDescription`-Objekt erstellen, das den gewünschten Dienst beschreibt. Es bietet sich an, hier auf die auf S. 147 bereits angesprochenen Unterklassen von `ServiceDescription` zurückzugreifen, um weniger Attribute selbst setzen zu müssen. Es bleibt uns allerdings nicht erspart, ein `CommandSpec`-Objekt entsprechend des gewünschten Dienstes zu schreiben und in das `ServiceDescription`-Objekt einzutragen. Der Code für die Anforderung einer Server-Komponente sieht folgendermaßen aus:

    ```
    // ---- ServiceDescription erzeugen

    myServiceDescr = new ServiceDescription();

    // ---- Beschreibung der gewuenschten Funktionalitaet

    myCommandSpec = new CommandSpec(action);
    myCommandSpec.addArgumentSpec(
        new ArgumentSpec(argName_1,argType_1,isOptional_1));
    // ...
    myCommandSpec.addArgumentSpec(
        new ArgumentSpec(argName_n,argType_n,isOptional_n));
    myServiceDescr.setCommandSpec(myCommandSpec);

    // ---- Menge passender ServiceDescriptions bei
    //      ServiceRegistry anfordern

    serviceDescrSet = ServiceRegistry.getService(myServiceDescr);
    ```

```
//  ---- Dienst aus dieser Menge mittels geeignet zu implemen-
//       tierender Methode "chooseServiceDescr()" auswaehlen

chosenServiceDescr = chooseServiceDescr(serviceDescrSet);

//  ---- RMI-URL der Server-Komponente aus
//       ServiceDescription extrahieren

serverURL=chosenServiceDescr.getServerAddress();

//  ---- Referenz auf Server-Komponente von RMI-Naming-
//       Service anfordern

serverObject = Naming.lookup(serverURL);
```

Aufruf des Dienstes Nachdem wir eine Referenz auf die Server-Komponente haben, können wir die Dienstanfrage vorbereiten. Hierzu bauen wir ein Command-Objekt entsprechend der gewünschten Dienstanfrage. Die Argument-Objekte des Command-Objekts nehmen hierbei die zu übergebenden Werte auf.

Anschließend können wir die Methode BaseService.doCommand() der Server-Komponente mit dem Command-Objekt als Argument aufrufen. Die Server-Komponente führt den Dienst, den wir mittels des Command-Objekts spezifiziert haben, aus und liefert ein Result-Objekt als Ergebnis.

Vorbereiten des Ergebnisses für die weitere Nutzung Bevor wir mit dem Ergebnis der Dienstanfrage arbeiten können, müssen wir es aus dem Result-Objekt extrahieren. Dies erledigen wir mit der Methode Result.getValue(). Nun können wir das Ergebnis der Dienstanfrage nutzen.

4.7 Zusammenfassung

In diesem Kapitel haben wir die technischen Grundlagen des Prototypen von SocialMinds beschrieben. Die Grobstruktur von SocialMinds entspricht im wesentlichen dem Aufbau des Formalismus: Wir haben Teilsysteme für die Profildatenhaltung, das Profil-Update, die Ereigniserfassung und -weiterverarbeitung und die Dienste, die ja das wesentliche Element von SocialMinds bilden. Jedes Teilsystem hat seine besonderen Herausforderungen, denen wir begegnen mußten. Fassen wir die Anforderungen und die sich daraus ergebenden Entscheidungen zum Design von SocialMinds kurz zusammen:

Beim Teilsystem für die Verwaltung der Profildaten (Profildatenhaltung) waren der effiziente Zugriff, die flexible Art der Datenspeicherung und das Sicherheitsbedürfnis der Nutzer von großer Bedeutung. Daher haben wir dieses Teilsystem als verteiltes Profil-Repository mit mehreren Caching-Ebenen und assoziativen Arrays zum schnellen Zugriff auf die Daten realisiert.

Das Teilsystem, das für die Aktualität und Konsistenz der Profildaten verantwortlich ist, muß besonders eng mit den Datenhaltungskomponenten der Nutzerprofilverwaltung zusammenarbeiten. Nur so kann verhindert werden, daß eine möglicherweise sehr zeitraubende Pflege der Nutzerprofile den Zugriff auf eben diese Daten empfindlich stört. Wir haben daher jeder Datenhaltungskomponente eine Profilpflegekomponente zugewiesen, die idealerweise beide auf dem selben Rechner laufen und deren Betrieb eng aufeinander abgestimmt ist: Nur wenn das Anfrageaufkommen bei der Datenhaltungskomponente niedrig ist, werden die nötigen Pflegevorgänge durchgeführt.

Das Teilsystem für die Erfassung der Nutzeraktionen muß besonders strengen Anforderungen gerecht werden: Einerseits muß es soviel Nutzeraktivitäten wie nötig erkennen und korrekt interpretieren, andererseits darf es den Nutzer weder stören, noch von ihm die Installation neuer Software verlangen, die die bisher genutzte Software ablöst. Um Flexibilität bei der Verarbeitung der Ereignisse zu erreichen, haben wie die Ereigniserfassung (Sensoren) von der Ereignisverarbeitung (Aktoren) getrennt. Die Sensoren arbeiten als Proxy und greifen so die Ereignisse ab, die der Nutzer während seiner Arbeit erzeugt. Jedes anwendungsspezifische Ereignis wird von den jeweiligen Sensoren in ein generisches Ereignis (SocialMinds-Ereignis) umgewandelt und dann an alle Aktoren weitergeleitet, die die jeweiligen Ereignisse verarbeiten können. Die Aktoren wiederum sorgen für die Verarbeitung der Ereignisse und die entsprechenden Aktualisierungen der betreffenden Nutzerprofile.

Alle diese Teilsysteme arbeiten für die Nutzer unsichtbar. Die Nutzer haben unmittelbar nur mit Diensten zu tun, von denen jeder eine in sich abgeschlossene Funktionalität bietet. Da die Suche nach Gleichgesinnten oder die Analyse verschiedenster Strukturen in einer gegebenen Menge von Menschen keinem festen Schema folgt, sondern jeder Fall für sich betrachtet und interpretiert werden muß, können auch die Dienste nicht starr miteinander gekoppelt sein. Statt dessen müssen sie möglichst gut kombinierbar sein, damit die Nutzer, je nach Situation, die passenden Dienste nutzen und auf bereits verfügbaren Ergebnissen aufbauen können. Dies haben wir gelöst, indem wir jeden Dienst als in sich abgeschlossene Komponente implementiert haben. Die Dienste registrieren ihre Funktionalität bei einer zentralen Komponente, der ServiceRegistry, und fragen andere Dienste bei Bedarf an. So nutzen Dienste — gesteuert entweder durch den Nutzer oder durch die Programmlogik des Dienstes — andere Dienste.

Nachdem wir nun die technische Seite von SocialMinds diskutiert haben, wollen wir uns im folgenden Kapitel der Umsetzung solcher Dienste widmen, die uns bei der Suche nach Gleichgesinnten und der Analyse von Strukturen zwischen Nutzern unterstützen sollen.

Kapitel 5

Unterstützung der Community-Formierung

5.1 Überblick

In Kapitel 3 haben wir einen Formalismus hergeleitet, der uns die Modellierung von Aspekten von Communities auf der Grundlage von Nutzermodellen erlaubt, und in Kapitel 4 haben wir mit SocialMinds ein System vorgestellt, das eine effiziente Suche in einer großen Menge von potentiell verteilt gespeicherten Nutzerprofilen sowie eine flexible Analyse der Suchergebnisse ermöglicht. In diesem Kapitel wollen wir die Ergebnisse beider Kapitel zusammenführen: Wir wollen demonstrieren, wie auf der Grundlage des in Kapitel 3 beschriebenen Formalismus unter Verwendung der in Kapitel 4 entwickelten Technologien Community-Unterstützungssysteme auf effiziente Weise entwickelt werden können. Wir konzentrieren uns hierbei auf die Realisierung von views, die bei der Identifikation von potentiellen Community-Mitgliedern und der Analyse von Strukturen zwischen ihnen hilfreich sein können.

Zuerst betrachten wir genauer, wie die Unterstützung der Community-Formierung aussehen kann (Kapitel 5.2). Danach gehen wir auf die Umsetzung von views und services in Software-Komponenten (Dienste) ein (Kapitel 5.3). Wir erläutern hierbei insbesondere, wie diese Dienste mit der Profilverwaltung interagieren und wie die in 3.6.1 hergeleiteten Basis-Views Interessensnetzwerk und Kommunikationsnetzwerk umgesetzt werden. Schließlich beschreiben wir Dienste, die aufeinander aufbauend ein Netzwerk zur Unterstützung der Community-Formierung bilden (Kapitel 5.5) und die wir nutzen können, um einerseits die Bildung einer Community aus einer gegebenen Gruppe von Nutzern zu unterstützen, und andererseits den Wissenstransfer zwischen den Nutzern zu verbessern.

5.2 Unterstützung der Community-Formierung

Eine Unterstützung der Community-Formierung kann auf zwei Arten stattfinden: Ausgehend von gegebenen Gemeinsamkeiten, die alle Community-Mitglieder teilen sollen, oder ausgehend von einer Menge von Nutzern. Beide Arten der Community-Formierung wollen wir nun kurz beleuchten.

5.2.1 Gemeinsamkeitszentrierte Community-Formierung

Ein wesentliches Element von Communities sind Gemeinsamkeiten, die die Mitglieder der Community teilen und die einigend auf die Community-Mitglieder wirken. Bei der *gemeinsamkeitszentrierten Community-Formierung* geben wir die Gemeinsamkeiten — in dieser Arbeit Interessen und Kompetenzen, repräsentiert durch items — vor, die potentielle Community-Mitglieder teilen sollen. Wir können dann ausgehend von der Menge aller registrierter Nutzer diejenigen Nutzer identifizieren, die die bestimmten, vorgegebenen Gemeinsamkeiten haben.

5.2.2 Nutzerzentrierte Community-Formierung

Wir können auch eine Menge von Nutzern als gegeben betrachten und Beziehungen zwischen den Nutzern identifizieren und analysieren. Hier ist der Ausgangspunkt die vorgegebene Menge der Nutzer. Dieses Vorgehen bezeichnen wir daher als *nutzerzentrierte Community-Formierung*. Ziel ist es, Strukturen in der gegebenen Menge der Nutzer zu erkennen und herauszuarbeiten, ihre Eigenschaften zu bestimmen und sie so zu interpretieren, daß wir durch die neuen Erkenntnisse den Wissensaustausch zwischen den Nutzern gezielt verbessern können.

5.2.3 Schritte zur Formierung von Communities

Beide der oben genannten Arten der Community-Formierung können wir als Ausgangspunkt für den Aufbau einer Community verwenden. Der Community-Aufbau über die gemeinsamkeitszentrierte Community-Formierung ist von der Vorgehensweise konstruktiv: Wir suchen eine Menge von Nutzern anhand gegebener Kriterien und versuchen dann, einen Kontakt zwischen ihnen aufzubauen und zu intensivieren. Der Schwerpunkt bei dieser Art von Vorgehen liegt in der Suche nach passenden Nutzern.

Wollen wir hingegen eine Community mittels nutzerzentrierter Community-Formierung aufbauen, so müssen wir es schaffen, Nutzer, die möglicherweise bisher nichts miteinander zu tun hatten, zu einer Zusammenarbeit, zu einem Miteinander zu bewegen. Dies können wir schaffen, wenn wir Gemeinsamkeiten dieser Nutzer identifizieren und auf der Grundlage dieser Gemeinsamkeiten eine Interaktion der Nutzer anregen. Der Schwerpunkt bei diesem Vorgehen liegt in der Analyse einer gegebenen Menge von Nutzern mit dem Ziel, potentiell einende Gemeinsamkeiten zu identifizieren.

Die weiteren Schritte sind für beide gerade genannte Arten des Vorgehens wieder gleich. Wir gehen aus von einer Menge möglicherweise voneinander isolierter Nutzer, die Gemeinsamkeiten teilen, aber nicht notwendigerweise in Kontakt miteinander stehen. Diese Menge von Nutzern müssen wir nun bezüglich bestehender Interaktions- und Kommunikationsstrukturen analysieren. Anhand der Ergebnisse und deren Interpretation können wir dann gezielt Maßnahmen ergreifen, um Communities aufzubauen oder den Informationsfluß zwischen Nutzern zu verbessern.

Ein wesentlicher Schritt hin zu einer funktionierenden Community ist, noch nicht interagierende Nutzer zusammenzubringen und in die Community zu integrieren. Hierzu ist es sinnvoll, bereits bestehende „Zentren der Interaktion und Kommunikation" zu identifizieren. Solche Zentren wären insbesondere Nutzer, die aufgrund ihrer sozialen Funktion integrierend für eine Community wirken können, beispielsweise indem sie als Multiplikator und Verteiler von Informationen auftreten. Auch Orte, die von besonders vielen der gegebenen Nutzer aufgesucht werden, sind interessant, da man über eine Kommunikation an diesen Orten schnell mit vielen Community-Mitgliedern in Kontakt treten kann. Bisher nicht interagierende Nutzergruppen können dann mittels einer Kommunikation an besonders beliebten Orten oder über Kontakte zu einem Multiplikator in eine Community integriert werden.

5.2.4 Flexible Kombination von views bei Identifikation und Analyse von Strukturen

Wenn wir die Formierung einer Community unterstützen wollen, haben wir also im wesentlichen folgende Schritte durchzuführen:

1. Identifikation einer Menge von Nutzern mit ähnlichen Interessen — entweder über die Identifikation von Nutzern bei vorgegebenen Gemeinsamkeiten (gemeinsamkeitszentrierte Community-Formierung) oder über die Identifikation von Gemeinsamkeiten bei einer vorgegebenen Nutzermenge (nutzerzentrierte Community-Formierung).

2. Analyse bereits bestehender sozialer Strukturen, insbesondere Interaktions- und Kommunikationsbeziehungen.

3. Integration noch nicht interagierender Nutzer bzw. Nutzergruppen durch Bekanntmachung von Kontakten, gut besuchten Orten, etc.

Der grundsätzliche Ablauf ist im wesentlichen immer der selbe, aber welche Maßnahmen im einzelnen durchgeführt werden müssen, ist von Nutzermenge zu Nutzermenge, von Community zu Community unterschiedlich. Einige Maßnahmen, die immer wieder in Kombination vorkommen, können wir zu einem komplexeren Dienst zusammenfassen und automatisiert durchführen, aber oft müssen Daten interpretiert werden, und es ist aufgrund der Komplexität und Vielschichtigkeit vieler identifizierter Beziehungen und aufgrund der Vielzahl möglicher Interpretationen nicht sinnvoll, die Auswertungen maschinell zu steuern. Menschen müssen entscheiden, welche Analysen noch nötig sind und welche Maßnahmen zu treffen sind: Es besteht die Notwendigkeit, daß die Nutzer, die mit der Unterstützung der Community betraut sind, selbst die durchzuführenden Analysen und Maßnahmen auswählen.

Wie die Interaktion des Nutzers mit den Komponenten, die die views implementieren, ablaufen soll, hängt von der implementierten Nutzeroberfläche ab; weder der in Kapitel 3 beschriebene Formalismus noch die in Kapitel 4 vorgestellte Architektur von SocialMinds machen hierzu Vorschriften, denn die Kombination von views nach den Wünschen des Nutzers ist ausschließlich Sache der Visualisierungsdienste. Als Beispiel für eine nutzergesteuerte Kombination von views wollen wir betrachten, wie dies in der Web-basierten Nutzerschnittstelle des SocialMinds-Prototypen realisiert ist:

> Die Visualisierungsdienste von SocialMinds sind als Web-Anwendung mit Java Server Pages (JSP) und Servlets realisiert, die eine Schnittstelle zu der in Abschnitt 4.6 beschriebenen Infrastruktur bietet. Jedem Visualisierungsdienst ist ein view zugeordnet, den er auf die eine oder andere Weise darstellt. Umgekehrt können für einen view mehrere Visualisierungsdienste existieren, die die Informationen des views auf verschiedene Arten darstellen. Dies erlaubt

es den Nutzern, ein und dieselbe Information (view) aus unterschiedlichen Perspektiven zu betrachten.

Jeder Visualisierungsdienst bietet den Nutzern auf der Grundlage des gerade visualisierten views den Aufruf weiterer views an, die auf den Daten des gerade visualisierten views basieren. Entscheidend für die Auswahl der dem Nutzer angebotenen views ist die Information, die der gerade visualisierte view bereitstellt.

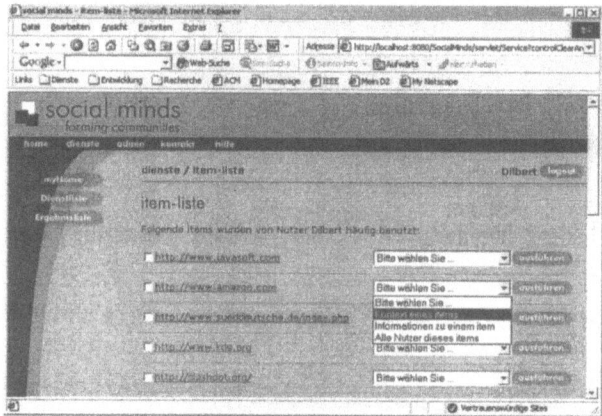

Abbildung 5.1: Auswahl eines views auf der Grundlage eines items als Eingabe (Screenshot)

Betrachten wir zur Illustration folgendes Beispiel: Abbildung 5.1 zeigt einen Visualisierungsdienst, der dem Nutzer einen view des Typs <SocialMinds:Set> <SocialMinds:Item/></SocialMinds:Set> präsentiert, also eine Menge von items. In diesem Fall handelt es sich um die am häufigsten genutzten items des Nutzers Dilbert. Dem Nutzer dieses Visualisierungsdienstes werden nun solche views angeboten, die als Eingabe einzelne items oder aber Mengen von items benötigen. Views, die weitere Daten als Eingabe benötigen, etwa den Identifikator eines bestimmten Nutzers, werden nicht angeboten, denn der gerade präsentierte view kann diese zusätzlichen Daten nicht liefern; er ist auf (Mengen von) items beschränkt. Von den angebotenen views kann der Nutzer einen auswählen, der dann mit den jeweiligen Daten als Eingabe ausgeführt wird.

Betrachten wir die Liste der items in Abbildung 5.1 genauer. Auf jedes item dieser Liste können nun views angewendet werden, die dieses item als Eingabe verwenden. Die views kann der Nutzer in einem Menü auswählen. In Abbildung 5.1 würde beispielsweise im nächsten Schritt der Kontext des ausgewählten items angezeigt. Abbildung 5.2 zeigt eine andere Möglichkeit, ausgehend vom aktuellen view fortzufahren: Es würden alle Nutzer gesucht, die

5.3. KOMPONENTENBASIERTE COMMUNITY-UNTERSTÜTZUNGSSYSTEME

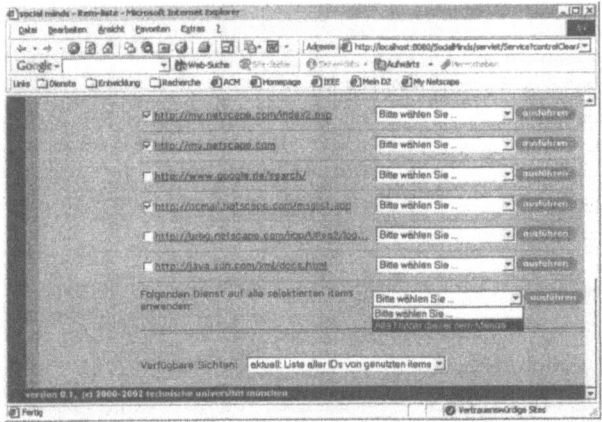

Abbildung 5.2: Auswahl eines views auf der Grundlage einer Menge von items als Eingabe (Screenshot)

die markierten items nutzen. Auf diese Weise können views auf der Grundlage anderer views entsprechend den Wünschen des Nutzers aufgebaut und damit auch komplexere Analysen durchgeführt werden.

5.3 Komponentenbasierte Community-Unterstützungssysteme

Die Identifikation von Nutzern, items und Orten und die Analyse der Strukturen zwischen diesen wird über views realisiert, die vom Nutzer angefordert, interpretiert und zu neuen views kombiniert werden. Zur Realisierung von views verwenden wir services. Wie wir in 4.6 gesehen haben, bilden wir services unmittelbar auf Nutzerdienste ab, die in die Dienstinfrastruktur integriert werden und die einander aufrufen können. Einen service, der views zur Durchführung seiner Aufgaben benötigt (Konzeptebene), können wir damit als eine Software-Komponente, einen Nutzerdienst, implementieren, der andere Software-Komponenten, Nutzer- wie Systemdienste, aufruft (Implementierungsebene): Ein Geflecht von views wird so unmittelbar in ein Geflecht von Software-Komponenten abgebildet. Dies erlaubt uns ein schrittweises, evolutionäres Vorgehen beim Entwurf von Community-Unterstützungssystemen. Folgender Top-Down-Ansatz, wie wir ihn auch für die Implementierung der Dienstkomponenten von SocialMinds genutzt haben, bietet sich an:

> Wir gehen aus von einer durchzuführenden Aufgabe, für die wir einen bestimmten view benötigen. Um diesen view zu realisieren, müssen wir einen Dienst entwickeln, der als Ergebnis den gewünschten view liefert. Hierzu ist es nicht nötig, die Funktionalität des Dienstes von Grund auf neu zu entwickeln.

Statt dessen untersuchen wir, aus welchen Teilkomponenten der Dienst aufgebaut ist und wie die Ergebnisse der Teilkomponenten verarbeitet werden müssen, damit wir als Ergebnis den gewünschten view erhalten.

Die Teilkomponenten realisieren wir nun nicht als Unterprogramme im Dienst selbst, sondern als eigenständige Dienste, sofern noch keine funktional gleichwertigen Dienste verfügbar sind. Der Aufruf einer Teilkomponente ist dann der Aufruf eines Dienstes. So wird die Funktionalität der Teilkomponenten komplett aus dem ursprünglichen Dienst ausgelagert und steht damit auch anderen Diensten zur Verfügung.

Bei der Implementierung verschiedener, auch komplexerer views hat sich gezeigt, daß auf diese Weise die Komplexität der Dienste deutlich abnimmt und daß mit relativ wenig Aufwand eine hohe Wiederverwendbarkeit der einzelnen Dienste erreicht werden kann.

Alle im folgenden beschriebenen Dienste sind im Teilsystem für die Dienste von SocialMinds angesiedelt. Sie sind als ServiceHandler (vgl. S. 154) implementiert und können so beliebig verteilt ablaufen.

5.4 Realisierung grundlegender views

5.4.1 Zugriff auf die Grundobjekte user, item und place

Für einige Arbeiten müssen Dienste direkt auf die Grundobjekte user, item oder place zugreifen, um Daten dieser Objekte auslesen und weiterverarbeiten zu können. Um beispielsweise die Kommunikationspartner eines Nutzers zu ermitteln, muß der Dienst direkt auf die Profildaten des betreffenden Nutzers zugreifen; anders ist eine Erfüllung des Dienstes nicht möglich.

Wir haben nun zwei Möglichkeiten, Zugriffe auf die Grundobjekte zu gestalten: Jeder Dienst, der Zugriff auf diese Objekte benötigt, führt die Zugriffe mittels des ProfileStub (vgl. S. 112) selbst aus, oder aber wir führen Dienste ein, die dies für uns erledigen und als views Repräsentationen der angeforderten Grundobjekte liefern.

Dienste, die Grundobjekte liefern, haben eine gewisse Eleganz: Man muß sich als Dienstentwickler nicht mit der zugrundeliegenden Infrastruktur, ihren Komponenten und den von ihnen verwendeten Daten beschäftigen, sondern hat nur noch mit Diensten, views und Typen zu tun. Die Sicht der Dienstentwickler auf die Programmumgebung, in der ihre Dienste ablaufen sollen, ist damit klar umrissen und konzeptionell in sich abgeschlossen, was die Einarbeitung vereinfacht. Diese Einfachheit und Klarheit ist bei Verwendung des ProfileStub nicht in diesem Maße gegeben.

Wir haben daher drei grundlegende Dienste *UserBase*, *ItemBase* und *PlaceBase* implementiert — je einen für die Grundobjekte user, item und place. Jeder dieser Dienste nimmt einen Identifikator entgegen, bezieht die Daten mittels des ProfileStub von der Profilverwaltung und liefert als Ergebnis einen view vom Typ <SocialMinds:User/>, <SocialMinds:Item/> oder <SocialMinds:Place/>[1]. Das Anfordern eines Grundobjekts durch einen höheren Dienst ist damit die Nutzung eines dieser grundlegenden Dienste und unterscheidet sich in nichts von der Nutzung eines beliebigen anderen Dienstes.

---

[1] Neben dieser Grundfunktionalität bieten diese Dienste auch weitere, häufig genutzte Funktionalität an, die mit den jeweiligen Grundobjekten zu tun hat.

5.4. REALISIERUNG GRUNDLEGENDER VIEWS

Des weiteren haben wir folgende Dienste implementiert, die wichtige Maße bezüglich der Ähnlichkeit von Grundobjekten realisieren:

- *UserDist*: Subjektive Distanz zwischen zwei Grundobjekten user (vgl. Definition 21 auf S. 89).
- *UserDistItem*: Subjektive Distanz zwischen zwei Grundobjekten user bezüglich eines gegebenen items (vgl. Definition 20 auf S. 88).
- *ContextDist*: Distanz zweier Kontexte (vgl. Definition 19 auf S. 87).

Diese Dienste sind Systemdienste und bilden, wie in Abbildung 5.3 zu sehen, eine Zwischenschicht zwischen der Nutzerprofilverwaltung von SocialMinds und den Nutzerdiensten.

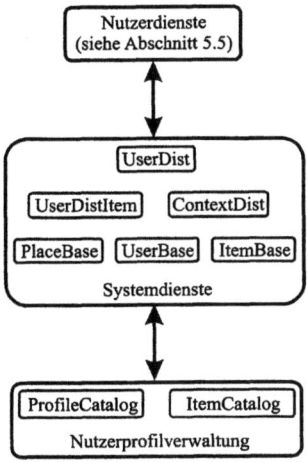

Abbildung 5.3: Systemdienste

5.4.2 Interessensnetzwerk und Kommunikationsnetzwerk

Wie wir in 3.6.1 gesehen haben, bauen alle views auf zwei grundlegenden views auf: Dem Interessensnetzwerk und dem Kommunikationsnetzwerk. Das Interessensnetzwerk modelliert Beziehungen zwischen Nutzern basierend auf den jeweils genutzten items, das Kommunikationsnetzwerk stellt die Kommunikationsbeziehungen zwischen den Nutzern dar.

Es ist naheliegend, beide views aufzubauen und ständig aktuell zu halten, um so eine Grundlage für die auf ihnen aufbauenden views zu haben. Dies hat allerdings einige Nachteile:

- Die den views zugrundeliegenden Graphen werden sehr groß: Bei n registrierten Nutzern haben wir für das Interessensnetzwerk n Knoten und maximal $n(n-1)$

Kanten, für das Kommunikationsnetzwerk n Knoten und maximal $2^3 \cdot n(n-1)$ Kanten. Hieraus ergeben sich Probleme der Speicherung und des effizienten Zugriffs.

- Die meisten views benötigen keinen Zugriff auf das gesamte Interessensnetzwerk oder das gesamte Kommunikationsnetzwerk, sondern nur auf Teilgraphen, die die Knoten enthalten, die von einem gegebenen Knoten aus in zwei, vielleicht drei Schritten erreichbar sind.

Wir berechnen daher im SocialMinds-Prototypen das Interessensnetzwerk und das Kommunikationsnetzwerk nicht vollständig, sondern nur die Teilgraphen, die gerade von anderen views benötigt werden. Dies erledigen wir in views, die einerseits den Nutzern bereits interessante Informationen liefern, und andererseits als Grundlage für weitere views dienen. Diese speichern die Teilgraphen temporär und nutzen sie für spätere Dienstanfragen.

5.5 Anwendung: Ein Dienstgeflecht zur Community-Formierung

In den folgenden zwei Abschnitten wollen wir views (realisiert durch Dienste) vorstellen, die wir für die beiden Arten der Unterstützung der Community-Formierung implementiert haben. Wir gehen hier insbesondere auf die Umsetzung der in 3.6 vorgestellten views ein. Die ServiceDescriptions, die die Dienste beschreiben und die die services bei der ServiceRegistry (vgl. S. 147) hinterlegen, finden Sie in Anhang D.

5.5.1 Suche von Nutzern und items

Die ersten zwei der im folgenden vorgestellten views sind Basis-Views, wie sie in 5.4.2 angesprochen wurden. Ausgehend von einem bestimmten Nutzer berechnen sie Teilgraphen des Interessensnetzwerks und stellen diese den Nutzern, aber auch anderen views zur Verfügung. Um unnötige Mehrfachberechnungen zu vermeiden, werden bei beiden views einmal berechnete Teilgraphen in einem Cache abgelegt, der regelmäßig aufgefrischt wird.

Suche nach Nutzern mit bestimmten Interessen: *User Recommender*

Überblick In SocialMinds repräsentieren wir Interessen als eine Menge von items und ihren Kontexten. Dies erlaubt es dem Nutzer, „Interessensprofile" zu definieren, indem er items auszeichnet, die aus seiner Sicht für die jeweiligen Themen charakteristisch sind.

Dieser view sucht zu einem gegebenen Thema, repräsentiert durch eine Menge von items, die Nutzer, die sich ebenfalls für dieses Thema interessieren. Wir wollen diesen view daher als „User Recommender" bezeichnen. Die Nutzer, die dieser view als Ergebnis liefert, wären potentielle Ansprechpartner bei Fragen und Problemen, die mit dem gewählten Thema zu tun haben. Sie wären ebenfalls potentielle Mitglieder einer Community, die sich mit dem Thema der vorgegebenen items beschäftigt.

Die Ergebnisse dieses views sind mit einer gewissen Unsicherheit behaftet, denn haben wir nur eine Menge von Identifikatoren von items gegeben, so können wir keine Aussage darüber treffen, aus welcher Perspektive der Nutzer, der die items vorgegeben hat, diese items sieht. Uns fehlen die Kontexte dieser items und damit ein wichtiges Instrument um festzustellen, ob die Sichtweisen zweier Nutzer auf ein item ähnlich sind oder nicht. Wir

5.5. ANWENDUNG: EIN DIENSTGEFLECHT ZUR COMMUNITY-FORMIERUNG

können daher nur prüfen, welche Nutzer möglichst viele der genannten items verwenden; Aussagen bezüglich der Sichtweise der Nutzer auf diese items sind nicht möglich.

Realisierung Eine Prüfung der Nutzerprofile aller registrierter Nutzer kommt aus Effizienzgründen nicht in Frage; es wären einfach zu viele Nutzerprofile zu prüfen. Statt dessen gehen wir in zwei Schritten vor:

1. Zuerst identifizieren wir die Nutzer, die möglichst viele der gegebenen items als bedeutungsvoll einschätzen. Hierzu nutzen wir Informationen, die uns der ItemCatalog (vgl. S. 111) liefert und die der Dienst *UserBase* kapselt. Als Ergebnis erhalten wir eine Hash-Tabelle *userHash*, in der Tupel (*user, count*) abgelegt sind. *Count* ist hierbei die Zahl der items, die der Nutzer *user* mit der Liste der gegebenen items gemeinsam hat.

2. Nun können wir *userHash* durchgehen und für jedes Tupel (*user, count*) den Faktor g berechnen, der das Verhältnis der Zahl der gemeinsamen items zur Zahl der items in der Liste angibt. Wir wollen $g \in [0; 1]$ den *Überdeckungsfaktor* nennen. Die Nutzer *user*, für die $g \geq minG$ ist, nehmen wir in die Ergebnismenge auf.

Das Verfahren sieht damit folgendermaßen aus:

Verwendete Variablen:

- *givenItemSet*: Vorgegebene Menge von items.
- *item*: Item, Element von *givenItemSet*.
- *minG*: Minimal erlaubte Überdeckung zwischen der Menge der items eines Nutzers und der Menge *givenItemSet*.
- *usersPerItem*: Menge der Nutzer, in deren Nutzerprofil ein bestimmtes item enthalten ist.
- *user*: Nutzer, Element von *usersPerItem*.
- *userHash*: Hash-Tabelle, die Paare (*user, count*) enthält. *User* ist ein Nutzer, *count* ist die Zahl der items, die sowohl im Profil von Nutzer *user*, als auch im eigenen Nutzerprofil vorkommen.
- *count*: Zahl der items, die sowohl im Profil von Nutzer *user*, als auch im eigenen Nutzerprofil vorkommen.
- g: Überdeckungsfaktor.
- *interestedUsersSet*: Menge der Nutzer, deren genutzte items die Mindestüberdeckung *minG* mit der Liste der vorgegebenen items *givenItemSet* überschreitet; Ergebnis.

Nutzereingaben:

- *givenItemSet*,
- *minG*.

Verwendete views:

- *UserBase*.

Verfahren:

> **variables:**
> **from external:** givenItemSet, minG;
> **local:** item, usersPerItem, user, count, userHash, g;
> **result:** interestedUsersSet;
>
> interestedUsersSet := {};
>
> // Schritt 1: Aufbauen der user-Zugriffszahl-Tabelle
>
> **foreach** item **in** givenItemSet **do**
>   usersPerItem := useView("UserBase", item);
>   **foreach** user **in** usersPerItem **do**
>   count := userHash.get(user);
>   **if** count = **undefined then**
>   userHash.set(user, 1);
>   **else**
>   userHash.set(user, count+1);
>   **fi**
>   **od**
> **od**
>
> // Schritt 2: Berechnung der Überdeckung der item-Mengen
> // und Zusammenstellen der Ergebnismenge
>
> **foreach** user **in** userHash.keys **do**
>   count := userHash.get(user);
> $g := \frac{count}{givenItemSet.size()}$;
>   **if** $g \geq $ minG **then**
>   interestedUsersSet := interestedUsersSet $\cup$ {user};
>   **fi**
> **od**

Die ServiceDescription dieses views ist in Tabelle D.1 zu finden.

Suche nach Nutzern mit ähnlichen Interessen wie man selbst: *Similar Users*

Überblick Dieser view identifiziert die Nutzer, die ähnliche Interessen haben wie man selbst. Bezugspunkt hierbei ist das eigene Nutzerprofil, insbesondere die items, die man nutzt, sowie deren Kontexte und subjektive Bedeutung. Würde man die „ideale persönliche Community" suchen, also eine Gemeinschaft von Leuten, die möglichst ähnliche Interessen haben wie man selbst, so wären die so identifizierten Nutzer potentielle Community-Mitglieder.

5.5. ANWENDUNG: EIN DIENSTGEFLECHT ZUR COMMUNITY-FORMIERUNG

Realisierung Ausgangspunkt ist das eigene Nutzerprofil, U. Man sucht nun nach allen Nutzern V, zu denen die Distanz kleiner als ein vom Nutzer vorgegebener Maximalwert $dist_{gefordert}$ ist: $dist_{user}^{(t)}(U, V) < dist_{gefordert}$.

Ebenso wie bereits beim view *User Recommender* wäre ein Vergleich des eigenen Nutzerprofils mit den Nutzerprofilen aller registrierter Nutzer viel zu aufwendig. Statt dessen nutzen wir den *User Recommender*, um eine Vorfilterung der Nutzer zu erreichen, die wir exakt prüfen müssen. Hierzu gehen wir folgendermaßen vor:

1. Wir identifizieren die Nutzer, die möglichst viele der items als bedeutungsvoll einschätzen wie wir selbst. Hierzu nutzen wir den view *User Recommender* und übergeben ihm folgende Argumente:

    - Die Menge der items, die im eigenen Nutzerprofil als bedeutend vermerkt sind und
    - einen Wert $minG$.

Der Wert $minG$ hängt von der Distanz $dist_{gefordert}$ ab:

Generell gilt, daß wir für einen gegebenen Überdeckungsfaktor g der Profile zweier Nutzer U und V keine Distanz $dist_{user}^{(t)}(U, V)$ mit

$$dist_{user}^{(t)}(U, V) < (1 - g) \cdot dist_{max}$$

erreichen können[2]. Verlangen wir umgekehrt eine Distanz von mindestens $dist_{gefordert}$, so dürfen wir nur die Nutzeridentifikatoren weiter berücksichtigen, für die $g \geq 1 - \frac{dist_{gefordert}}{dist_{max}}$ ist. Wir setzen daher:

$$minG \stackrel{\text{def}}{=} 1 - \frac{dist_{gefordert}}{dist_{max}}.$$

Man beachte, daß trotz entsprechend gewähltem $minG$ immer noch

$$dist_{user}^{(t)}(U, V) > dist_{gefordert}$$

sein kann, denn wir können zu diesem Zeitpunkt noch keine Aussagen darüber machen, wie ähnlich die Sichtweisen auf die items sind, die beide Nutzer gemeinsam haben. Das so festgelegte $minG$ ist als untere Schranke zu verstehen: Ist $minG < 1 - \frac{dist_{gefordert}}{dist_{max}}$, reicht selbst im günstigsten Fall ein Überdeckungsfaktor $minG$ nicht aus, um $dist_{gefordert}$ zu erreichen.

Als Ergebnis erhalten wir vom *User Recommender* eine Menge von Nutzern, deren bedeutsame items eine bestimmte Mindestüberdeckung mit der Menge der items haben, die in unserem eigenen Nutzerprofil aufgeführt sind.

---

[2]Dies kann man leicht anhand von Definition 21 auf S. 89 ausrechnen. Dabei muß man lediglich berücksichtigen, daß $|\hat{M}| = (1 - g) \cdot \left(|\hat{M}| + |M|\right)$ und im Idealfall, also alle gemeinsam vorhandenen items werden jeweils gleich wichtig eingeschätzt und aus der gleichen Perspektive betrachtet, $\sum_{A \in M} dist_{user, A}^{(t)}(U, V) = 0$ ist.

2. Nun können wir für jeden in dieser Menge enthaltenen Nutzer V die Distanz zum eigenen Nutzerprofil U, $dist^{(t)}_{user}(U,V)$, errechnen. Falls dann

$$dist^{(t)}_{user}(U,V) < dist_{gefordert}$$

ist, so wird Nutzer V in die Ergebnisliste aufgenommen.

Das Verfahren sieht damit folgendermaßen aus:

Verwendete Variablen:

- *distGefordert*: Maximal erlaubte Distanz zwischen einem Nutzer und dem eigenen Nutzerprofil.
- *ownItemSet*: Menge der items, die im eigenen Nutzerprofil vermerkt sind; implizit gegeben durch das eigene Nutzerprofil.
- *ownProfile*: Eigenes Nutzerprofil.
- *userSet*: Menge der Nutzer, deren Nutzerprofil eine Überdeckung von mindestens $minG$ mit dem eigenen Nutzerprofil hat; Ergebnis von view *User Recommender*.
- *user*: Nutzer, Element von *userSet*.
- *dist*: Distanz zweier Nutzerprofile.
- *distMax*: Konstante, die die maximal definierte Entfernung zweier Nutzer festlegt.
- *userHash*: Hash-Tabelle, die Paare (*user*, *dist*) enthält. *User* ist ein Nutzer, *dist* ist die Distanz des eigenen Nutzerprofils zum Nutzerprofil von Nutzer *user*; Ergebnis.

Nutzereingaben:

- *distGefordert*.

Verwendete views:

- *User Recommender*,
- *DistUser*.

Verfahren:

variables:
    from external: ownProfile, distGefordert;
    local: ownItemSet, userSet, user, dist, distMax, minG;
    result: userHash;

// Vorfilterung mit view *User Recommender*

ownItemSet := ownProfile.getItems();
minG := 1-$\frac{distGefordert}{distMax}$;
userSet := **useView**("User Recommender", ownItemSet, minG);

```
// Aufbauen der user-Distanz-Tabelle

foreach user in userSet do
    dist:=useView("DistUser", ownProfile, user);
    if dist < distGefordert then
        userHash.set(user, dist);
    fi
od
```

Dieser Dienst liefert zu einem gegebenen Profil von Nutzer U eine Menge von Tupeln $(V, dist_{user}^{(t)}(U,V))$ und benötigt als Argument eine maximale Distanz. Damit sieht die ServiceDescription für diesen Dienst aus wie in Tabelle D.2 angegeben.

Dieser Dienst baut auf dem view *User Recommender* auf. Außerdem benötigt er einen Basisdienst, der $dist_{user}^{(t)}(U,V)$ berechnet. Letzterer liefert keine vom Nutzer unmittelbar verwertbaren Erkenntnisse und wird nur von anderen Diensten genutzt. Abgesehen davon benötigt *Similar Users* keine weiteren Dienste.

Suche nach noch unbekannten, möglicherweise interessanten items: *Item Recommender*

Überblick Den bereits vorgestellten view *User Recommender* können wir nutzen, um einen klassischen kollaborativen „Item Recommender" nachzubilden, ein Empfehlungssystem für items. Der Nutzer definiert eine Menge von items, die aus seiner Sicht möglichst gut das Thema beschreiben, zu dem er mehr Informationen wünscht. Anschließend sucht SocialMinds nach items, die aus Sicht anderer Nutzer gut zu den gegebenen items passen.

Realisierung Die Suche nach bisher für den Nutzer unbekannten items läuft in zwei Schritten ab:

1. Zuerst werden Nutzer gesucht, deren Interessen möglichst gut mit den Themen übereinstimmen, die in den gegebenen items behandelt werden. Hierzu nutzen wir wieder den view *User Recommender*. Mit dem Parameter $minG$ (siehe ServiceDescription zu diesem view, Tabelle D.1) können wir die thematische Streuung und damit die Zahl der zu empfehlenden items beeinflussen: Je größer $minG$ gewählt wird, desto größer ist die geforderte Überdeckung und damit die thematische Übereinstimmung, aber desto weniger Nutzer werden die geforderte Überdeckung erfüllen. Und je weniger Nutzer wir betrachten können, desto geringer ist die Zahl der items, die für eine Empfehlung in Frage kommen. Eine große Überdeckung führt also mit großer Wahrscheinlichkeit zu einer geringeren Zahl von Empfehlungen. Als Ergebnis dieses Schritts erhalten wir eine Menge von Nutzern.

2. Dann betrachten wir die Menge aller items, die die so identifizierten Nutzer als bedeutungsvoll ansehen. Hierzu ist es nötig, direkt auf die Profildaten dieser Nutzer zuzugreifen. Von diesen items nehmen wir die, die im Profil des Nutzers nicht aufgeführt sind, zur Ergebnisliste hinzu.

Das Verfahren sieht damit folgendermaßen aus:

Verwendete Variablen:

- *ownProfile*: Eigenes Nutzerprofil.
- *ownItemSet*: Menge der items, die im eigenen Nutzerprofil aufgeführt sind; implizit gegeben durch eigenes Nutzerprofil.
- *minG*: Minimal erlaubte Überdeckung.
- *allItemSet*: Menge aller von Nutzern als bedeutend angesehenen items.
- *userSet*: Menge aller Nutzer, die mit *givenItemSet* eine Überdeckung von mindestens *minG* haben; Ergebnis des views *User Recommender*.
- *user*: Nutzer; Element von *userSet*.
- *interestingItemSet*: Menge der items, die andere Nutzer für bedeutend halten, die aber nicht im eigenen Nutzerprofil vermerkt sind; Ergebnis.

Nutzereingaben:

- *givenItemSet*,
- *minG*.

Verwendete views:

- *User Recommender*.

Verfahren:

```
variables:
    from external: givenItemSet, ownProfile, minG;
    local: allItemSet, userSet, ownItemSet, user;
    result: interestingItemSet;

allItemSet := {};

// User Recommender aufrufen

ownItemSet := ownProfile.getItems();
userSet := useView("User Recommender", givenItemSet,
                   minG);

// item-Menge ermitteln

foreach user in userSet do
    allItemSet := allItemSet ∪ user.getItems();
od
interestingItemSet := allItemSet \ ownItemSet;
```

Dieser Dienst nimmt zwei Argumente entgegen: Eine Menge von item-Identifikatoren, die die items kennzeichnen, zu denen wir verwandte items suchen, sowie den Parameter *minG*, mit dem wir die thematische Breite (und damit auch die Größe) des Ergebnisses steuern können. Beide Argumente werden unmittelbar an den view *User Recommender* weitergereicht. Die ServiceDescription dieses views ist in Tabelle D.3 aufgeführt.

Dieser Dienst baut auf dem view *User Recommender* (ServiceDescription in Tabelle D.1) auf. Daneben arbeitet er auch mit dem Dienst *UserBase*, um Zugriff auf die Nutzerprofile der anderen Nutzer zu haben. Dies ist nötig für den Abgleich der item-Listen.

5.5.2 Analyse von Strukturen

Bestimmung eines Community-Modells: *Community Finder*

Überblick Dieser view überlagert eine vorgegebene Menge von Nutzern mit dem Kommunikationsnetzwerk. Ziel ist es, Aussagen über das Kommunikationsverhalten innerhalb dieser Gruppe von Nutzern machen zu können. Dieser view hat mehrere mögliche Einsatzgebiete: Zum einen kann er behilflich sein, wenn man Hilfe zu einem bestimmten Thema sucht. Man hat, beispielsweise mit dem view *User Recommender*, schon einige Nutzer identifiziert, die möglicherweise über das entsprechende Wissen verfügen, aber man weiß nicht, welche dieser Nutzer man kontaktieren soll. Es kann hilfreich sein zu wissen, wer eher mehr kommuniziert, wer eher weniger. Dies könnte Hinweise auf die Kontaktfreudigkeit und die Hilfsbereitschaft geben. Zum anderen kann dieser view auch dafür eingesetzt werden, die Kommunikation zwischen den einzelnen Nutzern zu verbessern, indem Nutzer, die ihr Wissen nicht mit anderen austauschen, zum Wissensaustausch motiviert werden. So könnte beispielsweise in Unternehmen der Wissensfluß gezielt verbessert werden.

Realisierung Um ein Community-Modell (siehe auch Abschnitt „Kern und Rand von Community-Netzwerken" ab S. 93) aufbauen zu können, benötigen wir die Menge der Nutzer eines Teilgraphen des Interessensnetzwerks und die Kommunikationsbeziehungen zwischen diesen Nutzern. Die Menge der Nutzer wird vom Nutzer dieses Diensts vorgegeben, beispielsweise indem er vorher einen der views *User Recommender* (S. 166) oder *Similar Users* (S. 168) aufruft. Beide views liefern Mengen von Nutzern, die unter Verwendung eines Teilgraphen des Interessensnetzwerks identifiziert wurden, so daß wir uns (im Rahmen der Genauigkeit der dort verwendeten Verfahren) relativ sicher sein können, daß die Nutzer die geforderten Interessen haben.

Für jeden Nutzer U aus dieser Menge müssen wir nun prüfen, ob er mit mindestens einem anderen Nutzer V dieser Menge in Kontakt steht. Falls ja, so gehören U und V zur Menge der Nutzer, die die Community ausmachen.

Das Verfahren sieht damit folgendermaßen aus:

Verwendete Variablen:

- *userSet*: Menge von Nutzern, die die geforderten Interessen haben.
- *user*: Nutzer, Element von *userSet*.
- *commPartners*: Menge der Kommunikationspartner eines Nutzers.
- *members*: Menge aller Nutzer, die zur Community gehören, die also ähnliche Interessen haben und miteinander in Kontakt stehen.

Nutzereingaben:

- *userSet*.

Verwendete views:

- Keine.

Verfahren:

```
variables:
    from external: userSet;
    local: user, commPartners;
    result: members;

members := {};

foreach user in userSet do
    commPartners := user.getAllCommunicationPartners();
    if commPartners ≠ {} then
        members := members ∪ commPartners;
    fi
od
```

Für die ServiceDescription zu diesem Dienst siehe Tabelle D.4. Dieser Dienst baut auf einem view auf, der eine Menge von Nutzern auf der Grundlage des Interessensnetzwerks liefert, beispielsweise *User Recommender* oder *Similar Users*. Daneben arbeitet er auch auf dem Dienst *UserBase*, um Zugriff auf die Nutzerprofile der anderen Nutzer zu haben. Dies ist nötig, um die Kommunikationsbeziehungen der Nutzer abzugreifen.

Identifikation zentraler Orte: *Where To Go*

Überblick Wie bereits in 3.3.3 angesprochen, haben Orte in Communities eine zentrale Bedeutung: Sie erleichtern den Informationsaustausch und wirken durch die Kommunikation der Nutzer über den Ort integrierend. Dieser view identifiziert die Orte, die überdurchschnittlich häufig von den vorgegebenen Nutzern zur Kommunikation genutzt werden.

Gerade für Nutzer, die Informationen zu einem bestimmten Thema oder Kontakt zu Leuten mit bestimmten Interessen suchen, können Orte wahre Fundgruben sein. Es wäre also äußerst praktisch, die Orte zu finden, an denen sich besonders viele Nutzer mit bestimmten Kompetenzen und Interessen tummeln. Dort könnte man eher Tips und guten Rat erhalten als wenn man auf Verdacht seine Fragen in einem der vielen Diskussionsforen veröffentlicht. Auch ist die Chance größer, an gut besuchten Orten Kontakte zu Gleichgesinnten zu knüpfen.

Die Themen, anhand derer die Orte ausgewählt werden sollen, werden auch hier wieder durch items bestimmt.

5.5. ANWENDUNG: EIN DIENSTGEFLECHT ZUR COMMUNITY-FORMIERUNG

Realisierung Um die Community festzulegen, deren die Orte näher betrachtet werden sollen, können wir wieder auf die views *User Recommender* (S. 166) oder *Similar Users* (S. 168) zurückgreifen. Diese views liefern uns eine Menge von Nutzern, die bestimmte, vorgegebene Interessen haben bzw. ähnliche Interessen wie man selbst.

Anschließend analysieren wir die Kommunikationsstrukturen zwischen diesen Nutzern, insbesondere welche Orte sie nutzen: Zuerst sammeln wir alle Orte in einer Liste. Von diesen Orten wählen wir anschließend die aus, deren Nachrichtenaufkommen über einem vom Nutzer vorgegebenen Minimum liegt. Den Gedanken auf S. 98 folgend, berechnen wir das „Nachrichtenaufkommen" eines Ortes P anhand der Anzahl der Nutzer, die diesen Ort nutzen, $\hat{c}_{users}^{(t)}(P)$, sowie der Anzahl der Nachrichten, die über diesen Ort verbreitet werden, $\hat{c}_{hits}^{(t)}(P)$. Diese beiden Zahlen prüfen wir für jeden Ort anhand folgender zwei Parameter, die der Nutzer bei Aufruf dieses Dienstes angibt:

- Einen Wert w, der die Gewichtung der Zahl der Nachrichten gegenüber der Zahl der Nutzer beschreibt[3] und

- einen Wert d, den wir als untere Schranke der „Qualität" eines Ortes betrachten und der festlegt, welche Orte noch ins Ergebnis aufgenommen werden sollen und welche nicht.

Um Orte zu identifizieren, die für eine gegebene Menge von Nutzern von Bedeutung sind, gehen wir also folgendermaßen vor:

Verwendete Variablen:

- *userSet*: Menge der Nutzer, die die zu untersuchende Community bilden.
- *user*: Nutzer, Element von *userSet*.
- *placeSet*: Menge von Identifikatoren von Orten.
- *place*: Ort, Element von *placeSet*.
- *userPlaces*: Menge der Orte, die ein Nutzer zur Kommunikation mit Gleichgesinnten nutzt.
- *userCount*: Anzahl der Nutzer, die einen Ort zur Kommunikation nutzen.
- *maxUserCount*: Größte Anzahl der Nutzer, die einen Ort zur Kommunikation nutzen.
- *hitCount*: Anzahl der Kommunikationsvorgänge, die über einen Ort laufen.
- *maxHitCount*: Größte Anzahl der Kommunikationsvorgänge, die über einen Ort laufen.
- *importantPlaceSet*: Menge der Orte, die als bedeutend eingeschätzt werden; Ergebnis.
- w: Gewicht für Ausgleich von relativer Zugriffszahl und relativer Nutzerzahl eines Ortes.
- d: Minimal erlaubte „Qualität" eines Ortes.

---
[3]Damit ist auch die Gewichtung der Zahl der Nutzer gegenüber der Zahl der Nachrichten als $1 - w$ definiert.

Nutzereingaben:

- *userSet*,
- *w*,
- *d*.

Verwendete views:

- Keine.

    variables:
       from external: userSet;
       local: placeSet, user, userPlaces, place,
          userCount, maxUserCount, hitCount, maxHitCount;
       result: importantPlaceSet;

importantPlaceSet := {};
placeSet := {};
maxUserCount := 0;
maxHitCount := 0;

// Orte in placesSet sammeln

foreach user **in** userSet **do**
    placeSet := placeSet ∪ user.getPlaces();
od

// Qualität der Orte untersuchen und Ergebnismenge vorbe-
// reiten; hierzu maxUserCount und maxHitCount bestimmen

foreach place **in** placeSet **do**
    userCount := place.getUserCount();
    maxUserCount := max(maxUserCount, userCount);
    hitCount := place.getHitCount();
    maxHitCount := max(maxHitCount, hitCount);
od

// Orte entsprechend ihrer Qualität auswählen

foreach place **in** placeSet **do**
    userCount := place.getUserCount();
    hitCount := place.getHitCount();
    if $w \cdot \frac{\text{hitCount}}{\text{maxHitCount}} + (1-w) \cdot \frac{\text{userCount}}{\text{maxUserCount}} \geq d$ **then**
        importantPlaceSet := importaptPlaceSet ∪ {place};
    fi
od

Die ServiceDescription für diesen Dienst ist in Tabelle D.5 zu finden. Dieser Dienst ist für sich allein nicht sehr sinnvoll und die manuelle Eingabe einer Menge von Nutzern ist mühsam. Meist wird er wohl mit einem Dienst kombiniert werden, der eine Menge von Nutzern identifiziert, die ähnliche Interessen oder weitere Gemeinsamkeiten haben, beispielsweise *User Recommender* oder *Similar Users*. Es bietet sich an, die Kombination dieser Dienste durch den Nutzer über eine Nutzerschnittstelle (Web-Schnittstelle, Anwendungssoftware) steuern zu lassen.

5.5.3 Abhängigkeiten der views voneinander

Wie wir gesehen haben, bauen views oft aufeinander auf; komplexere views nutzen einfachere, diese wiederum arbeiten direkt mit den Grunddiensten zusammen. Abbildung 5.4 stellt die Abhängigkeiten zwischen den in diesem Kapitel vorgestellten views noch einmal dar.

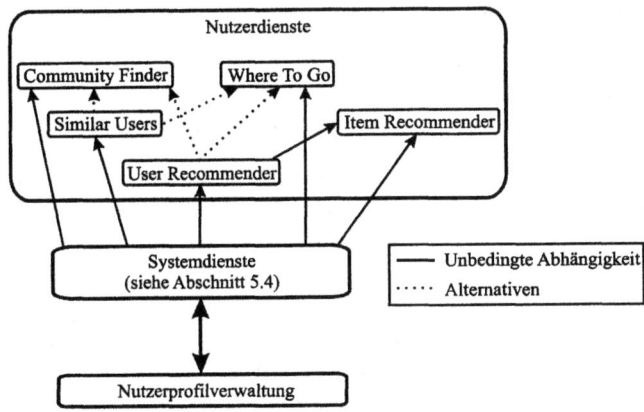

Abbildung 5.4: Abhängigkeiten der Nutzerdienste (views) untereinander

Bei einer größeren Anzahl von views entsteht schnell ein dichtes Geflecht von Abhängigkeiten, das nur noch schwer zu durchschauen ist. Dem stehen folgende Vorteile gegenüber:

- Die Flexibilität, durch die hoch komplexe Abhängigkeiten zwischen den Diensten überhaupt erst entstehen können, schafft die Möglichkeit, verschiedenste Aspekte iterativ durch Hintereinanderschaltung und Kombination von Diensten aus einer Menge von Nutzerprofilen herauszuarbeiten. Diese Flexibilität ist die Grundlage für eine Architektur zur effizienten Analyse von Nutzerprofilen.

- Die Nutzer interessieren die internen Abhängigkeiten der Dienste üblicherweise nicht; für sie ist nur von Bedeutung, daß die Dienste verfügbar sind, die sie für ihre Arbeit benötigen. Die Möglichkeit, Dienste aufeinander aufzubauen, erlaubt eine schnelle Realisierung auch komplexer Dienste, was im Sinne der Nutzer ist.

5.6 Zusammenfassung

In diesem Kapitel haben wir Dienste vorgestellt, die die Formierung von Communities und den Informationsaustausch in großen Gruppen von Nutzern unterstützen. In einem ersten Schritt haben wir beobachtet, daß wir Communities auf zwei verschiedene Weisen aufbauen können: Wir können, ausgehend von geforderten Gemeinsamkeiten, nach Nutzern suchen, die diese Gemeinsamkeiten teilen, oder aber wir geben eine Menge von Nutzern vor und untersuchen, welche Eigenschaften alle diese Nutzer gemeinsam haben. Ausgehend von den so entstehenden Nutzermengen müssen wir eine Kommunikation zwischen den Nutzern initiieren. Die hierfür nötigen Maßnahmen sind jedoch von Nutzergruppe zu Nutzergruppe verschieden und nur teilweise automatisiert durchführbar, was eine flexible Auswahl und Durchführung von Analysen, etc. durch den Nutzer nötig macht. Wir haben gezeigt, wie dies in SocialMinds gelöst wurde.

Anschließend haben wir gezeigt, wie mittels aufeinander aufbauender views und services Community-Unterstützungssysteme entworfen werden können. Teilkomponenten eines Dienstes werden nicht im Dienst selbst implementiert, sondern als eigenständiger Dienst ausgelagert, wodurch die Wiederverwendbarkeit erhöht wird und gleichzeitig die Komplexität des Codes der Dienste handhabbar bleibt.

Daraufhin haben wir besprochen, welche grundlegenden Dienste wir realisieren müssen und auf was dabei zu achten ist.

Schließlich haben wir views vorgestellt, mit denen insbesondere die Community-Formierung unterstützt wird. Der Beobachtung folgend, daß eine Unterstützung der Community-Formierung aus Kombinationen von Suchvorgängen und Analysen besteht, haben wir zwei Gruppen von Diensten realisiert: Dienste, die Nutzer anhand verschiedener Kriterien identifizieren und zu gegebenen items ähnliche items finden, und Dienste, die Beziehungen zwischen Nutzern herausarbeiten. Diese Dienste können vom Nutzer entsprechend seinen Zielen kombiniert werden.

Bei der Realisierung dieser Dienste haben wir folgende Beobachtungen gemacht: Je stärker die Dienste aufeinander aufbauen, um so dichter wird das Geflecht der Abhängigkeiten zwischen den Diensten und um so schwerer wird es, diese Abhängigkeiten zu durchschauen. Allerdings wird die Implementierung von komplexen Diensten immer einfacher, je mehr Dienste verfügbar sind, die für die Implementierung des komplexen Dienstes genutzt werden können.

Kapitel 6

Ergebnisse und abschließende Bemerkungen

6.1 Zusammenfassung und Ergebnisse

6.1.1 Zusammenfassung

Ausgangspunkt dieser Arbeit war die fehlende Systematik beim Entwurf von Community-Unterstützungssystemen. Der Grund hierfür liegt darin, daß die Erkenntnisse der Soziologie und der Psychologie aufgrund mangelnder Formalisierung häufig nicht unmittelbar für die Modellierung von Communities, die für den Entwurf von Community-Unterstützungssystemen nötig ist, herangezogen werden können. Auch eine zu sehr technisch orientierte Sichtweise auf das soziale Phänomen „Community" mag hier eine Rolle spielen.

Zuerst haben wir Definitionen und Eigenschaften von Communities vorgestellt, um ein gemeinsames Verständnis bezüglich Communities zu schaffen. Wir haben den Wissensaustausch unter den Mitgliedern einer Community sowie das Gefühl, Mitglied einer Gemeinschaft zu sein, als die wesentliche Motivation identifiziert, die Menschen an Communities teilnehmen läßt. Diese Motivation bildet die Grundlage für das Verständnis von „Community" in dieser Arbeit: Wir verstehen Communities als eine Menge von Menschen mit ähnlichen Interessen, die sich über diese Interessen austauschen. Als wesentlich für das Funktionieren insbesondere von virtuellen Communities haben wir den Aspekt der Identität identifiziert. Das Bild und damit die Identität eines Community-Mitglieds im Virtuellen wird entscheidend geprägt durch dessen Verhalten sowie die sozialen Beziehungen, die dieses Mitglied mit anderen Community-Mitgliedern unterhält. All diese Faktoren — ähnliche Interessen, Kommunikationsbeziehungen, Verhalten — müssen von einem Formalismus zur Beschreibung virtueller Communities adressiert werden. Zudem müssen wir Veränderungen dieser Faktoren über die Zeit berücksichtigen, denn Communities ändern sich über die Zeit aufgrund von Mitgliederfluktuation und äußeren Einflüssen.

Da eine umfassende formale Modellierung von Communities derzeit weder sinnvoll noch möglich ist, haben wir uns darauf konzentriert, möglichst viele Eigenschaften — Aspekte — von Communities formal zu modellieren. Über die Betrachtung möglichst vieler Aspekte wollen wir einen Einblick in die jeweilige Community erhalten. Wir haben daher einen Formalismus zur Beschreibung von Aspekten von Communities entworfen. Als definierende Eigenschaft einer virtuellen Community sehen wir die Interessen und Kommunikationsbeziehungen von Nutzern an sowie Veränderungen dieser Eigenschaften über die Zeit. Wir haben Modelle der Nutzerinteressen und der Kommunikationsbeziehungen vorgestellt und Verfahren entworfen, mit denen die Interessen der Nutzer sowie die Kommunikationsbeziehungen zwischen ihnen erfaßt werden können. Die Modelle der Nutzerinteressen und der Kommunikationsbeziehungen bilden zusammen ein Nutzermodell, mit dem wir die Nutzer als wesentliche Elemente von Communities beschreiben. Anschließend haben wir einen komponentenbasierten Ansatz beschrieben, der auf aufeinander aufbauenden services und views basiert. In diesem Ansatz wird gezeigt, wie die Nutzermodelle flexibel und systematisch genutzt werden können, um verschiedenste Aspekte virtueller Communities formal zu beschreiben. Die Nutzermodelle bilden zusammen mit dem komponentenbasierten Ansatz einen Formalismus, der eine Modellierung verschiedener Aspekte virtueller Communities ermöglicht und sie so einer weiteren Verarbeitung mit Mitteln der Informatik zugänglich macht.

Um die Umsetzbarkeit und die Leistungsfähigkeit des Formalismus nachzuweisen, haben wir daraufhin das System SocialMinds beschrieben, in dem Communities entsprechend des Formalismus beschrieben werden: SocialMinds stellt eine Infrastruktur zur Verfügung, um services und views auf flexible Weise zu implementieren und zu kombinieren. SocialMinds ist modular aufgebaut und kann auf mehrere Rechner verteilt werden.

Anschließend haben wir am Beispiel von SocialMinds gezeigt, wie aus einfachen views kompliziertere views aufgebaut werden können. Wir haben uns hierbei auf views konzentriert, die insbesondere für die Analyse und die gezielte Formierung und Erweiterung von Communities genutzt werden können. Es hat sich gezeigt, daß trotz der Komplexität einiger views deren Implementierung recht einfach und schnell erledigt ist. Grund hierfür ist der durch die Infrastruktur geschaffene hohe Grad der Wiederverwendbarkeit einmal realisierter views.

6.1.2 Ergebnisse

Der in dieser Arbeit entwickelte Formalismus erlaubt die Beschreibung wesentlicher Aspekte von virtuellen Communities in ausreichend formaler Weise, um als Grundlage für eine systematische und zielgerichtete Entwicklung von Community-Unterstützungssystemen zu dienen. Dabei ist er flexibel genug, um einerseits eine Vielzahl unterschiedlicher Communities abdecken zu können und andererseits viele Arten der Nutzung zu erlauben. Zudem basiert er auf Erkenntnissen der Soziologie und der Psychologie, wodurch sichergestellt ist, daß er auch die psychologischen und soziologischen Dimensionen von Communities berücksichtigt. Der Formalismus füllt damit die Lücke zwischen den natürlichsprachigen Ergebnissen der Sozialwissenschaften und der von der Informatik geforderten formalen Strenge, die eine Voraussetzung für einen erfolgreichen Systementwurf ist. Anhand des in dieser Arbeit vorgestellten komponentenbasierten Ansatzes wird darüber hinaus eine gezielte Entwicklung von Community-Unterstützungssystemen auf der Grundlage des Formalismus möglich.

6.2 Weiterführende Arbeiten

Der Kern dieser Arbeit war die Herleitung eines Formalismus zur Beschreibung virtueller Communities sowie die Nutzung dieses Formalismus zur Unterstützung der Formierung und Analyse von Communities. Um diese beiden Kernthemen ranken sich weitere interessante Problemstellungen, die in dieser Arbeit aus Zeit- und Platzgründen nicht berücksichtigt werden konnten. Wir wollen einige ausgewählte Fragestellungen kurz ansprechen.

6.2.1 Schutz der Privatsphäre

Die Nutzermodelle, die die Grundlage des Formalismus zur Beschreibung von Communities bilden, enthalten hoch sensible Daten. Ohne ein tragfähiges Sicherheitsmodell würde der „Gläserne Nutzer" Realität. Da die Sicherheit der persönlichen Daten entscheidenden Einfluß auf die Akzeptanz von SocialMinds hat, ist ein umfassendes Sicherheitsmodell geradezu Pflicht, denn SocialMinds kann nur dann gewinnbringend eingesetzt werden, wenn die Zahl seiner Nutzer groß genug ist.

Der Entwurf eines umfassenden Sicherheitsmodells, das sowohl dem Bedürfnis des Nutzers nach Privatsphäre und Datenschutz, als auch den Erfordernissen der services gerecht wird, böte genug offene Fragen für mehrere Arbeiten. Um den Umfang dieser Arbeit in erträglichem Rahmen zu halten, haben wir daher den Aspekt der Sicherheit und des Datenschutzes nur am Rande betrachtet und lediglich beim Entwurf der Architektur die Voraussetzungen für eine später folgende Integration eines geeigneten und umfassenden Sicherheitsmodells geschaffen. Problemstellungen, die das Sicherheitsmodell lösen muß, umfassen beispielsweise:

- Welche Rechte sind nötig? Wie feingranular müssen die Rechte ausgestaltet sein?

- Welcher Nutzer darf auf welche Daten (Objekte) unmittelbar zugreifen? Wie feingranular sind die Objekte zu definieren?

- Arbeiten services bei der Ausführung von Dienstanfragen mit den Rechten des Nutzers, der den service angefordert hat, oder mit Systemrechten?

- Wie soll mit Informationen im Nutzerprofil verfahren werden, die zwar für direkte Einsichtnahme gesperrt sind, die aber von services lediglich für (statistische) Auswertungen benötigt werden?

- Wie soll im Fall eines Konflikts zwischen den Rechten des Eigentümers eines Nutzerprofils und den Anforderungen eines anfragenden service vorgegangen werden?

Dies ist nur eine Auswahl der Probleme, die das Sicherheitsmodell bewältigen muß. Ein Ansatz, der hier eingesetzt werden könnte, wird in der Dissertation von Wolfgang Wörndl (zum Zeitpunkt, als diese Arbeit entstand, noch nicht veröffentlicht) beschrieben. Erste Informationen hierzu sind in [72] zu finden.

6.2.2 Schnittstellen zu bereits verfügbaren Community-Unterstützungssystemen

Viele Community-Unterstützungssysteme bauen bereits auf Profildaten von Nutzern auf, um bestimmte Dienste anbieten zu können. Alle Dienste, die eine Personalisierung von Informationen in Inhalt und Präsentation bieten, kommen beispielsweise nicht ohne die Speicherung von Nutzerprofildaten aus. Bislang verwaltet jedes Community-Unterstützungssystem seinen eigenen Bestand von Profildaten, was unter anderem folgende Nachteile mit sich bringt:

- Sind die Nutzerprofile eng mit dem jeweiligen Community-Unterstützungssystem gekoppelt, so muß für jedes System und jeden Nutzer ein eigenes Nutzerprofil gespeichert werden. Bei Systemen mit hoher Nutzerzahl kommt es durch die mehrfache Speicherung von Nutzerprofildaten zu unnötigem Mehraufwand.

- Die Gefahr für die Nutzer, den Überblick über ihre Profile bei verschiedenen Community-Unterstützungssystemen zu verlieren, ist groß.

- Die Entwickler der Community-Unterstützungssysteme müssen immer wieder Lösungen für die selben Probleme lösen — die Speicherung von Nutzerprofilen sowie den effizienten Zugriff darauf. Dies kostet Zeit und verteuert die Systeme.

Es ist daher erstrebenswert, daß jeder Nutzer nur ein Nutzerprofil besitzt, auf das alle Community-Unterstützungssysteme Zugriff haben. Dies vermeidet die redundante Speicherung von Profildaten und gestattet den Nutzern leichter einen Überblick. Eine Lösung könnte sein, einen Nutzerprofil- oder Identitätsdienst zu schaffen, der das Nutzerprofil jedes Nutzers verwaltet und anfordernden Diensten dieses (oder Teile daraus) auf Anfrage zur Verfügung stellt. Dieser Ansatz wird beispielsweise in [25] vorgestellt. Systeme wie Microsofts Passport [31] oder Suns Liberty Alliance [61] gehen in eine ähnliche Richtung.

6.2.3 Empirische Evaluation der Algorithmen zur Identifikation der Nutzerinteressen

Ein wesentlicher Baustein des in Kapitel 3 vorgestellten Formalismus ist die Bestimmung der items, die für den Nutzer bedeutsam sind. Hierzu haben wir ein Verfahren vorgestellt, das alle genutzten items erfaßt und diese je nach Nutzung mehr oder weniger stark „altern" läßt. Des weiteren spielt bei Vergleichen von items zwischen verschiedenen Nutzern auch die Sichtweise auf die items eine wichtige Rolle.

Wir haben zwar das Verhalten der vorgestellten Verfahren mittels Simulationen mit Dummy-Nutzern am SocialMinds-Prototypen untersucht, aber Tests mit mehreren realen Nutzern konnten im Rahmen dieser Arbeit leider nicht durchgeführt werden. Es standen kaum Testpersonen zur Verfügung, und Einzelfallstudien sind hier nicht sinnvoll, da dann keine Untersuchungen bezüglich des Erfolgs eines Matching mit anderen Testpersonen möglich sind. Gerade die Präzision eines Matching ist aber ein wesentliches Qualitätsmerkmal für so ein Verfahren. Die Simulationen unter Verwendung der Dummy-Nutzer zeigten zwar gute Ergebnisse, aber empirische Untersuchungen mit realen Testnutzern sind auf jeden Fall anzuraten. Folgende Fragen sind zu klären:

- Bringt die Verwendung von Kontexten zu items eine größere Präzision beim Matching zweier Nutzer im Vergleich zu einem Matching basierend ausschließlich auf (wie auch immer ermittelten) Bewertungen von items?

- Können durch Alterung von items die Interessen des Nutzers ausreichend präzise herausgearbeitet werden?

6.3 Ausblick

Welche Chancen und Möglichkeiten bieten die Ergebnisse dieser Arbeit? Die Einsatzmöglichkeiten des Formalismus sind vielfältig; wir können den Formalismus als Baukasten begreifen, der kommerziellen Community-Betreibern wie Forschern gleichermaßen das Leben erleichtern kann. Beide können auf unterschiedliche Weise davon profitieren, daß nun eine maschinell auswertbare Beschreibung wesentlicher Aspekte von Communities vorliegt.

6.3. AUSBLICK

Für die Betreiber kommerzieller Communities bietet der Formalismus die Möglichkeit, Werkzeuge zur Analyse der sozialen Strukturen zu realisieren, die sich in den bereitgestellten Chat-Räumen oder News-Foren entwickeln. Mit Hilfe dieser Werkzeuge können verschiedene Aspekte der sozialen Strukturen herausgearbeitet und visualisiert werden, beispielsweise Interessens- und Kommunikationsstrukturen und die bevorzugt verwendeten Kommunikationsmedien. Die gewonnenen Ergebnisse könnten Entscheidungsgrundlage für eine Erweiterung oder Modifikation der bereitgestellten Community-Infrastruktur sein mit dem Ziel, die Community-Mitglieder stärker miteinander zu verflechten, um eine bessere Verteilung des in der Community vorhandenen Wissens zu erreichen. Auch können Mitglieder identifiziert werden, die für das Funktionieren der Community besonders wichtige Rollen spielen und die daher unbedingt in der Community gehalten werden müssen. Dies wären beispielsweise solche Mitglieder, die als „Informations-Gateway" zwischen mehreren Communities wirken, die also viel kommunizieren und Mitglied mehrerer Communities sind und so einen Informationsaustausch auch zwischen Communities schaffen. Weitere Möglichkeiten bietet die Integration von Interessen und Kommunikationsbeziehungen im Nutzerprofil. So wird ein gezieltes („personalisiertes") Marketing möglich — deutlich gezielter als dies durch die Community-Installation allein möglich ist: Statt alle Mitglieder einer Community, die um ein bestimmtes Produkt herum aufgebaut wurde, mit Werbung zu berieseln, werden nur die Nutzer angesprochen, die sich für das beworbene Produkt mit einer bestimmten Wahrscheinlichkeit interessieren. Dies reduziert die Werbelast und damit auch den Ärger, der mit unpassender und ungewollter Werbung zwangsläufig einhergeht. Eine weitere Möglichkeit besteht in der Mitgliederwerbung für Communities: Die Betreiber von Communities können gezielt solche Nutzer identifizieren und ansprechen, die von ihren Interessen her gut in die Community passen würden. Das kostspielige Schalten von Werbung in Radio oder TV wäre nicht mehr in dem Maße nötig wie bisher.

Für die Erforschung der sozialen Mechanismen in virtuellen Communities ist insbesondere interessant, daß Community-Beschreibungen nun maschinell auswertbar sind: Ausgehend von Community-Beschreibungen, die dem in dieser Arbeit vorgestellten Formalismus folgen, können nun eine Menge unterschiedlichster Problemstellungen statistisch untersucht werden. Welchen Einfluß haben die verfügbaren Kommunikationsmedien auf die Community-Bildung? Welche Kommunikationsmedien eignen sich für frühe Stadien von Communities, welche für Stadien des stabilen Betriebs? Welche Eigenschaften haben Kommunikationsmedien, die im Hinblick auf die Kommunikation in der Community gleichwertig sind? Gibt es einen Zusammenhang zwischen den Interessen der Nutzer und den von ihnen bevorzugten Kommunikationsmedien? Welche Faktoren sind neben den gemeinsamen Interessen für eine gut und stabil funktionierende Community von Bedeutung? Welche dieser Faktoren sind bedeutender, welche weniger? Diese und viele weitere Fragen können nun gezielt untersucht werden. Darüber hinaus liefert der Formalismus ein Vokabular, das — sofern es von allen Beteiligten akzeptiert wird — gerade die interdisziplinäre Forschung sehr erleichtern kann. In interdisziplinär arbeitenden Teams ist die Bildung eines gemeinsamen Vokabulars und das Erkennen und Klären von Bedeutungsunterschieden bei gleichen Worten eine lästige, aber unerläßliche Aufgabe, die gleich zu Beginn der Arbeit erledigt werden muß, um nicht den Erfolg des Projekts zu gefährden. Das Vokabular, das der Formalismus mitliefert, kann hier die Grundlage für ein gemeinsames Verständnis legen.

Es bleibt zu hoffen, daß die Ergebnisse dieser Arbeit die zukünftige Forschung im Bereich virtueller Communities erleichtern, so daß wir bald ein umfassendes Verständnis von den sozialen Mechanismen im Virtuellen erlangen. Wir wollen virtuelle Communities so gut verstehen, daß wir in der Lage sind, für jede Community die idealen Unterstützungssysteme zu entwerfen und umzusetzen. Diese Arbeit ist ein Schritt in Richtung auf dieses Ziel hin.

Anhang A

Begriffe und Definitionen

In dieser Arbeit werden viele Begriffe eingeführt und manche, bereits mit einer Bedeutung belegten Begriffe in einer besonderen Weise gebraucht. In diesem Anhang sind alle wichtigen verwendeten Begriffe und Abkürzungen in einer Übersicht zusammengestellt.

A.1 Begriffe

Community-Netzwerk Eine Relation $\mathcal{C}^{(t)} \subseteq Users \times Users$, die Beziehungen zwischen Nutzern modelliert, die auf Interessen oder Kommunikationsbeziehungen basieren. $\longrightarrow$ S. 93.

Fokus einer Community Die Menge $\mathcal{F}^{(t)} \subseteq Items$ von items, die zum Zeitpunkt t von einem großen Teil der Nutzer, die dem Kern der Community angehören, als bedeutend angesehen werden und die von ihnen aus ähnlichen Perspektiven betrachtet werden. $\longrightarrow$ S. 96.

Interessensnetzwerk Eine Relation $\mathcal{I}^{(t)} \subseteq User \times User$, die Beziehungen zwischen Nutzern basierend auf deren Interessen und Kompetenzen modelliert. $\longrightarrow$ S. 90.

Item Instanz einer Repräsentation von Information. Items werden mit Buchstaben A, B, ... bezeichnet. $\longrightarrow$ S. 44 und S. 52.

Kern eines Community-Netzwerks Menge von Nutzern, die ähnliche Interessen haben und miteinander kommunizieren: $\mathcal{C}_{core}^{(t)}$. $\longrightarrow$ S. 94.

Kommunikation eines Nutzers Eine Relation $\mathcal{M}_U^{(t)} \subseteq (Users \cup Places) \times \mathcal{K}$, die das Kommunikationsverhalten eines Nutzers U bis einschließlich Zeitpunkt t modelliert. $\longrightarrow$ S. 57.

Kommunikationsklasse Ein Tupel $k \in \mathcal{K}$ des $\longrightarrow$ *Kommunikationsraums* $\mathcal{K}$. $\longrightarrow$ S. 55.

Kommunikationsnetzwerk Eine Relation $\mathcal{M}^{(t)} \subseteq (Users \cup Places) \times (Users \cup Places) \times \mathcal{K}$, die die Kommunikationsbeziehungen zwischen Nutzern und Nutzern sowie Nutzern und Orten unter Berücksichtigung der $\longrightarrow$ *Kommunikationsklassen* der verwendeten Kommunikationsmedien modelliert. $\longrightarrow$ S. 90.

Kommunikationsort $\longrightarrow$ *Ort*.

Kommunikationsraum Die Menge aller Tupel (*sync, direct, auto*) mit

$$sync \in \{\text{„synchronous"},\text{„ansynchronous"}\},$$
$$direct \in \{\text{„directed"},\text{„undirected"}\},$$
$$auto \in \{\text{„manual"},\text{„automatic"}\}:$$

$\mathcal{K}. \longrightarrow$ S. 54.

Kommunikationsverhalten eines Nutzers Modelliert die Kommunikation eines Nutzers U bis einschließlich Zeitpunkt t anhand der Kommunikationspartner, der bei der Kommunikation verwendeten $\longrightarrow$ *Kommunikationsklassen*, der Häufigkeit und der Regelmäßigkeit der Kommunikation: $communication_U^{(t)}$. $\longrightarrow$ S. 58.

Kontext eines items Menge aller $\longrightarrow$ *items*, die Nutzer U zum Zeitpunkt t mit einem item A in Beziehung sieht: $\mathcal{C}_U^{(t)}(A)$. $\longrightarrow$ S. 50 und S. 52.

Modell eines Nutzers Beschreibung eines Nutzers U zu einem Zeitpunkt t anhand seines $\longrightarrow$ *relevanten Nutzerwissens* und seines $\longrightarrow$ *Kommunikationsverhaltens*: $usermodel_U^{(t)}$. $\longrightarrow$ S. 58.

Ort Eine abstrakte Stelle, die Veröffentlichungen von Nutzern sammelt und diese dann Nutzern zur weiteren Verwendung bereitstellt. Orte werden mit Buchstaben P, Q, ... bezeichnet. $\longrightarrow$ S. 56.

Rahmen einer Community Menge der $\longrightarrow$ *Modelle der Nutzer*, die zum Zeitpunkt t betrachtet werden: $frame^{(t)}$. $\longrightarrow$ S. 59.

Rand eines Community-Netzwerks Menge von Nutzern eines Community-Netzwerks, die nicht zum Kern des Community-Netzwerks gehören: $\mathcal{C}_{border}^{(t)}$. $\longrightarrow$ S. 94.

Relative Nutzungshäufigkeit eines items Anzahl der Nutzungen eines $\longrightarrow$ *items* A zum Zeitpunkt t in Relation zum am häufigsten genutzten item: $usage_U^{(t)}(A)$. $\longrightarrow$ S. 77.

Relatives Alter eines items Alter eines $\longrightarrow$ *items* A in Liste $\longrightarrow$ L_U zum Zeitpunkt t in Relation zum Alter des ältesten items in dieser Liste: $age_U^{(t)}(A)$. $\longrightarrow$ S. 77.

Relevantes Nutzerwissen Menge aller $\longrightarrow$ *items*, deren $\longrightarrow$ *subjektive Bedeutung* für Nutzer U zum Zeitpunkt t einen bestimmten Wert $value_{min}$ überschreitet: $knowledge_U^{(t)}$. $\longrightarrow$ S. 53.

Service Implementierung eines $\longrightarrow$ *views*. $\longrightarrow$ S. 83.

Subjektive Bedeutung eines items Ein Maß dafür, wie wertvoll die Information eines items A für einen Nutzer U zum Zeitpunkt t ist: $value_U^{(t)}(A)$. $\longrightarrow$ S. 46.

Subjektive Distanz zweier items Ein Maß für die Nähe zweier items A und B aus Sicht von Nutzer U zum Zeitpunkt t: $dist_{item,U}^{(t)}(A,B)$. $\longrightarrow$ S. 50.

Typ Repräsentation eines $\longrightarrow$ *views*. $\longrightarrow$ S. 81.

View Modell eines Aspekts einer Community. Die Menge aller views bezeichnen wir mit *Views*. → S. 81.

Zielgerichtetheit der Kommunikation Eine Abbildung *directed* : $\mathcal{M}^{(t)} \longrightarrow \mathrm{IR}$, die die Zahl der Kommunikationsvorgänge, die bis einschließlich Zeitpunkt t mittels zielgerichteter Kommunikation erfolgten, in Relation setzt zur Zahl der Kommunikationsvorgänge, die insgesamt bis einschließlich Zeitpunkt t durchgeführt wurden. → S. 97.

A.2 Abkürzungen

$age_U^{(t)}(A)$ → *Relatives Alter eines items.*

$\mathcal{C}^{(t)}$ → *Community-Netzwerk.*

$\mathcal{C}_U^{(t)}(A)$ → *Kontext eines items.*

$\mathcal{C}_{border}^{(t)}$ → *Rand eines Community-Netzwerks.*

$\mathcal{C}_{core}^{(t)}$ → *Kern eines Community-Netzwerks.*

$c_{comm,U}^{(t)}(P,k)$ Häufigkeit der Kommunikation: Anzahl der Kommunikationsvorgänge zwischen Nutzer U und einem Kommunikationspartner P mittels eines Kommunikationsmediums der → *Kommunikationsklasse k* bis einschließlich Zeitpunkt t. → S. 57.

$c_{item,U}^{(t)}(A)$ Häufigkeit der Nutzung: Anzahl der Nutzungen von item A durch Nutzer U bis einschließlich Zeitpunkt t. → S. 47.

$c_{item,U}^{(i)}(\Sigma)$ Anzahl der Zugriffe von Nutzer U auf → *items* während Alterungsperiode i. → S. 75.

$\bar{c}_{item,U}(\Sigma)$ Mittelwert der Zugriffe $c_{item,U}^{(t-n)}(\Sigma), \ldots, c_{item,U}^{(t)}(\Sigma)$. → S. 76.

$\hat{c}_{item,U}^{(t)}(A)$ Relative Häufigkeit der Nutzung: Anzahl der Nutzungen von item A durch Nutzer U bis einschließlich Zeitpunkt t relativ zum am häufigsten genutzten item. → S. 72.

$\vec{c}_{item,U}(\Sigma)$ Vektor aller → $c_{item,U}^{(i)}(\Sigma)$ während der betrachteten Alterungsperioden. → S. 75.

$communication_U^{(t)}$ → *Kommunikationsverhalten eines Nutzers.*

$d_U^{(t)}$ Dauer der aktuellen Alterungsperiode. → S. 75.

directed → *Zielgerichtetheit der Kommunikation.*

$dist_{context}^{(t)}(\mathcal{C}_U^{(t)}(A), \mathcal{C}_V^{(t)}(A))$ Abstand der zwei Kontexte $\mathcal{C}_U^{(t)}(A)$ und $\mathcal{C}_V^{(t)}(A)$ zum Zeitpunkt t bezüglich item A. → S. 87.

$dist_{item,U}^{(t)}(A,B)$ → *Subjektive Distanz zweier items.*

$dist_{max}$ Maximaler Wert von $\longrightarrow dist_{item,U}^{(t)}(A, B)$.

$dist_{user,A}^{(t)}(U, V)$ Subjektive Distanz zweier Nutzer U und V zum Zeitpunkt t bezüglich ihrer Sichtweise auf item A. $\longrightarrow$ S. 88.

$dist_{user}^{(t)}(U, V)$ Subjektive Distanz zweier Nutzer U und V zum Zeitpunkt t bezüglich ihrer Interessen. $\longrightarrow$ S. 89.

f_{age} Bezeichnung der Alterungsfunktion. $\longrightarrow$ S. 71.

$\mathcal{F}^{(t)} \longrightarrow$ *Fokus einer Community*.

$frame^{(t)} \longrightarrow$ *Rahmen einer Community*.

Items Menge aller $\longrightarrow$ *items*.

$knowledge_U^{(t)} \longrightarrow$ *Relevantes Nutzerwissen*.

$\mathcal{K} \longrightarrow$ *Kommunikationsraum*.

L_U Liste aller $\longrightarrow$ *items*, die für Nutzer U von Bedeutung sein könnten.

$\mathcal{M}^{(t)} \longrightarrow$ *Kommunikationsnetzwerk*.

$\mathcal{M}_U^{(t)} \longrightarrow$ *Kommunikation eines Nutzers*.

K Kommunikationspartner $K \in Users \cup Places$. $\longrightarrow$ 57.

Places Menge aller $\longrightarrow$ *Orte*.

$\mathcal{R}_U$ Relation $\mathcal{R}_U \subseteq Items \times Items$ zwischen $\longrightarrow$ *items*, die Beziehungen zwischen je zwei items aus Sicht von Nutzer U modelliert. $\longrightarrow$ S. 49.

$S_{U,k}$ Sitzung von Nutzer U bezüglich einer Kommunikation mit einem Kommunikationsmittel der Kommunikationsklasse k. $\longrightarrow$ S. 80.

$s_{comm,U}^{2,(t)}(P, k)$ Regelmäßigkeit der Kommunikation: Empirische Varianz der Anzahlen der Kommunikationsvorgänge zwischen Nutzer U und einem Kommunikationspartner P mittels eines Kommunikationsmediums der $\longrightarrow$ *Kommunikationsklasse k* bis einschließlich Zeitpunkt t. $\longrightarrow$ S. 57.

$s_{item,U}^{2,(t)}(A)$ Regelmäßigkeit der Nutzung: Empirische Varianz der Zeitintervalle zwischen den Nutzungen von item A durch Nutzer U bis einschließlich Zeitpunkt t. $\longrightarrow$ S. 47.

$\hat{s}_{item,U}^{2,(t)}(A)$ Relative Regelmäßigkeit der Nutzung: Empirische Varianz der Zeitintervalle zwischen den Nutzungen von item A durch Nutzer U bis einschließlich Zeitpunkt t relativ zum am unregelmäßigsten genutzten item. $\longrightarrow$ S. 72.

$usage_U^{(t)}(A) \longrightarrow$ *Relative Nutzungshäufigkeit eines items*.

Users Menge aller im System registrierten Nutzer.

$usermodel_U^{(t)} \longrightarrow$ *Modell eines Nutzers*.

$value_U^{(t)}(A)$ $\longrightarrow$ *Subjektive Bedeutung eines items.*

$value_{max}$ Maximaler Wert von $\longrightarrow$ $value_U^{(t)}(A)$.

$value_{min}$ Minimal erlaubter Wert von $\longrightarrow$ $value_U^{(t)}(A)$, damit ein $\longrightarrow$ *item* A zum $\longrightarrow$ *relevanten Nutzerwissen* von Nutzer U gezählt werden kann.

Views Menge aller $\longrightarrow$ *views*.

Anhang B

DTDs und Dateiformate

B.1 Beschreibung von Ereignissen

Ereignisse werden in ihrer XML-Repräsentation vom Sensor zum Aktor übertragen. Dies hat den Vorteil, daß wir in der Implementierung der Sensoren nicht an eine bestimmte Programmiersprache oder Technologie (in SocialMinds: Java-RMI) gebunden sind. Ein Ereignis hat folgende Gestalt:

```
<!- Entities definieren ->

<!ENTITY &SocialMinds:ItemRequested; "ItemRequested">
<!ENTITY &SocialMinds:BookmarkDeleted; "BookmarkDeleted">
<!ENTITY &SocialMinds:ItemDeleted; "ItemDeleted">
<!ENTITY &SocialMinds:ItemExported; "ItemExported">

<!- Root-Element ->

<!ELEMENT SocialMinds:Event (SocialMinds:SourceId,
                             SocialMinds:Time,
                             SocialMinds:Type,
                             SocialMinds:Params)>

<!- Definition der Elemente eines Ereignisses ->

<!ELEMENT SocialMinds:SourceId (#CDATA)>
<!ELEMENT SocialMinds:Time (#CDATA)>
<!ELEMENT SocialMinds:EventType (&SocialMinds:ItemRequested; |
                                 &SocialMinds:BookmarkDeleted; |
                                 &SocialMinds:ItemDeleted; |
                                 &SocialMinds:ItemExported;)>
<!ELEMENT SocialMinds:Params (SocialMinds:Param)*>
<!ELEMENT SocialMinds:Param (SocialMinds:Key,
                             SocialMinds:Value)>
<!ELEMENT SocialMinds:Key (#CDATA)>
<!ELEMENT SocialMinds:Value (#CDATA)>
```

Ein Ereignis könnte beispielsweise so aussehen:

```
<SocialMinds:Event>
  <SocialMinds:SourceId>User1234</SocialMinds:SourceId>
  <SocialMinds:Time>08/31/2001, 11:24:50</SocialMinds:Time>
  <SocialMinds:EventType>ItemRequested</SocialMinds:EventType>
  <SocialMinds:Params>
    <SocialMinds:Param>
      <SocialMinds:Key>bla</SocialMinds:Key>
      <SocialMinds:Value>blubb</SocialMinds:Value>
    </SocialMinds:Param>
    <SocialMinds:Param>
      <SocialMinds:Key>foo</SocialMinds:Key>
      <SocialMinds:Value>bar</SocialMinds:Value>
    </SocialMinds:Param>
  </SocialMinds:Params>
</SocialMinds:Event>
```

B.2 Beschreibung von Typen und Konzepten

B.2.1 DTD für die Beschreibung von Typen

Typen und views werden in XML notiert. Eine korrekte Typbeschreibung muß folgender DTD genügen:

```
<!- Parameter-Entity definieren, um DTD übersichtlicher zu gestalten ->

<!ENTITY % SocialMinds:Type (SocialMinds:User |
                             SocialMinds:Place |
                             SocialMinds:Item |
                             SocialMinds:Identifier |
                             SocialMinds:Number |
                             SocialMinds:Set |
                             SocialMinds:List |
                             SocialMinds:Tuple)>

<!- Grundtypen ->

<!ELEMENT SocialMinds:User EMPTY>
<!ELEMENT SocialMinds:Place EMPTY>
<!ELEMENT SocialMinds:Item EMPTY>
<!ELEMENT SocialMinds:Identifier EMPTY>
<!ELEMENT SocialMinds:Number EMPTY>

<!- Container ->

<!ELEMENT SocialMinds:Set (%SocialMinds:Type;)>
<!ELEMENT SocialMinds:List (%SocialMinds:Type;)>
```

B.2. BESCHREIBUNG VON TYPEN UND KONZEPTEN

```
<!ELEMENT SocialMinds:Tuple (%SocialMinds:Type;)+>
```

Beispiele für gültige Beschreibungen von Typen:

- Eine Menge von Identifikatoren:
  ```
  <SocialMinds:Set>
    <SocialMinds:Identifier/>
  </SocialMinds:Set>
  ```

- Ein Tupel, bestehend aus einer Menge von Tupeln von einem item und einer Zahl sowie einem Identifikator:
  ```
  <SocialMinds:Tuple>
    <SocialMinds:Set>
      <SocialMinds:Tuple>
        <SocialMinds:Item/>
        <SocialMinds:Number/>
      </SocialMinds:Tuple>
    </SocialMinds:Set>
    <SocialMinds:Identifier/>
  </SocialMinds:Tuple>
  ```

B.2.2 Beschreibung der Typdefinitionsdatei

Welche Typen und views bekannt sind, welche Obertypen sie haben und wie sie in XML repräsentiert werden, wird in einer Konfigurationsdatei beschrieben. Diese Konfigurationsdatei ist selbst wieder in XML geschrieben und hat folgendes Format:

```
<!- Entities definieren ->

<!ENTITY &SocialMinds:Atom; "Atom">
<!ENTITY &SocialMinds:Container; "Container">

<! - Root-Element ->

<!ELEMENT SocialMinds:DatatypeConfig (SocialMinds:Datatypes,
                                     SocialMinds:Views)>

<!- Definition von Datentypen und Konzepten beschreiben ->

<!ELEMENT SocialMinds:Datatypes (SocialMinds:Datatype)*>
<!ELEMENT SocialMinds:Views (SocialMinds:View)*>
<!ELEMENT SocialMinds:Datatype (SocialMinds:Name,
                               SocialMinds:Type,
                               SocialMinds:SuperDatatype?)>
<!ELEMENT SocialMinds:View (SocialMinds:Name,
                           SocialMinds:Definition)>
<!ELEMENT SocialMinds:Name (#CDATA)>
<!ELEMENT SocialMinds:Type (&SocialMinds:Atom; |
                           &SocialMinds:Container;)>
```

```
<!ELEMENT SocialMinds:SuperDatatype (#CDATA)>
<!ELEMENT SocialMinds:Definition (#CDATA)>
```

Eine Liste <List>, die als Oberdatentyp eine Menge <Set> hat, können wir beispielsweise mit folgendem Block definieren:

```
...
<SocialMinds:Datatype>
   <SocialMinds:Name>
      <List>
   </SocialMinds:Name>
   <SocialMinds:Type>
      Container
   </SocialMinds:Type>
   <SocialMinds:SuperDatatype>
      <Set>
   </SocialMinds:SuperDatatype>
</SocialMinds:Datatype>
...
```

Anhang C

Beispielprogramme

C.1 Eine einfache Server-Komponente

Die Server-Komponente besteht aus zwei Teilen: Eine Basisklasse und ein ServiceHandler, der von der Basisklasse verwaltet wird. Die Basisklasse ist für alle Dienste identisch, für sie sind keine Implementierungsarbeiten nötig. Sie wird mittels einer Textdatei konfiguriert und mit einem ServiceHandler verbunden.

C.1.1 Implementierung des ServiceHandler

Der ServiceHandler ist der Teil einer Server-Komponente, die die Ausführung einer bestimmten Dienstanfrage übernimmt. Der folgende ServiceHandler nimmt einen Wert vom Typ <SocialMinds:UserId/> (Konstante Type.USERID), entgegen und liefert das dazugehrige Nutzerprofil. Hierbei nutzt er ein ProfileStub-Objekt.

```
package DE.tum.socialminds.service;

// ---- weitere packages einbinden

import java.util.*;
import DE.tum.socialminds.profile.*;
import DE.tum.socialminds.service.*;
import DE.tum.socialminds.protocol.*;

public final class GetUserHandler extends BaseServiceHandler
{
    // ---------------------------------------------------------------
    // Leerer Konstruktor.
    // ---------------------------------------------------------------

    public GetUserHandler()
    {
    }

    // ---------------------------------------------------------------
    // ServiceDescription erzeugen und der Basisklasse bereit-
    // stellen. Diese sorgt fuer die Registrierung der ServiceDe-
```

```
// scription bei der ServiceRegistry.
//
// getServiceDescription() wird von der Basisklasse bei der
// Initialisierung (umfat auch Registrierung der Dienste)
// aufgerufen.
// ------------------------------------------------------------

public ServiceDescription getServiceDescription()
{
  ServiceDescription sd;
  CommandSpec cmd;
  ArgumentSpec argSpec;
  ResultSpec resSpec;

  // ServiceDescription (hier: Unterklasse Constructor-
  // Description) erzeugen.

  sd=new ConstructorDescription();

  // Dienst beschreiben:
  // Zuerst das Kommando ...

  cmd=new CommandSpec(Command.GET);

  // ... dann das Argument ...

  argSpec=new ArgumentSpec(Role.USERID,
                           Type.USERID,
                           ArgumentSpec.MANDATORY);
  cmd.addArgumentSpec(argSpec);

  // ... und zuletzt das Ergebnis.
  resSpec=new ResultSpec(Type.USER)
  cmd.setResultSpec(resSpec);

  // Dienst zur ServiceDescription hinzunehmen.

  sd.setCommandSpec(cmd);

  // Name und Beschreibung des Dienstes, IP-Adresse des
  // Rechners, etc. aus Konfigurationsdatei auslesen und
  // Werte in ServiceDescription entsprechend setzen.

  setInitialServiceProperties(sd,
                  getServiceBase().getConfigFileReader());

  // Fertige ServiceDescription zurueckliefern.

  return sd;
}
```

C.1. EINE EINFACHE SERVER-KOMPONENTE

```
// ----------------------------------------------------------------
// Dienstanforderung bearbeiten. Von Client uebergebene
// Argumente stehen als Tupel (Rolle, Wert) in der Hash-Tabelle
// argsHash. Die Extraktion der Argumente und das korrekte
// Setzen der Werte in der Hash-Tabelle leistet die Basisklasse.
//
// handleCommand() wird von der Basisklasse aufgerufen, wenn
// eine Client-Komponente einen entsprechenden Dienst anfordert.
// ----------------------------------------------------------------
public Result handleCommand(String issuer,Hashtable argsHash)
{
  Identifier_Datatype userId;
  User_Datatype profile;
  Result res;

  // Nur etwas tun, wenn Argumente uebergeben.

  if (argsHash!=null)
  {

    // Identifikator des Nutzers nach userId extrahieren.

    userId=(Identifier_Datatype)argsHash.get(Role.USERID);
    if (userId!=null)
    {
      try
      {

        // Nutzerprofil anfordern; hierzu ProfileStub nutzen,
        // der von der Basisklasse bereitgestellt wird.

        profile=getServiceBase().getProfileStub().
                getUserProfileById(issuer,userId.getId());

        // Nutzerprofil in Result-Objekt "verpacken" und Typ
        // desErgebnisses passend setzen.

        res=new Result(Type.USER,profile);

        // Result-Objekt als Ergebnis an Client-Komponente
        // zurueckliefern.

        return res;
      }
      catch (ProfileException ex)
      {
      }
    }
  }
```

```
    // Im Fehlerfall null an Client-Komponente zuruecklieferm.

    return null;
  }
} // Ende GetUserHandler
```

C.1.2 Konfigurationsdatei

Folgende Konfigurationsdatei setzt wichtige Parameter der Basisklasse und verknüpft sie mit dem ServiceHandler:

```
# Name des Rechners, auf dem dieser Dienst gestartet wird.
localHostname=www11.informatik.tu-muenchen.de

# Name des Rechners, auf dem der ProfileCatalog zu finden ist
# (wird fuer Zugriff auf die Profildaten benoetigt)
profileHostname=www11.informatik.tu-muenchen.de

# Name und Beschreibung des Dienstes (fuer UIs)
name=Nutzerprofil
description=Liefert die Daten des angegebenen Nutzers.

# Name der Klasse, die den ServiceHandler implementiert.
# Dies verbindet die Basisklasse mit dem ServiceHandler.
handlerClassname=de.tum.socialminds.service.GetUserHandler
```

Zeilen, die mit „#" beginnen, sind Kommentare und werden nicht ausgewertet; leere Zeilen werden ignoriert.

Der Dienst kann durch Aufrufen der Basisklasse mit dem Namen der Konfigurationsdatei als Argument gestartet werden.

C.2 Eine einfache Client-Komponente

Betrachten wir nun eine Client-Komponente, die die in C.1 gezeigte Server-Komponente nutzt. Die Client-Komponente soll ein Nutzerprofil anhand eines gegebenen Nutzeridentifikators *userId* anfordern und den Namen des Nutzers auf der Konsole ausgeben. Hierzu müssen wir folgende Schritte durchführen:

1. Da wir den Identifikator der Server-Komponente nicht kennen, müssen wir eine ServiceDescription aufbauen, die den Dienst beschreibt, den wir benötigen. Der Dienst soll Nutzeridentifikatoren vom Typ <SocialMinds: UserId/> (definiert in Konstante Type.USERID) als Eingabe nehmen und Nutzerprofile <SocialMinds:User/> (definiert in Konstante Type.USER) als Ergebnis liefern.

2. Anhand dieser ServiceDescription fordern wir Informationen über verfügbare Dienste bei der ServiceRegistry an. Als Ergebnis erhalten wir eine (möglicherweise leere) Menge von ServiceDescriptions, die unseren Anforderungen genügen. Hierzu können wir eine Hilfsklasse ServiceHelper nutzen, die die Kommunikation mit der Service-Registry etwas erleichtert.

3. Aus der Liste der passenden ServiceDescriptions müssen wir einen Dienst auswählen. Hier im Beispiel nehmen wir einfach die erste ServiceDescription in der Liste. Diese ServiceDescription beschreibt den Dienst, den wir nun nutzen wollen, vollständig.

4. Wir bauen ein Command-Objekt, das die Dienstanforderung kapselt. Dieses schicken wir dann wieder unter Verwendung der **ServiceHelper** an die Server-Komponente und erhalten als Ergebnis ein **Result**-Objekt.

5. Wir extrahieren das Nutzerprofil aus dem **Result**-Objekt und lesen den Namen des Nutzers aus.

```java
package DE.tum.socialminds.test;

import java.util.*;
import DE.tum.socialminds.protocol.*;
import DE.tum.socialminds.service.*;
import DE.tum.socialminds.datatypes.*;
import DE.tum.socialminds.datatypes.service.*;

public class HelloWorldClient
{
  // ----------------------------------------------------------------
  // Aufruf: HelloWorldClient <userId>
  // ----------------------------------------------------------------

  public static void main(String[] args)
  {
    new HelloWorldClient(args[0]);
  }

  // ----------------------------------------------------------------
  // HelloWorldClient
  // ----------------------------------------------------------------

  public HelloWorldClient(String userId)
  {
    Command cmd;
    Argument arg;
    Result res;
    ServiceDescription myService;

    // Dienst auswaehlen

    myService=findService();

    // Command-Objekt bauen

    cmd=new Command(Command.GET);
    arg=new Argument(Role.USERID,Type.USERID,userId);
    cmd.addArgument(arg);
```

```
    // Dienst aufrufen

    res=ServiceHelper.executeCommand(myService,cmd);
    if (res!=null)
    {
      User_Datatype user;
      String firstName;
      String secondName;

      // Nutzerprofil extrahieren

      user=(User_Datatype)res.getValue();

      // Attribute auslesen und auf Konsole ausgeben

      firstName=user.get("user.common.name.first");
      secondName=user.get("user.common.name.second");
      System.out.println("Hallo "+
                         firstName+" "+
                         secondName+"!");
    }
  }

  // ----------------------------------------------------------------
  // Dienstliste bei der ServiceRegistry anfragen und aus
  // verfuegbaren Diensten einen auswaehlen.
  // ----------------------------------------------------------------

  private ServiceDescription findService()
  {
    CommandSpec cmdSpec;
    ArgumentSpec argSpec;
    ResultSpec resSpec;
    GenericServiceDescription serviceDescr;
    Vector descrs;

    // Zuerst das Argument des Befehls beschreiben ...

    argSpec=new ArgumentSpec(Role.USERID,
                             Type.USERID,
                             ArgumentSpec.MANDATORY);

    // ... dann das Ergebnis ...

    resSpec=new ResultSpec(Type.USER);

    // ... und dann den Befehl selbst

    cmdSpec=new CommandSpec(Command.GET);
    cmdSpec.addArgumentSpec(argSpec);
```

```
            cmdSpec.setResultSpec(resSpec);

            // Befehl in ServiceDescription schreiben

            serviceDescr=new GenericServiceDescription();
            serviceDescr.setCommandSpec(cmdSpec);

            // Dienste bei ServiceRegistry anfragen

            descrs=ServiceHelper.requestAllServices(serviceDescr,
                                                    true);

            // Dienst auswaehlen

            if (!descrs.isEmpty())
            {
              return (ServiceDescription)descrs.firstElement();
            }
            return null;
       }
} // Ende HelloWorldClient
```

Das Client-Programm kann durch Aufrufen der main-Methode mit dem Nutzer-Identifikator als Argument gestartet werden.

Anhang D

ServiceDescriptions ausgewählter Dienste

In diesem Kapitel sind die ServiceDescriptions der Dienste aufgeführt, die in 5.5 vorgestellt wurden. Aus Gründen der Übersichtlichkeit haben wir die XML-Namespace-Deklaration „SocialMinds" bei der Angabe der Typen der Argumente und des Ergebnisses weggelassen.

Name	User Recommender		
Aufgabe	Sucht Identifikatoren der Nutzer, die möglichst viele der angegebenen items nutzen.		
Aktion	GET		
Argumente	Rolle	Typ	Bedeutung
	minG	<Number/>	Minimal erlaubte Überdeckung der items in der item-Liste und im Nutzerprofil.
	givenItemSet	<Set><ItemId/></Set>	Menge der vorgegebenen items, anhand der die Nutzer gesucht werden sollen.
Ergebnis	<Set><UserId/></Set>		

Tabelle D.1: ServiceDescription für Dienst zur Suche von Nutzern bestimmter items

Name	Similar Users		
Aufgabe	Sucht Identifikatoren der Nutzer, deren Profil höchstens eine gegebene Distanz vom eigenen Nutzerprofil hat.		
Aktion	GET		
Argumente	Rolle	Typ	Bedeutung
	distGefordert	<Distance/>	Maximale Distanz, die ein Nutzerprofil haben darf, um noch akzeptiert zu werden.
Ergebnis	<Set> <Tuple> <UserId/> <Distance/> </Tuple> </Set>		

Tabelle D.2: ServiceDescription für Dienst zur Suche ähnlicher Nutzer

Name	Item Recommender		
Aufgabe	Sucht Identifikatoren von items, die ähnliche Themen wie die vorgegebenen items haben.		
Aktion	GET		
Argumente	Rolle	Typ	Bedeutung
	minG	<Number/>	Minimal erlaubte Überdeckung der items in der item-Liste und im Nutzerprofil; Maß für die thematische Breite des Ergebnisses.
	givenItemSet	<Set> <ItemId/> </Set>	Menge der vorgegebenen items, anhand der thematisch verwandte items gesucht werden sollen.
Ergebnis	<Set> <ItemId/> </Set>		

Tabelle D.3: ServiceDescription für Dienst zur Suche von items.

Name	Community Finder		
Aufgabe	Identifiziert die Nutzer, die den Kern einer (potentiellen) Community ausmachen („Community-Modell"). Diese Community ist gegeben als eine Menge von Nutzern.		
Aktion	GET		
Argumente	Rolle	Typ	Bedeutung
	userSet	<Set> <UserId/> </Set>	Menge von Nutzern, die ähnliche Interessen haben.
Ergebnis	<Set> <UserId/> </Set>		

Tabelle D.4: ServiceDescription für Dienst zur Identifikation des Kerns einer Community

Name	Where To Go		
Aufgabe	Identifiziert bedeutende Orte, die von einer gegebenen Menge von Nutzern für die Kommunikation genutzt werden.		
Aktion	GET		
Argumente	Rolle	Typ	Bedeutung
	userSet	<Set> <UserId/> </Set>	Menge der Nutzer.
	w	<Number>	Gewichtung der Zahl der Nachrichten gegenüber der Zahl der Nutzer; Wertebereich: $w \in [0;1]$.
	d	<Number>	Minimal erlaubte Bedeutung eines Orts; Wertebereich: $d \in [0;1]$.
Ergebnis	<Set> <ItemId/> </Set>		

Tabelle D.5: ServiceDescription für Dienst zur Suche von bedeutenden Orten

Literaturverzeichnis

[1] K. Aas und L. Eikvil. Text Categorization: A Survey. Technischer Report. Norwegian Computing Center, Oslo, 1999.

[2] R. Agrawal, T. Imielinski und A. Swami. Mining Association Rules between Sets of Items in Large Databases. *Proceedings of the 1993 ACM SIGMOD international conference on Management of data*, Washington, USA, Mai 1993.

[3] M. Balabanović und Y. Shoham. Fab: Content-Based, Collaborative Recommendation. *Communications of the ACM*, **40**(3), S. 66-72, 1997.

[4] D. Beckers. Research on Virtual Communities: An Empirical Approach. *Designing Across Borders: The Community Design of Community Networks*, CSCW 98 / PDC 98 Joint Workshop, Seattle, November 1998.
http://www.scn.org/tech/the_network/Projects/CSCW-PDC-ws-98/position-papers.html
URL verifiziert am 29.1.2002.

[5] K. Blank. Benutzermodellierung für adaptive interaktive Systeme: Architektur, Methoden, Werkzeuge und Anwendungen. infix, 1996.

[6] U. M. Borghoff und J. H. Schlichter. Rechnergestützte Gruppenarbeit. Springer-Verlag, Berlin Heidelberg, 1998.

[7] L. Carotenuto, W. Etienne, M. Fontaine, J. Friedman, H. Newberg, M. Muller, M. Simpson, J. Slusher und K. Stevenson. CommunitySpace: Toward Flexible Support for Voluntary Knowledge Communities. *A one-day workshop on workspace models for collaboration*, London, Großbritannien, April 1999.
http://www.dcs.qmw.ac.uk/research/distrib/Mushroom/workshop/
URL verifiziert am 29.1.2002.

[8] J. M. Carroll, S. Laughton und M. B. Rosson. Network Communities. *Proceedings of the CHI '96 conference companion on Human factors in computing systems: common ground*, S. 357-358, Vancouver, Kanada, 1996.

[9] L. L. Chen und B. R. Gaines. Modeling and Supporting Virtual Cooperative Interaction Through the World Wide Web. In F. Sudweeks, M. McLaughlin und S. Rafaeli (Hrsg.), *Network & Netplay: Virtual Groups on the Internet*, S. 221-242, AAAI Press, 1998.

[10] D. N. Chin, Acquiring user models. In *Artificial Intelligence Review* 7, S. 185-197, Kluwer Academic Publishers, 1993.

[11] D. Constant, S. Kiesler und L. Sproull. The kindness of strangers: On the usefulness of weak ties for technical advice. *Organization Science*, **7**(2), S. 119-135, 1995.

[12] P. Curtis. Mudding: Social Phenomena in Text-Based Virtual Realities. DIAC 92, Berkeley, USA, 1992.
ftp://ftp.lambda.moo.mud.org/pub/MOO/papers/DIAC92.ps
URL verifiziert am 29.1.2002.

[13] http://dictionary.com
URL verifiziert am 29.1.2002.

[14] J. Donath. Identity and Deception in the Virtual Community. In M. Smith und P. Kollock (Hrsg.), *Communities in Cyberspace*, S. 29-59, Routledge, 1998.

[15] R. Fielding, J. Gettys, J. Mogul, H. Frystyk, L. Masinter, P. Leach und T. Berners-Lee. RFC 2616: Hypertext Transfer Protocol — HTTP/1.1.
http://www.ietf.org/
URL verifiziert am 29.1.2002.

[16] X. Fu, J. Budzik und J. Hammond. Mining Navigation History for Recommendation. *Proceedings of the 2000 international conference on Intelligent user interfaces*, S. 106-112, New Orleans, USA, 2000.

[17] E. Gamma, R. Helm, R. Johnson und J. Vlissides. Entwurfsmuster. Addison-Wesley, 1996.

[18] N. Glance, D. Arregui und M. Dardenne. Knowledge Pump: Supporting the Flow and Use of Knowledge. In U. M. Borghoff und R. Pareschi (Hrsg.), *Information Technology for Knowledge Management*, Springer, 1998.

[19] J. Goller, J. Löning, T. Will und W. Wolff. Automatic Document Classification: A thorough Evaluation of various Methods. In G. Knorz und R. Kuhlen (Hrsg.), *Informationskompetenz — Basiskompetenz in der Informationsgesellschaft. Proceedings des 7. Internationalen Symposiums für Informationswissenschaft*, S. 145-172, Universitätsverlag Konstanz, 2000.

[20] J. Grudin. Groupware and Social Dynamics: Eight Challenges for Developers. *Communications of the ACM*, **37**(1), S. 92-105, 1994.

[21] W. Hill, L. Stead, M. Rosenstein und G. Furnas. Recommending And Evaluating Choices In A Virtual Community Of Use. *Conference proceedings on Human factors in computing systems 1995*, Denver, USA, 1995.

[22] P. Järvinen. Notes on Assumptions of User Modelling. Report A-1993-2, Department of Computer Science, University of Tampere, Finnland, 1993.

[23] T. Joachims. A Probabilistic Analysis of the Rocchio Algorithm with TFIDF for Text Categorization. *Proceedings of 14th International Conference on Machine Learning (ICML)*, S. 143-151. Morgan Kaufmann, 1997.

[24] M. Koch und M. S. Lacher. The CoMovie Movie Recommender — An Interoperable Community Support Application. In M. J. Smith, G. Salvendy, D. Harris, R. J. Koubek (Hrsg.), *Usability Evaluation and Interface Design: Cognitive Engineering, Intelligent Agents and Virtual Reality, Volume 1 of the Proceedings of HCI International 2001*, New Orleans, USA, 2001.

[25] M. Koch und W. Wörndl. Community Support and Identity Management. *Proceedings of European Conference on Computer-Supported Cooperative Work (ECSCW2001)*, Bonn, Deutschland, 2001.

[26] P. Kollock und M. Smith. Managing the Virtual Commons: Cooperation and Conflict in Computer Communities. In *Computer-Mediated Communication: Linguistic, Social, and Cross-Cultural Perspectives*, S. 109-128, John Benjamins, Amsterdam, 1996.

[27] P. Kollock und M. Smith. Communities in Cyberspace. In P. Kollock und M. Smith (Hrsg.), *Communities in Cyberspace*, S. 3-25, Routledge, 1998.

[28] J. A. Konstan, B. N. Miller, D. Maltz, J. L. Herlocker, L. R. Gordon und J. Riedl. GroupLens: Applying Collaborative Filtering to Usenet News. *Communications of the ACM*, **40**(3), S. 77-87, 1997.

[29] J. Lazar und J. Preece. Classification Schema for Online Communities. *Proceedings of the 1998 Association for Information Systems, Americas Conference*, Baltimore, USA, 1998.

[30] M. F. McTear. User modelling for adaptive computer systems: a survey of recent developments. In *Artificial Intelligence Review 7*, S. 157-184, Kluwer Academic Publishers, 1993.

[31] Microsoft .NET Passport Homepage.
http://www.passport.com
URL verifiziert am 29.1.2002.

[32] B. Mobasher, R. Cooley und J. Srivastava. Automatic Personalization Based on Web Usage Mining. *Communications of the ACM*, **43**(8), S. 142-151, 2000.

[33] M. Morita und Y. Shinoda. Information Filtering Based on User Behavior Analysis and Best Match Text Retrieval. *Proceedings of the Seventeenth Annual International ACM-SIGIR Conference on Research and Development in Information Retrieval*, S. 272-281, Dublin, Irland, 1994.

[34] E. D. Mynatt, A. Adler, M. Ito und V. L. O'Day. Design for Network Communities. *Conference Proceedings on Human factors in computing systems*, Atlanta, USA, 1997.

[35] H. Nakanishi, C. Yoshida, T. Nishimura und Toru Ishida. FreeWalk: Supporting Casual Meetings in a Network. *Proceedings of the ACM 1996 conference on on Computer supported cooperative work*, S. 308-314, Boston, USA, 1996.

[36] NCSA Software Development Group. The Common Gateway Interface.
http://hoohoo.ncsa.uiuc.edu/cgi/overview.html
URL verifiziert am 29.1.2002.

[37] N. Negroponte. Total digital. Bertelsmann, München, 1995.

[38] D. M. Nichols. Implicit Rating and Filtering. *Proceedings of the 5th DELOS Workshop on Filtering and Collaborative Filtering*, Budapest, Ungarn, November 1997.

[39] I. Nonaka und H. Takeuchi. Die Organisation des Wissens. Campus Verlag, 1997.

[40] D. W. Oard und G. Marchionini. A Conceptual Framework for Text Filtering. Technischer Bericht CAR-TR-830, Human Computer Interaction Laboratory, University of Maryland, USA, Mai 1996.

[41] F. Odasz. Big Sky Telegraph: Vision And Summary.
http://www.info-ren.org/universal-service/local-resources/odasz_5.html
URL verifiziert am 29.1.2002.

[42] J. Preece. Empathetic Communities: Reaching out across the Web. *Interactions Magazine*, S. 32-43, März 1998.

[43] J. Preece. Empathetic Communities: Balancing Emotional and Factual Communication. *Interacting with Computers, The Interdisciplinary Journal of Human Computer Interaction*, (12:1), S. 63-77, 1999.

[44] P. Resnick, N. Iacovou, M. Sushak, P. Bergstrom und J. Riedl. GroupLens: An open architecture for collaborative filtering of netnews. *Proceedings of the 1994 Computer Supported Cooperative Work Conference*, New York, 1994.

[45] H. Rheingold. The Virtual Community: Homesteading on the Electronic Frontier. MIT Press, 1993.

[46] R. Rockwell. From Chat to Civilization: The Evolution of Online Communities.
http://www.blaxxun.com/company/vision/chat_to_civilization.html
URL verifiziert am 29.1.2002.

[47] J. Rucker und M. J. Polanco. Siteseer: Personalized Navigation for the Web. *Communications of the ACM*, **40**(3), S. 73-75, 1997.

[48] G. Salton. Automatic Text Processing: The Transformation, Analysis and Retrieval of Information by Computer. Addison-Wesley, 1988.

[49] B. Sarwar, G. Karypis, J. Konstan und J. Riedl. Analysis of Recommendation Algorithms for E-Commerce. *Proceedings of the 2nd ACM conference on Electronic commerce 2000*, Minneapolis, USA, 2000.

[50] D. Schuler. Creating Public Space in Cyberspace — The Rise of the new Community Networks. *Internet World*, Dezember 1995.

[51] D. Schuler. Community Networks. Yesterday, Today and Tomorrow. *Proceedings of INET '96*, Montreal, Kanada, Juni 1996.

[52] Y.-W. Seo und B.-T. Zhang. Learning user's preferences by analyzing Web-browsing behaviors. *Proceedings of the fourth international conference on Autonomous agents 2000*, Barcelona, Spanien, 2000.

[53] C. Shahabi, A. M. Zarkesh, J. Adibi und V. Shah. Knowledge Discovery from Users Web-Page Navigation. *Proceedings of the 7th International Workshop on Research Issues in Data Engineering (RIDE 97) High Performance Datatase Management for Large-Scale Applications*, Birmingham, Großbritannien, 1997.

[54] U. Shardanand. Social Information Filtering for Music Recommendation. M. Sc. Thesis, Massachusetts Institute of Technology, USA, 1994.

[55] U. Shardanand und P. Maes. Social information filtering: Algorithms for automating "word of mouth". *Proceedings of the 1995 ACM Conference on Human Factors in Computing Systems*, New York, 1995.

[56] M. Smith. Invisible crowds in cyberspace. Mapping the social structure of the Usenet. In *Communities in Cyberspace*, S. 195-219, Routledge, 1998.

[57] Sun Microsystems. Java Remote Method Invokation — Distributed Computing for Java.
http://java.sun.com/marketing/collateral/javarmi.html
URL verifiziert am 29.1.2002.

[58] Sun Microsystems. 100 % Pure Java Cookbook.
http://java.sun.com/100percent/100PercentPureJavaCookbook-4_1_1.pdf
URL verifiziert am 29.1.2002.

[59] Sun Microsystems. JavaServer Pages.
http://java.sun.com/products/jsp/
URL verifiziert am 29.1.2002.

[60] Sun Microsystems. Java Servlet Technology.
http://java.sun.com/products/servlet/
URL verifiziert am 29.1.2002.

[61] Sun Microsystems. The Liberty Alliance Project.
http://www.projectliberty.org/
URL verifiziert am 29.1.2002.

[62] H. Takeda, T. Matsuzuka und Y. Taniguchi. Discovery of Shared Topics Networks among People. *PRICAI 2000 Topics in Artificial Intelligence*, Melbourne, Australien, 2000.

[63] L. Terveen, W. Hill, B. Amento, D. McDonald und J. Creter. PHOAKS: A System for Sharing Recommendations. *Communications of the ACM*, **40**(3), S. 59-62, 1997.

[64] A. Vivacqua. Agents for Expertise Location. *Proceedings of the AAAI Spring Symposium on Intelligent Agents in Cyberspace*, Stanford, USA, März 1999.

[65] S. Wasserman und K. Faust. Social Network Analysis. Cambridge University Press, 1998.

[66] B. Wellman und M. Gulia. Virtual communities as communities. Net surfers don't ride alone. In *Communities in Cyberspace*, S. 167-194, Routledge, 1998.

[67] B. Wellman. The Community Question Re-evaluated. In *Power, Community and the City*, Transaction Books, 1988.

[68] B. Wellman, P. Carrington und A. Hall. Networks as Personal Communities. In *Social Structures: A Network Approach*, Cambridge University Press, 1988.

[69] E. Wenger. Communities of Practice: The Organizational Frontier. In *Harvard Business Review*, Januar-Februar 2000, S. 139-145, 2000.

[70] D. F. Witmer und S. L. Katzman. Smile When You Say That: Graphic Accents as Gender Markers in Computer-mediated Communication. In F. Sudweeks, M. McLaughlin und S. Rafaeli (Hrsg.), *Network & Netplay: Virtual Groups on the Internet*, S. 3-11, AAAI Press, 1998.

[71] M. Wittig. Electronic City Hall. *Whole Earth Review*, 71 , S. 24-27, 1991.

[72] W. Wörndl. Privatheit und Zugriffskontrolle bei Agenten-basierter Verwaltung von Benutzerprofilen. TUM-I0106, Institut für Informatik, Technische Universität München, 2001.

[73] R. H. Zakon. Hobbes' Internet Timeline v5.5.
http://www.zakon.org/robert/internet/timeline/
URL verifiziert am 29.1.2002.

Abbildungsverzeichnis

1.1	Überblick über den Aufbau dieser Arbeit	5
2.1	Einflüsse auf die Entwicklung einer Community	22
2.2	Beispiele für Systeme zur Unterstützung asynchroner Kommunikation: Links ein Programm zum Lesen von Usenet-News-Artikeln (Netscape 6.2), rechts ein Web-basiertes Diskussionsforum (Windows 2000-Forum des Heise-Verlags) (Screenshots).	25
2.3	Beispiel für ein System zur Unterstützung synchroner Kommunikation: Der AOL Instant Messenger, wie er zusammen mit Netscape 6.2 ausgeliefert wird. Links die Buddy List mit Awareness-Information zum Nutzer „grohgeorg", rechts ein Chat-Fenster (Screenshot).	26
2.4	3D-Darstellung des Münchner Flughafens. Die Figur im Vordergrund ist der Besucher. Da dieser Screenshot über einen Gastzugang erstellt wurde, sind keine weiteren Nutzer zu sehen (Screenshot, URL: http://www.macairport.de).	29
3.1	Denkbare Kontexte von items	51
3.2	Kommunikationsraum	54
3.3	Ort als Multiplikator von Nachrichten	56
3.4	Beziehung zwischen Ereignissen und Sitzungen in asynchronen Kommunikationsklassen	70
3.5	Beziehung zwischen Ereignissen und Sitzungen in synchronen Kommunikationsklassen	70
3.6	Keine Nutzung von item B während Zeitspanne Δt	78
3.7	Nutzung von item B während Zeitspanne Δt	79
3.8	Komponentenhierarchie des views *buddylist*	83
3.9	Spezialisierungshierarchie zwischen Typen	83
3.10	Überlappende Kontexte	86
3.11	Beispiel für ein Kommunikationsnetz	91
4.1	Teilsysteme und ihre Beziehung zum Nutzer	104
4.2	Nutzerprofilverwaltung mit zentraler Profilspeicherung	110
4.3	Anfrage einer Komponente nach Profildaten eines gegebenen Nutzers	111
4.4	Anfrage einer Komponente nach Profildaten auf der Grundlage genutzter items	112
4.5	Nutzerprofilverwaltung mit verteilter Profilspeicherung und Verwaltungskomponenten	113
4.6	Struktur der Nutzerprofilverwaltung	115
4.7	Neuer Sensor für eine neue Ereignisquelle	122

4.8	Neuer Aktor zur Implementierung neuen Verhaltens	123
4.9	Neuer Sensor und Nutzung bereits implementierter Aktoren	124
4.10	Neuer Sensor und neuer Aktor	124
4.11	Umsetzung von Ereignissen	125
4.12	Sternstruktur eines E-Mailverteilers	130
4.13	Vergleich der Ereignisverarbeitung	131
4.14	Stellen möglicher Unterbrechungen der Ereigniserfassung und Ereignisverarbeitung	135
4.15	Web-Schnittstelle zur Sensorsteuerung (Screenshot)	137
4.16	Arten von Diensten	141
4.17	Aufbau der Klasse `ServiceDescription`	146
4.18	Phasen während des Ablaufs einer Server-Komponente	153
4.19	Ablauf einer Diensterbringung	155
5.1	Auswahl eines views auf der Grundlage eines items als Eingabe (Screenshot)	162
5.2	Auswahl eines views auf der Grundlage einer Menge von items als Eingabe (Screenshot)	163
5.3	Systemdienste	165
5.4	Abhängigkeiten der Nutzerdienste (views) untereinander	177

Tabellenverzeichnis

2.1	Charakterisierung der Community-Grundtypen	19
3.1	Beziehungen zwischen items	48
3.2	Klassifikation ausgewählter Kommunikationsmedien	54
3.3	Unterscheidungskriterien für Ereignisse	68
3.4	Views, ihre Typen und ihre Bedeutung	83
4.1	Vorgegebene Attribute von items	107
4.2	Durchschnittliche Nachrichtenlängen ausgewählter Foren	128
4.3	Informationen zu ausgewählten Foren	129
4.4	Ereignisse bzgl. der item-Nutzung und die ihnen zugeordneten Aktionen	133
4.5	Ereignisse bzgl. der Kommunikation und die ihnen zugeordneten Aktionen	134
4.6	Zuordnung von XML-Tags zu Typen	143
4.7	Zuordnung von views zu Typen	143
D.1	ServiceDescription für Dienst zur Suche von Nutzern bestimmter items	203
D.2	ServiceDescription für Dienst zur Suche ähnlicher Nutzer	204
D.3	ServiceDescription für Dienst zur Suche von items.	204
D.4	ServiceDescription für Dienst zur Identifikation des Kerns einer Community	205
D.5	ServiceDescription für Dienst zur Suche von bedeutenden Orten	205

Index

Active List, *siehe* Buddy List
Adreßbuch, 62
Aktor, 122
Alterungsfunktion, 71, <u>72</u>
Alterungsintervall, 71, <u>74</u>, 75
Analyse von items des Nutzers, 63
Anonymität
    Bedeutung in Communities, 15
    Probleme, 16
Anonymizer, 17
association rule, 64
assoziatives Array, 107
Attribut-Wert-Paar, 108
Avatar, 30
Awareness, 26

B2B, 31
B2C, 31
BBS, *siehe* Bulletin Board-System
Bewertung von Ressourcen, 28
Beziehungen zwischen items, 47
    aus Sicht des Nutzers, 48
    gleicher Autor, 48
    inhaltliche Nähe, 48
    Kategorisierung, 48
Big Sky Telegraph, 10
Bookmark-Ordner, 62
Browser-Cache, 62
Buddy List, 27
Bulletin Board-System, <u>1</u>, 24

Cache von Nutzerprofilen, 113
CGI, *siehe* Common Gateway Interface
channel, 26
Chat, 26
Chat-Raum, 26
Client-Komponente, 140
CMC, *siehe* Computer Mediated Communication
collaborative filtering, *siehe* kollaboratives Filtern

Common Gateway Interface, 127
Community
    als organisierendes Prinzip, 42
    Breite des Fokus, 37
    Definition für diese Arbeit, 13
    Emotional, 20
    Empathetic, *siehe* Community, Emotional
    Fokus, 14, <u>95</u>
        Definition, 96
    formales Modell, 94
    Group, 12
    Homogenität, 37
    im Usenet, 16
    Motivation für Teilnahme, 14
    Network, 12
    Newsgroups, *siehe* Community, im Usenet
    of Interest, 19
    of Passion, 20
    of Practice, 20
    of Purpose, 20
    Personal, 12
    thematischer Schwerpunkt, *siehe* Community, Fokus
    Überschneidungen zwischen, 12
    Virtual, *siehe* Community, virtuelle
    virtuelle, 12
Community Network, 10
Community-Formierung
    gemeinsamkeitszentrierte, <u>43</u>, 160
    nutzerzentrierte, <u>43</u>, 160
Community-Netzwerk
    Definition, 93
    Kern eines, 94
    Rand eines, 94
CoMovie, 61
Computer Mediated Communication, 13
Computer Supported Cooperative Work, 60

INDEX

content-based filtering, *siehe* inhaltsbasiertes Filtern
CORBA-IDL, 142
CSCW, *siehe* Computer Supported Cooperative Work

Datenhaltungskomponente, 110
Dienst
   abmelden, 152
   Nutzer-, 140, 163
   registrieren, 152
   System-, 140
   Visualisierungs-, 140, 161
Digital City of Amsterdam, 10
discussion thread, 25
Diskussionsforum, 10, 128
Distanz
   subjektive, *siehe* subjektive Distanz
   zweier Kontexte, 85
   Definition, 87

E-Mailverteiler, 10, 24, 107, 128
Emoticon, 17
Empfehlungssystem, 28
Ereignis, 66
   Historie, 67
   item-bezogen, 67
   kommunikationsbezogen, 69
EventHandler, 132
EventScheduler, 131
Expert Finder, 63
Explicit Knowledge, *siehe* Wissen, explizites

FAQ, *siehe* frequently asked questions
File Transfer Protocol, 2, 120
Flexibilität, 103
Freewalk, 30
frequent itemset, 64
frequently asked questions, 28
FTP, *siehe* File Transfer Protocol

Gästebuch, 128
Geflecht
   von Diensten, *siehe* Geflecht, von Software-Komponenten
   von Software-Komponenten, 163
   von views, 163
GOPHER, 120

Graphanalyse, 91
GroupLens, 61
Grundobjekte, 164
   Dienste für, 164
   Zugriff auf, 164
Gruppenkommunikation, 114

Historie von Web-Seiten, 62
HTTP, 106, 127
HTTP-Server, *siehe* Web-Server
HTTPS, 120

IMAP, 119
inhaltsbasiertes Filtern, 61
Instant Messaging, 26
Interessensnetzwerk, 89, 165
   Definition, 90
Interpretation nutzerdefinierter Strukturen, 62
IRC, 126
item, 44
   Definition, 44, 52
   HITCOUNT, 107
   Kontext eines, *siehe* Kontext eines items
   LAST_ACCESS, 107
   relative Nutzungshäufigkeit, 77
   relatives Alter, 77
   subjektive Distanz, *siehe* subjektive Distanz, zweier items
   VALUE, 107
ItemCatalog, 111

Java, 104
Java Server Pages, 104, 161
Java-RMI, 104, 142
JSP, *siehe* Java Server Pages

Kaltstartproblem, 62
Klassifikation
   von Beziehungen zwischen items, 48
   von Communities, 18
   von items
      mittels Überlappung von Kontexten, 96
      mittels Textkategorisierung, 96
   von Kommunikationsmedien, 53
Knowledge Pump, 62
kollaboratives Filtern, 61
Kommunikation

asynchrone, 24
Automatisierung, 39, 54
Eigenschaften, 53
eines Nutzers, 57
gleichzeitige, *siehe* Kommunikation, synchrone
Häufigkeit, 57, 92
Regelmäßigkeit, 57, 92
synchrone, 26
Synchronität, 39, 53
Zielgerichtetheit, 39, 53, 97
Kommunikationsklasse, 55
Kommunikationsnetzwerk, 165
Kommunikationsort, *siehe* Ort
Kommunikationsraum, 54
Kommunikationsverhalten
Abhängigkeiten, 69
eines Nutzers, 56
Komponentenhierarchie, 149
Kontext eines items, 50
Definition, 52

Lebenszyklus einer Server-Komponente, 153
Log-Dateien, 62

manuelle Bewertung von items, 60
Mindestüberdeckung, 169
MUD, 29
Multi-User Dimensions, *siehe* MUD
Multi-User Domains, *siehe* MUD
Multi-User Dungeons, *siehe* MUD

Netzwerk
soziales, 11
NNTP, 126
Nutzermodell, 58
Nutzerprofil, 105
Daten zur Kommunikation, 105
Daten zur Nutzung von items, 105
Datenstrukturen, 106
demographische Daten, 105, 108
Pflegekomponente, 138
temporäre Daten, 105, 108

Objekt, 116
Observer-Muster, 130
Open Source-Software, 120
Ort, 55
Definition, 56

Funktion, 56

PEN, *siehe* Public Electronic Network
Personalisierung von Web-Angeboten, 65
POP3, 119
POP3/IMAP-Server, 120
Profildaten-API, 114
ProfileCatalog, 111
ProfileStub, 112
Proxy, 121
Public Electronic Network, 10

Rahmen einer Community, 59
Rechte, 117
Rechtematrix, 118
Rechtesystem, *siehe* Rechte
Recommender-System, *siehe* Empfehlungssystem
relevantes Nutzerwissen, 53
Remote Method Invocation, *siehe* Java-RMI
Remote Procedure Call, 104
Ringo, 61
Rolle, 116
RPC, *siehe* Remote Procedure Call

Schwarzes Brett, 24, 55
Seattle Community Network, 10
Sensor, 122
Server-Komponente, 140
service, 83
Definition, 83
Geflecht von, 84
ServiceDescription, 144
Referenz-, 148
ServiceHandler, 154
ServiceRegistry, 147
Servlet, 104, 161
Siteseer, 62
Sitzung, 65, 69
Smiley, *siehe* Emoticon
SMTP, 119
SMTP-Server, 120
Social Network, *siehe* Netzwerk, soziales
SocialMinds, 101
Architektur, 102
Teilsysteme, 102
Web-Schnittstelle, 104
SocialMinds-Ereignis, 124

spam, 16
Spezialisierungshierarchie, 149
Subjekt, 116
subjektive Bedeutung eines items
    Definition, 46
    Einflüsse auf, 45
subjektive Distanz
    zweier items, 49
    zweier Nutzer bzgl. eines items, 88
    zweier Nutzer bzgl. ihrer Interessen, 89
Suchmaschine, 127
SurfLen, 65

Tacit Knowledge, *siehe* Wissen, implizites
TFiDF-Verfahren, 64
The WELL, 12
Transaktion, 65
Typ, <u>81</u>, 142
    Container-, 82
    Grund-, 81

Überdeckungsfaktor, <u>167</u>, 169
Usenet, *siehe* Usenet News
Usenet News, <u>1</u>, 24
    body, *siehe* Usenet News, Nachrichtenkörper
    cross posting, 16
    header, *siehe* Usenet News, Nachrichtenkopf
    message body, *siehe* Usenet News, Nachrichtenkörper
    message header, *siehe* Usenet News, Nachrichtenkopf
    Nachrichtenkörper, 16
    Nachrichtenkopf, 16
    Newsgroup, <u>1</u>, 126

Veränderung der Community
    durch äußere Einflüsse, 21
    durch Mitgliederfluktuation, 21
Verfügbarkeit, 114
view, <u>81</u>, 142
    Community Finder, 173
    Definition, 81
    Geflecht von, 163
    Hintereinanderschaltung von, 84
    Item Recommender, 171

Similar Users, 168
User Recommender, 166
Where To Go, 174
virtuelle Welt, *siehe* MUD

Web-Server, 120
White Pages, 148
Wiederverwendbarkeit, 164
Wissen
    Community-Wissen, 27
        explizites, 27
        implizites, 27
    explizites, 14
    Externalisierung von, 14
    implizites, 14
Wissensaustausch
    zwischen Communities, 23
    zwischen Community-Mitgliedern, 14

Yellow Pages, 148

zweistufiger Namensraum, 108

Markus Raupp

Netzwerkstrategien und Informationstechnik

Eine ökonomische Analyse von Strategien in Unternehmensnetzwerken und deren Wirkungen auf die Ausgestaltung der zwischenbetrieblichen Informations- und Kommunikationssysteme

Frankfurt/M., Berlin, Bern, Bruxelles, New York, Oxford, Wien, 2002.
XXIV, 562 S., zahlr. Abb. und Tab.
Informationsmanagement und strategische Unternehmensführung. Bd. 5
Herausgegeben von Franz Schober und Johannes Ruhland
ISBN 3-631-39597-3 · br. € 75.70*

Empirische Befunde machen deutlich, daß Unternehmensnetzwerke aus Perspektive der Organisations- und Strategiegestaltung einen Bedeutungsgewinn erfahren haben. Dem Einsatz moderner Informations- und Kommunikationstechnologie (IKT) kommt in dieser Hinsicht eine hohe Relevanz zu, wobei die Potentiale der IKT jedoch nur durch ihre Einbettung in die Netzwerkstrategie und in Relation zu anderen Bausteinen der Unternehmensgesamtstrategie konkretisiert werden können. Vor diesem Hintergrund ist es das Ziel der Arbeit, strategische Gestaltungsoptionen für Unternehmensnetzwerke zu analysieren. Zu diesem Zweck wird unter Berücksichtigung organisatorischer und IKT-seitiger Wechselwirkungen ein strategisches Rahmenmodell entwickelt, welches Elemente der Neuen Institutionenökonomik und der Managementlehre integriert. Einen Schwerpunkt der Untersuchung bildet die Analyse der Netzwerkkoordination.

Frankfurt/M · Berlin · Bern · Bruxelles · New York · Oxford · Wien
Auslieferung: Verlag Peter Lang AG
Moosstr. 1, CH-2542 Pieterlen
Telefax 00 41 (0) 32 / 376 17 27

*inklusive der in Deutschland gültigen Mehrwertsteuer
Preisänderungen vorbehalten
Homepage http://www.peterlang.de